U0928427

珍藏本
纪念版

汉译世界学术名著丛书

倾 销

——国际贸易中的一个问题

〔美〕雅各布·瓦伊纳 著

沈瑶 译

熊性美 校

2017年·北京

Jacob Viner

DUMPING: A PROBLEM IN INTERNATIONAL TRADE

Augustus M. Kelley, Publishers

New York, 1966

根据奥古斯塔斯·M.凯利出版公司1966年版译出

汉译世界学术名著丛书
（120 年纪念版·珍藏本）
出 版 说 明

2017 年 2 月 11 日，商务印书馆迎来 120 岁的生日。120 年前，商务印书馆前贤怀揣文化救国的理想，抱持“昌明教育，开启民智”的使命，立足本土，放眼寰宇，以出版为津梁，沟通中西，为中国、为世界提供最富智慧的思想文化成果。无论世事白云苍狗，潮流左右激荡，甚至战火硝烟弥漫，始终践行学术报国之志，无改初心。

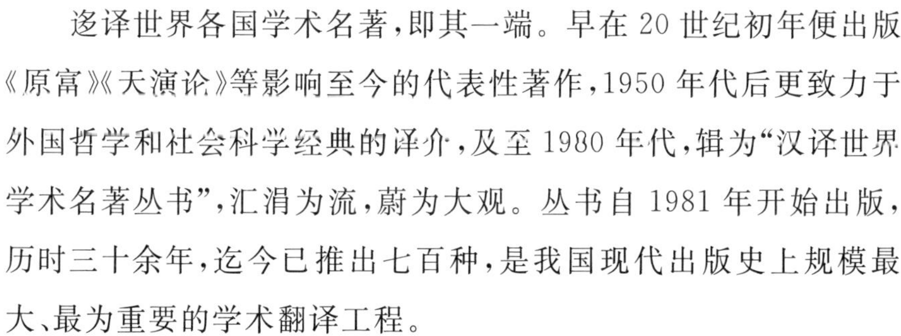

迻译世界各国学术名著，即其一端。早在 20 世纪初年便出版《原富》《天演论》等影响至今的代表性著作，1950 年代后更致力于外国哲学和社会科学经典的译介，及至 1980 年代，辑为“汉译世界学术名著丛书”，汇涓为流，蔚为大观。丛书自 1981 年开始出版，历时三十余年，迄今已推出七百种，是我国现代出版史上规模最大、最为重要的学术翻译工程。

丛书所选之书，立场观点不囿于一派，学科领域不限于一门，皆为文明开启以来，各时代、各国家、各民族的思想与文化精粹，代表着人类已经到达过的精神境界。丛书系统译介世界学术经典，引领时代思想，为本土原创学术的发展提供丰富的文化滋养，为推动中国现代学术和现代化进程做出了突出的贡献。

为纪念商务印书馆成立120周年，我们整体推出“汉译世界学术名著丛书”120年纪念版的珍藏本，寄望既利于文化积累，又便于研读查考，同时向长期支持丛书出版的译者、编者和读者致以敬意。

两甲子后的今天，商务印书馆又站在了一个新的历史时间节点上。我们不仅要铭记先辈的身影和足迹，更须让我们的步伐充满新的时代精神。这是商务人代代相传的事业，更是与国家和民族的命运始终紧密相连的事业。我们责无旁贷，必须做好我们这代人的传承与创造，让我们的努力和成果不仅凝聚成民族文化的记忆，还能成为后来人可以接续的事业。唯此，才能不负前贤，无愧来者。

商务印书馆编辑部

2017年10月

目　　录

前　　言

倾销，不一定是“不公平”的，但至少是值得质疑的竞争方式。人们越来越多地认识到竞争有可能遭到滥用，于是大量关于不公平竞争这个一般性问题的研究应运而生。直到 1914 年，大量的文献多数只涉及国内贸易的竞争标准。广义地讲，只有在国际竞争间或加剧的时候，这类竞争的做法才受到人们的深切关注。关于德国在战争期间为获得世界贸易与工业霸权所采用的明显的不公平和掠夺性的做法有非常广泛的讨论。它有助于提高并保持公众对国际贸易竞争标准中一般性问题的关注。近几年，一些国家已经在努力寻求法律手段，限制在国际贸易中利用某些更有可能招致反对的竞争方式。然而，无论从经济学还是从法律角度看，迄今还没有关于这一问题的全面系统的研究。本书研究了倾销作为一种国际竞争方式，对倾销国和被倾销国的经济意义，以及各国国内和国际为限制倾销所采取的措施。希望本书能为国际贸易竞争标准这一更广泛的研究领域作一个铺垫。

本书第 1—5 章重印自《政治经济学》杂志和《大学商务》杂志，并有所改动和补充。美国关税委员会华莱士(B. B. Wallace)博士阅读了大部分原稿，并以其贴切深入的评述以及对资料的广泛把握使我获益匪浅,为本书增色不少。至于书中论据上的错误和分析中的不当之处,责任仅由作者自负。

雅各布·瓦伊纳

第一章　倾销的定义[1]

术语的来源

长期以来，当一个市场的生产者由于某种原因把在当地的"剩余"产品以非常低的价格在另一个市场销售时，在习惯上后一个市场被称作"倾销地"。由这种用法延伸，在一个相距遥远的市场上削价出售也就自然被称之为"倾销"。但是，直到 20 世纪最初几年，这个词似乎还没有以上述意义进入过经济学文献。1903 年和 1904 年，关税问题在大不列颠是个主要政治问题，在大量关于关税的辩论性文献中，"倾销"一词或带引号或不带引号地得到广泛使用。自那时起，它成为经济学术语进入了法语、德语、意大利语以及其他语言。然而，它最初只有一个含糊且不确定的含义，至今仍然经常不加区别地用来指各种定价行为，如残酷竞争、关税低估、"廉价销售"、"贱卖"或亏本出售、当地削价，以及在一国市场以低于另一国市场的价格出售。近年来，经济学家们确实越来越多地使用这一词语，并倾向于把它用作一个准确的术语；同时，对倾销和种种相关定价行为立法的发展，要求设法精确区分各种定价行为。这两方面都促进了该词语的标准化使用。但是，这一用语

的使用,无论其外延还是内涵,目前仍然存在着广泛歧义。

2 # 定义问题

作为分析倾销行为基本特性的重要因素,并且作为进一步研究的必要条件,必须对这一用语作出精确定义,并在本书正文中坚持使用。接下来尝试对倾销下一个规范的定义,并遵循下述原则:坚持尽可能使以下其他原则与著文严谨的作者对这个词的使用保持一致;在内涵中,剔除所有早已得到充分定义并且特征显著的定价行为;在外延中,剔除所有会使它变成一个含糊用语的用法,含糊用语只能把没有什么共同之处的定价行为牵强附会在一起。

即使在不精确的商业文件中,“倾销”一词也最常用来指在不同市场以不同价格出售相同商品。不过,这个词常常被商人不加鉴别地用来指低于通行价格的各种销售行为,并不区分低价是否针对所有买者。[①] 对于一个低价,如果除了说它低,并无其他所指,那么就不必浪费一个很好的词语来定义它,因为已经另有更简单的词恰当且充分地描述它了。如果低价所反映的是“亏本出
3 售”,“贱卖”,“残酷竞争”,“削价”,或低于成本销售——在所有这些情况下,对所有买者都可能一视同仁,那么这些常用的词语就足

① 美国关税委员会在向美国康采恩发出的一份问卷中要求答卷人提出一件本人了解的外国人在美国倾销的事例,共收到146件申诉;其中,只有23例据称属于价格歧视,其他案例经分析都属于激烈竞争、威胁、商标仿冒及使用、专利侵权、仿造商品、伪造标签或关税低估等方面的申诉。参见《关于倾销和外国在美国不公平竞争的情况报告》(1919年),第12—18页。

以定义这些行为了。无论买者之间是否有地区间隔，如果对某些买者的售价低于对其他人的售价，即买者接受了较低或较高的价格，则可以用“价格歧视”这一用语恰当地描述，特别是在美国关于国内贸易不公平竞争的文献中用得更多。在全国市场的某个地区以低于市场其他地区的价格向买者销售的作法，“当地削价”也已是约定俗成的用法，特别在美国法律中用得很多。较为严谨的作者在使用“倾销”这一词时，目前最常见的是指在一国市场上以低于另一国市场的价格销售。在上述提到的定价行为中，倾销最接近“当地削价”，在使用中也常常包括“当地削价”的意义。但是，根据最具权威作者的用法，并考虑到节约和精确使用专用术语，有充分理由把倾销这一用语定义为“*全国性市场之间的价格歧视*。”①

我冒昧地断言，这个定义是满足所有合理要求的。英国经济学家格利高里(T. E. G. Gregory)近来的著作②指出，在当前的争论中，倾销一词或多或少包含下列四种行为：

1. 低于外国市场价格出售；

2. 以(外国?)竞争者无法竞争的价格出售；

3. 低于本国通行价格在国外出售；

4. 以卖方无利可图的价格出售。 4

格利高里没能找出所有这些行为的某个共同特征，因而他放

① 如果考虑一个松散的王国的各个组成部分，例如不列颠帝国，会出现与倾销一词有关的“对外”或“国际”贸易等术语上的困难。为了现在研究的目的，区分“全国性”与“本地”市场的基础是将所有拥有独立关税的政治单位都算作“全国性”市场，其他市场算作“本地”市场，这样划分虽然武断却方便。

② 《关税：方法研究》，伦敦，1921 年，第 177 页及以下各页。

弃了构建一个定义的尝试。但是,他在对一个常用术语进行定义时,要求它能涵盖所有现行用法,这未免要求过分。他提出的上述四种做法中,第三种比较接近这里提出的倾销的定义;其余的或多或少不相干。由于分析不充分,人们往往假定第三种做法的案例一定伴有一种或多种其他做法。事实经常如此,但是正如格利高里指出,并非必然。严格地讲,"低于本国通行价格在国外出售",就应视为倾销,而不管出口价格是否低于外国市场,能否为外国竞争者所跟随,是否对卖者有利可图。我认为,倾销的一个本质特征是不同全国性市场的买者之间存在价格歧视。[1] 特定的倾销价格与生产成本、倾销者利润以及竞争对手价格之间的关系,往往无法仅用定义解释。在很多情况下,难有确切解释。正如下面将要谈到的,有许多种类的倾销;把对倾销者有利可图或无利可图的倾销,把低于或不低于竞争对手价格的倾销区分开来,虽然在实际中往往极为困难,但在逻辑上却是行得通的。

当倾销是指不同国家市场之间的价格歧视时,它不仅包括较
5 为常见的国际价格歧视,即出口价格低于国内市场价格,而且还包括较为罕见的形式:(1)当某种特定商品没有国内市场或国内市场不足时,处于不同出口市场的买者受到价格歧视;(2)当卖者的国内市场被当作倾销地时,对外国买者售价更高。英国生产的一些低等厚棉布只用于热带贸易,并无国内市场。生产这种棉布的英国厂商为了把产品打入中国市场,或者为了应付在中国的竞争,或

① 参见陶西格(F. W. Taussig),《经济学原理》(第三版),第1章,第207页:"对不同购买者制定不同价格的可能性可以解释'倾销'这一现象——即在外国卖掉商品是一种价格,而对国内市场购买者则是另一种更高的价格。"

者为了其他目的，可能会以低于在印度和其他市场的价格在中国出售。在这种情况下，即使无法对该英国厂商卖给中国人的价格和英国国内价格作出比较，但他已是在中国倾销。这种形式的倾销有一个变形，即在某个国外市场以低于其他国外市场的价格出售，但同对国内买者所报的价格无关。前些年，一位美国驻比利时领事报告说，比利时玻璃板辛迪加的产品只有5%在国内市场出售，卖给美国人的价格通常要比卖给英国人的低10%—30%；主要因为英国是比利时玻璃板的“标准”市场，而在美国只有实行价格减让，买者才会接受。[①] 不管卖给美国人的价格是否低于卖给比利时人的价格，这也被视为一种倾销。在一些涉及倾销的法律中，倾销的定义中就包括了这样的事例。

逆向倾销

人们往往认为，倾销发生时，倾销地当然总是距离较远的那个 6
市场，而较近的市场——尤其是倾销者的国内市场——则要承受较高价格。这无疑是一般性规律，但也有重要例外。如果国内市场的重要性比相距遥远的市场较小，而且生产的主要目的就是要出口到较远的市场，那么利用“逆向倾销”这个术语就很方便，即对国内买者的售价低于对外国买者的售价。如果不是国内市场常用禁止性关税阻挡外国竞争，导致国内辛迪加可以在关税庇护下强

① 《外国制成品低于其国内价格在美国销售》，国务卿致参议院的报告（第61届国会，第一次会议，参议院文件第16号），第1部分，第6页。（该报告在下文中简称为《外国制成品在美国的销售》。）

行实施垄断价格的话，那么，仅根据市场对倾销者的重要性，而不按距工厂的远近来对倾销的一般规律加以系统阐述时，就可能不需要这么多限定条件了。哪里发生了倾销，一般经过调查都会发现，较高的价格由一个或多个标准市场或主要市场承担，而倾销价格只限于次要的或偶尔销售的市场。两个市场的相对地位，会在一年中的不同季节发生周期性转换，或当市场条件变化时发生间歇性转换。某个季节或某一年的标准市场在下一个季节或下一年会变成次要市场。加拿大面粉出口贸易中的一个重要的加拿大面粉厂主的言论描述了逆向倾销最有可能发生的情况：

> 加拿大面粉厂生产的低等品[面粉]大部分都卖往国外，极少用于国内消费……这些低等品在英国的售价平均要比在我国的售价更低；但是，有时个别等级的面粉在加拿大的售价比海外低，因为英国是这类面粉消费的大市场；若把剩余面粉出口到国外有破坏市场的风险的话，就把它在加拿大处理掉。[①]

逆向倾销也可能由于其他一些偶然的特殊情况引起。一个拥
7 有其产品全球垄断权的康采恩，在对国内消费者强行实施垄断价格时，可能会受到法律限制，或考虑到有可能招致对自己不利的立法或公愤而有所收敛，但在出口时，却可能不会受到这些限制。1914 年以前的德国钾碱工业似乎就是这样一个例子。[②] 加拿大硅

---

① 加拿大，《生活费用调查委员会报告》，1915 年，第 1 号，第 757 页。

② 参见托斯达尔（H. R. Tosdal），《德国钾碱工业中的卡特尔运动》，《经济学季刊》，第 28 卷，第 178 页。

钢工业则提供了一个很特别的例子。加拿大是这种合金的主要生产者,但国内消费不足总产量的10%。其余产品主要出口美国,并按美国1913年(安德伍德,Underwood)关税法缴纳从价税。1917—1918年间,同级产品出口价格比国内价格高7%—70%。布法罗的一位美国海关官员证实,这几年中,加拿大的市价比对美国的出口价格低20%—40%。[①] 这一逆向倾销是机智地对付美国从价税征收体制的产物。根据美国1913年关税法,从价税的税基是出口商国内市场的现价,而不是发票价格。加拿大国内消费相对很小,对加拿大生产者来说,在国内市场人为压低价格以便作为美国对进口商品征税的评价基础是有利可图的。[②]

① 亚伯拉罕·伯格伦德(Abraham Berglund),《硅钢工业和关税立法》,《政治学季刊》,第36卷,第270页以下各页。

② 这是伯格伦德的解释。根据1897年7月24日有关法案修正的《海关行政法案》(1890年8月11日)第19条,特别提到了关税不应按"低于发票或进口额"来征收。这一限制性条款在1913年10月3日法案的行政条款中被删去了。根据该法案,进口商在应税时可以对发票价值做抵减以使发票价值降到出口国实际市场价值(第3条,第I款)。但是,在该法案中,出口国的市场价值的定义是"该商品自由销售给该市场所有购买者的价格"(第3条,第R款),因此,海关官员有权拒绝价格低于向出口市场外国购买者自由销售价格的产品入境。1922年关税法中的定义也支持这一推论。该法区分外国价值和出口价值的依据是前者是对所有购买者的报价,后者则是为向美国出口而对所有购买者的报价[第402条,(b)款和(c)款]。在外行人看来,为向美国出口而对某些购买者隐瞒的价格不会是给予所有购买者的价格,这看似无可争议。但是,财政部的实践和法院的裁决却与这种解释相反。于是引起了正文中讨论到的那些滥用权力的事例。1921年《紧急关税法》重新加入原来的要求,即出口国市场现价或出口价格二者相比,较高者为关税纳税基础(第301条,第2款),消除了故意违反关税法的可能性。在1922年(福德内—麦克康伯,Fordney-McCumber)关税法案中[第402条,(a)、(I)款]也有类似条款。

8 # 假倾销

在前面对倾销所下的定义中,有意使用“价格歧视”而没使用“以不同价格出售”这一更为温和的措辞。从越来越多的关于不公平竞争的文献中可以看出,“价格歧视”一词一般仅指以不同价格对不同购买者出售,而不指对不同的交易采用不同销售条件。在后一种情况下,价格歧视可能是因为对变化了的销售条件未作相应调整而报价相同所引起。[①] 在国际贸易中,如果在相似的销售条件下,同时以不同价格将完全相同或大致相同的产品售卖给不同国家的购买者;或者在销售条款不同时,价差大于或小于因销售条款不同而需要做出的合理价格调整,便可以认为是价格歧视,因而是倾销。

9 在国际贸易中,如果价格差别只是为了适应不同国家不同规模的订单,以及不同的信用期限、信用风险程度、商品等级、订立销售合同的时间、销售方式或运费和包装费的处理方法等而做出的调整,那么,在不同的全国性市场对购买者以不同价格销售可能并不涉及价格歧视。价格差别还可能产生于出口国对应税进口原料进行深加工后再行出口的出口退税,或者产生于对这些进口原料免税的“暂时准入”,或者是出口国对已预定出口的商品免征国内货物税。当可以在上述基础上作出充分说明时,在不同市场对购

① 这里并不是有意要用价格歧视一词来表示不公平竞争的做法。某些价格歧视可以是公平的,而另一些则在习惯上和法律上被认定是不公平的;但是,除非报价中包含了价格歧视,还没有人认为不同的报价就是不公平。

买者以不同价格出售就只是倾销的假象，这已被很恰当地冠之以“假倾销”，使之区别于真正的倾销。

引起假倾销的一个最重要的因素，可能是不同市场的定单大
小不同。外国购买者的定单通常比国内购买者的大。也许是因为
前者想要减少采购旅行，其购买活动每年集中在几周内，而国内购
买者却认为在需要新的供货时再小批量采购更方便。再有，外国
购买者所在的市场更大，或者在这个市场中的单个康采恩大于国
内。这在欧洲人销售给美国康采恩时尤为明显。许多情况下，在 10
向最终消费者销售的过程中，出口销售会比国内销售落后一个或
若干个环节。一般说来，进口商采购是为了转售给批发商或大规
模的消费者，而在国内贸易中，通常是制造商把产品直接卖给以其
产品为原料继续加工制造的康采恩，或者卖给面向最终消费者的
小零售商。就制成品而言，越接近最终消费者，单个康采恩的规模
会越小，因而定单的正常规模也会越小。

对销售商来说，大额定单的经济利益是显而易见的。如果他按定单生产而不是生产存货——这是欧洲的惯常做法——那么有了大额定单的大“宗”生产会比销售额相近但由产品类型或品种规格要求参差不一的小额定单所组成的生产要经济得多。与小额定单比，大额定单中包括的管理工作、包装和运费、销售成本都会更节约。如果对国内定单也作同样幅度的价格让步，即销售商对国内市场的同样定单也能作差不多的让价，则他对外国购买者的大宗定单做出让价便不算是倾销。[①]

① 参见本布里杰（W. E. Bainbridge）《美国财政部特工备忘录》，1909 年 3 月 15

11 类似地,如果出口销售通常使用现金或短期信用,而对国内购买者必须提供长期信用;如果外国购买者的信用风险小于国内小规模的购买者;如果同等级的商品,出口品比国内质量差,或者尚未完全制成,或者工艺比较简单;如果出口价格是工厂或附近港口的离岸价,而国内价格却是交货价;如果出口包装费单独计价,而国内价格中却已包括,则在上述任何一种情形中,出口销售价格低于国内价格本身并不一定意味着发生了真倾销。

外国购买者经常派代理商到出口市场从生产者那里直接采购,没有质询,没有销售人员做中介,也不靠广告。另一方面,国内市场的销售经营却要包括雇佣旅行销售人员和做广告的支出,还可能需要维持代理商或分支机构的费用。1913 年,加拿大有人抗议加拿大面粉厂某些等级的面粉出口价格低于国内贸易价格。面粉厂承认了这种做法。他们为这种行为辩护的部分理由是国内销售的单位成本大于出口。他们的声明中也指出了上面谈到的其他几点:

> 5 毛钱或 1 块钱的一份电报便可在任何地方卖出 200 到 20000 袋面粉,面粉厂主只需要把面粉装车或装船,把提货单附在汇票上,交易就完成了,没有任何额外费用或损失的风险。

日,见《外国制成品在美国的销售》,第 1 部分,第 41 页:"出口商品价格有可能而且实际上经常低于国内市场价格。许多原因可以解释这一点。……原因(之一)是,美国进口商的定单往往比国内买家的大得多,这在货物被船运到美国时特别如此。这也是欧洲制造商在对财政部官员解释发票价格和国内价格差别时常见的理由;通常还会附带说明,如果销量一样,他也会以相同的价格卖给国内顾客。"

> 然而，在加拿大销售，必须让旅行推销员在路上不停地跑，费
> 用很高；5 袋以上起售，但买主经常在面粉装船前取消定单， 12
> 或当面粉运到时拒收，更常见的是要求面粉厂在装运期过了很长时间后还得保留货物，所有这些都是面粉厂主在销售中的额外成本。但上述还不是最坏情况，因为面粉还是按时卖掉了；坏账没少发生，面粉厂主出售一元货物有时只能收到两毛五，五毛或七毛五的货款，偶尔一分钱也得不到，不时地有可能在一个顾客身上就损失几千元。[①]

由于国外购买者通常会较早提前预订所需货物，并会为相当长时期内的购货提出一份定单，在需要时提出交货或订立具体的交货时间表，从最初下单到装运日期之间往往有很长的间隔。如果在这期间出口市场价格上涨，那么把出口价格与**装船日**国内价格相比较，就会很明显地存在倾销。然而，如果**购买日**国内和外国购买者适用同样价格的话，上述现象便不能被认定为真倾销。为了判断倾销是否发生，应当以同一日期对出口价格和国内价格进行比较。对任何一笔出口交易，合理的比较日期只能是订立出口合同的日子。这看起来是个显而易见的原则，不过，现有的一些反倾销立法却没有考虑到它。[②]

---

① 加拿大：《生活费用调查委员会报告》，第 1 部分，第 752 页。关于国内价格和出口价格差异的类似解释，参见《外国制成品在美国的销售》，第 1 部分，第 11、16、17、51 页；《美国工业委员会报告》，1901 年，第 8 部分，第 726 页。

② 在以出口国价值为课税基础的从价关税的征收中也有同样的问题。在美国，从价关税的基础是出口时出口市场的通行价格。很多时候，由于美国进口商不知道从最初订货到装船时出口国价格已经上升，进口货物仍按发票价值纳税，结果在技术上发

13 前面的讨论不言而喻地假定，即使没有倾销，但只要不同市场上主导的销售条件不同，要求有价差，则高价往往适用于国内。然而有时情况也可能相反，若要防止价格歧视，对外价格可能还必需高于国内价格。在其他一些案例中，主导的销售条件也许不同，不过不是国内销售和所有出口销售之间的差异，而是对某些外国市场的出口销售之间或某些特定的外国购买者之间的差异；另一方面，差异也会存在于所有其他销售，无论是国内还是国外。

如果价格不同完全是因为对进口商来料加工再出口的应税进口材料提供了免税，无论是直接免税还是海关退税形式的间接免税，则以比国内市场低的价格出口似乎不应视为倾销。退税机制及有关的做法不会对出口商在国外市场同其他国家的生产商竞争带来特别的好处，只不过为出口贸易减轻了保护性关税造成的特别负担。当然，这里假定退税不包括隐性补贴，并且不超过对用于

14 制成品生产的进口材料所征关税的实际金额。①

当对出口商品免征国内货物税或商品税，使出口价格低于国

生了价格低估。在这种情况下，虽然进口商行为规矩，却仍要受到严厉处罚；直到价值低估条款经 1922 年《福德内—麦克康伯关税法案》得到修订，这种现象才得以消除。参见美国关税委员会《海关行政法修订报告》（1918 年），第 18、19 页；1922 年《关税法》，第 489 条。

① 把出口价格低于国内市场价格的原因归结为出口退税的例子，参见，《美国工业委员会报告》，1901 年，第 8 部分，第 425—427 页；第 17 部分，第 112 页。莱斯利·M. 肖（Leslie M. Shaw），1902—1907 年的财政部长，曾估计 1906 年除精制食品外美国制成品出口总额达 5.7 亿美元，其中大约 0.2 亿美元是用保税进口原料制成的，1.2 亿美元是部分或全部使用获得退税的应税进口原料制成的。他声称美国制造商许多显而易见的倾销应当用这类关税减免和退还来加以解释，因为“最终产品成本节约……，制造商可以降低出口价格并且仍然获得同样利润。”（《当前的问题》，纽约，1908 年，第 21 章）

内现行价格时，也会产生类似的问题。[①] 倘若缴纳货物税的国内
制造商，其出口报价与国内价格的差异为货物税的金额，那么他就
能从出口中获得与内销一样的利润率。如果是自由竞争的市场条
件，对出口商品免征货物税将导致国内价格和出口价格的差价相
当于税额。这一差价是加给国内销售的特别负担，而不是对出口
销售的特别优惠，因此没有充分的理由认为它是价格歧视或倾销。
免征出口商品货物税，并不能使其在与进口国相似产品的竞争中 15
处于有利地位。如果进口国有类似的货物税，则进口产品会像那
里的国内产品一样被征税。如果进口国没有货物税，则出口国免
征货物税能使出口商品同进口国国内商品处于平等地位。可能会
有人反对说，税收是商品生产成本的正常组成部分，而对出口商品
免征任何税种相当于对出口贸易提供间接补贴。在对所有或几乎
所有商品都征收货物税，且货物税是政府的重要收入来源时，这种
异议有一定的说服力。对出口商品免征这种税意味着免除了它们
对政府财政本应承担的支持。但是，在仅对少数商品征收货物税
时，它无异于一种特别消费税，最终由购买纳税商品的国内消费者
支付，而不是这些商品生产成本的正常组成部分。与此相联系，应
当明确，常见的把直接或间接出口补贴与倾销联系在一起的理解
并不准确。出口补贴会导致倾销，它使生产者能够承受低于国内
贸易可赢利价格的出口价格，但是“广义上讲，补助和补贴可能会
也可能不会导致倾销。它们可以视为促成倾销的因素，但其本身

① 关于明显的因为对出口商品免征货物税而引起的倾销事例，参见《美国工业委员会报告》，1901 年，第 8 部分，第 725—727 页。

并不是倾销。”①

外汇倾销

当一国货币的基础是不可兑换的纸币时，其货币的国内和国际购买力可能会产生一时的重要差异。如果一种货币正趋于贬值，则通常国内购买力的下降会滞后于用外币衡量的国际购买力的下降。正在贬值的货币，会使以外币表示的出口价格至少暂时
16 地异常低落，从而起到奖励出口的作用。最近，“外汇倾销”一词越来越多地用来指商品以外币衡量的异常低价出口。低价是由于出口国货币在外汇市场比其国内商品市场贬值更快。然而，这种行为却与严格意义上的倾销有着截然不同的性质。在理论与实践上，它提出了很有意思、很重要且难度很大的问题。从多个角度看，它与严格意义上的倾销一样对进口国有同等重要的意义，但因货币贬值国家的出口商并没有实行销售价格歧视，无论用本币还是外币来衡量，也无论对国内还是国外购买者，或对不同国家的购买者，严格意义上的倾销并没有发生。②

运费倾销

在某些国家，特别是在近期的德国，出口货物的铁路运费同国

---

① 美国关税委员会：《关于倾销和外国在美国不公平竞争情况的报告》，第 10 页。

② 关于贬值货币国内及国际购买力背离对国际竞争影响的讨论，以及选定书目，参见美国关税委员会，《贬值外汇和国际贸易》，1922 年。

内货物运输费、转运费或进口货物运费相比享有优惠，目的是刺激出口贸易。在美国，优惠出口费率是运费体系的一部分，但也存在优惠进口运费，不过其目的是为了增加优惠费率下的铁路运输总额，而不是为了刺激出口。[①] 不管目的如何，优惠的出口运费率是人为刺激出口的措施，因而有点类似于倾销。但是，它们并不等同于商品倾销。在操作中，它们肯定会约束而不是刺激在外国市场 17
上的商品倾销。运输成本对外国国内工业抵御外部竞争可以起到自然保护的作用。任何可以起到减少运输成本的措施都能相应地提高出口商在那些市场上销售的能力，而无须在国内价格基础上减价。因此，优惠出口运费费率可以刺激出口，并使倾销变得多余。但是，并非滥用术语，这种费率本身可以看作一种倾销，不是商品倾销，而是运费倾销。运费最终是由购买者支付的，所以优惠出口运费等于是在出售运输服务时以比售给国内买主更低的价格售往国外。

隐蔽的倾销

正像有可能存在假倾销一样，也有可能存在真正的却是隐蔽性的倾销。隐蔽的一种方式，对不同市场的购买者报价相同，却对不同的市场提供差别很大的销售条件。即使出口价格与国内价格一样，但出口信用条件比给予国内购买者的期限更长，或者外国购

① 1920 年《海商法》第 28 条，试图利用这些优惠费率来支持美国的航运业，禁止铁路货车对经海路出口或进口的货物实行优惠费率，除非是用美国货船承运。不过，这一条款还没有实施。

买者不必承担昂贵的包装或海运费用,或者出口商承担将货物运到目的地的费用;或者出口商品与国内产品相比制作更精良、等级更高,却没有额外加价。上述任何做法都是真正的却是隐蔽的倾销。有一则案例报道美国啤酒装瓶康采恩的名义出口价格与对国内购买者的报价相同,但不计额外的装箱及包装费用,并在出口中不采用国内出厂价而采用纽约离岸价来作出价格让步,掩盖了倾
18 销行为。[①] 尽管有时难免冤枉,但德国人以隐瞒大量倾销行为而著名,他们向外国购买者提供比国内购买者长得多的信用期限,但并不额外加价。[②]

在上述做法中,隐蔽倾销还不算精心策划,可能只是因为主导国内贸易和出口贸易的惯例不同而产生的连带结果。不过,倾销出口商们有很好的借口对公众隐瞒其倾销行为。公开的倾销可能会激起低价商品的国内购买者的抗议。这显然会招致对倾销康采恩在国内实行高价的指责。从倾销商那里购买原料用于加工的国内制造商会抱怨外国厂商能取得低价原料,使他们在与外国厂商竞争时处于不利地位。公开的倾销可能会导致公众要求撤销进口关税,国内高价正是在关税庇护下才得以维持的。公开倾销还会激起受倾销国竞争者的不满,并可能导致征收抵消性关税。有些案例中,倾销者可能确实希望隐瞒倾销,以逃避出口销往国已有的反倾销立法。

最明显的有策划的隐蔽性倾销是对出口价格保密,特别在美

① 《美国工业委员会报告》,1901 年,第 8 部分,第 726 页。

② 参见本书英文版第 65 页。

国,这是常用的手段。[①] 然而,对出口价格保密往往很困难,特别 19
在当倾销由组织松散的工业联合体所为时,更是如此。在上述种种手段中,倾销并不直截了当地表现为价格的不同,而是表现为销售条件的不同。上个世纪80年代后期,一个比利时铁业辛迪加的某些成员违背协议采取隐瞒出口折扣的巧妙手段。辛迪加成员的协议出口价格比国内价格每100公斤便宜1法郎。举个例子,如1号铁,协议出口价格定为安特卫普离岸价每100公斤11.5法郎。该辛迪加中一些想扩大出口贸易的成员报的是协议价格,却安排购买者自行装船,并为此向他们支付数倍于实际装船成本的费率。[②]

为了隐瞒倾销,尤其为了规避受倾销国的反倾销或价值低估法律,有时还利用一些更为精巧的手段。打算倾销的出口行业会故意在较为偏远的国内市场以低价出售很少量产品,以建立虚假的价格基础,用它同出口价格相比,将不会暴露倾销。[③] 或者,打算以低于国内市场通行价格出口的生产商可能会停止在国内销售

① 参见《美国工业委员会报告》,1901年,第8部分,第158条,并参见(本书英文版第80页)。

② 亚瑟·拉法洛维奇(Arthur Raffalovich),《生产者联盟与贸易保护主义》,巴黎,1889年,第20、21页。

③ 例如,W. J. A. 唐纳德(W. J. A. Donald),《加拿大的钢铁工业》,波士顿,1915年,第185页,认为加拿大反倾销法本来并不适用于布法罗(Buffalo)康采恩在加拿大倾销生铁的行为,因为后者在美国一些偏远地点以"倾销价格"出售他们的部分产品。但是由于加拿大法律关于倾销存在的定义是基于对(1)出口价格和(2)在出口国主要市场上的公平市场价值进行比较[《加拿大法律汇编,6—7,爱德华七世(Edw. VII)》,第1—2卷,第134页,以及《加拿大法律汇编修订本(1906年)》,第48章,关税部1914年修订出版,第14页,第40条],该法律似乎恰好补足了这类少见做法的漏洞。

20 与低价出口相同的商品。这样,价格比较会很困难甚至不可能,倾销也就被技术性地避免了。[①] 即使没有特别的动机,如果出口商也为国内市场生产,但若其出口商品在外形、式样、风格或材料上与国内市场出售的商品有所差别,则倾销也难以被发现。

有时候,隐瞒倾销的另一个手段是利用寄售。这种方式经常被非法利用,其唯一或主要目的是通过价值低估来逃避为征收关税而对进口货物进行估价的机构。但是,也有利用价值高估来隐瞒倾销以规避反倾销税的。某出口商将货物以寄售方式运到美国交给代理商,后者须以尽可能高的价格出售。由于没有发票,并且难以跟踪货物通关进口以后很久才最终实现的价格,对出口国国内价格和出口价格的比较也就变得极其困难,除非设计并建立专门的管理机构。曾经有一位外国出口商直接向美国买主出售货物,但规定要由出口康采恩的美国寄售代理人交货和出票。[②] 在所报道的案例中,这样做的目的是要让代理商在进口时按低于实际的价格缴纳关税。但是倘若代理承销商以高于实际的价格进口货物,则同样可以用来隐瞒以倾销价格销售的事实。

前面讨论到的现象有假倾销、隐蔽性倾销,以及规避法规的倾销等,它们并没有在理论上提出难题。但是很明显,它们对反倾销法的执行却构成了十分严重的障碍,难以既不处罚某些并未违法的交易,同时又不允许违法交易通过技术安排或隐瞒来逃避处罚。

---

① 参见《外国制成品在美国的销售》,第 1 部分,第 36 页,一些外国生产商拒绝向美国以外的任何其他购买者出售某些产品以规避美国价值低估条款。这种做法使反倾销条款的运用变得困难。

② 参见《外国制成品在美国的销售》,第 1 部分,第 37 页。

反倾销立法，就目前发展而言，遇到了这些困难，仅取得非常有限 21
的成功。

以进口商品销售价格低于出口国的通行价格来定义倾销有很高的权威性。这是美国关税委员会提供的定义[①]，基本上也是1921年《大不列颠工业保障法》中的反倾销条款所沿用的定义。[②]有些定价行为虽然有一定的隐蔽性，但严格地说应当是真正的倾销，而在这种定义下倾销却可能不成立。正常情况下，进口国的进口价格应包括外国出口价格加上：运输成本；仓储、保险和利息费；折旧费和损耗；已支付的进口关税以及进口商利润。根据上述定义，按国内价格打折出口，并对所有进口国出价相同，此时在销售给邻国或自由贸易国的购买者时可能会构成倾销，而销售给距离较远或实行贸易保护主义的国家时，却可能不会构成倾销。对既定的进口国，进口关税越高或者运费越大，则在出口价格低于出口商国内市场通行价格即构成倾销的定义下，似乎越不可能构成倾
销。根据这个定义，很多情况下，即使把贵重的外国商品完全赠送 22
给美国进口商也不会构成倾销，这是因为即使进口商能从免费赠送中获利，但运输、仓储、保险费用、进口关税、进口商利润以及各种与进口有关的成本，加起来可能使进口商的售价超过外国市场价格。很显然，如果那样定义，“倾销”一词将失去大部分意义，而应该创造或找出另一个术语来表示我们这里定义为倾销的行为。

① “应该把倾销全面地描述为以低于生产国通行的市场或批发价格进口商品。”《关于倾销和外国在美国不公平竞争情况的报告》，第9页。

② 参见本书英文版第219页。

23 第二章　倾销的分类

倾销有不同种类。可以用不同的方法，从不同的角度来划分。第一章中对公开倾销和隐蔽倾销、逆向倾销和直接或出口倾销所作的区分，本身就可以作为分类的基础。但是，为了进行经济分析，最适用的分类基础可能还是倾销者的动机或意图，以及倾销的持续性。下面是在这两种基础上对倾销所作的分类。

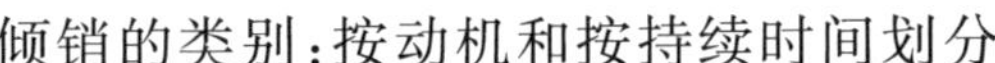

倾销的类别：按动机和按持续时间划分

动机	持续时间
1. 为处理偶然积压的存货	突发
2. 出于无意	
3. 为在某个市场维持一定的关系，如果从其他角度来看，该价格却是不可接受的。	
4. 为在新市场发展贸易关系以及在买方中建立起信誉	短期或间歇
5. 为消除倾销市场上的竞争	
6. 为在倾销市场先发制人，阻止形成竞争局面	
7. 对进口倾销实行报复	
8. 使现有工厂设备保持充分开工，同时不降低国内价格	长期或持续
9. 为获得更大规模生产的利益，同时不降低国内价格	
10. 纯粹出于重商主义思想	

1. 一个生产商可能发现，在某个特定的季节，原定价格下的销
量不足以出清其现有的或在制品存货。在这种情况下，他可以选 24
择的办法有：(1)把多余的存货留到下一个季节；(2)在他的标准市场上降价，以便增加销量；(3)在某个相距遥远或不甚重要的市场上，以尽可能有利的价格处理积压存货，即便在这个市场的售价有可能低于标准市场的现行价格。他可能并不愿把多余存货留待下个季节，因为运输和储存需要支付费用，存货过多会遇到资金供给上的困难，其产品还有可能变质或因流行式样的变化而过时。他也可能不愿降低在标准市场上的售价。仅对所销售的部分产品降价而不对所有购买者普遍降价的做法很有可能行不通，因而任何国内降价都将导致对其全部产量降价。无论在哪种情况下，其产品在标准市场的需求可能是无弹性的，所以，无论是部分降价还是全面降价，将不会对销量产生显著影响。价格一旦降下来，以后就很难甚至不可能再恢复到原来的水平；甚或会招致对手的剧烈竞争，也就是说，降价可能会“宠坏”标准市场。出于上述一种或所有原因，生产商可能会将多余存货在另外的较为次要的或从未涉足过的市场上削价出售。①

2. 无意倾销只会在两种情况下发生：投机者期望货物抵达外国市场后能以有利可图的价格出售；货物被误运往某一国外市场，或由于某种原因不能向原买主交货。倘若生产商原指望运出货物

① 参见《外国制成品在美国的销售》第 3 部分，第 15 页(摘自美国驻爱丁堡一位领事的报告)：“一位著名的啤酒酿造商说：‘我这辈子，只要有了剩余的啤酒，就到外国市场去倾销。事实上，这个国家所有的制造商在存货多到无法在适当时期内在国内销售掉，又不想破坏国内市场时，都会以所能得到的最有利的价格在国外销售货物。’”

25 的售价能达到国内市场现行价格,但结果却是不得不以低价处理,这时无意倾销便发生了。这种倾销最有可能在寄售制或分栈制销售时发生,在这两种销售方式中,货物在运抵外国市场后才能实现销售。[①] 但是,如果生产商在运出货物时就打算以低于国内市场现行价格销售,或者完全意识到这种可能性很快就会出现,那么这样的倾销便不能视为无意的了。

3.生产商可能会发现,他在某个特定市场上出售全部产品可能索要的价格低于其他市场,但是从长期来看,那个特定市场能为其产品提供一个有价值的销路,则他仍然可能接受该市场的低价,以便维持与该市场的贸易联系。这种情况下,尽管该市场一时对他并无吸引力,仅仅因为这样做有利于为将来保留一个市场,这个生产商也会愿意低价销售。[②]

26 4.生产商可能会在一段时间内在一个他新近正努力建立贸易联系的市场上暂时减价销售,以便开拓该市场对其产品的需求,这

---

① 参见《外国制成品在美国的销售》,第 2 部分,第 18 页(摘自美国驻日本一位领事关于日本原丝贸易的报告):“可能有货物在纽约以低于此地(横滨)的通行价格销售;这是由于某些日本出口商运货到纽约寄售,但发现必须以低于横滨买主所付的价格才能售出。”

② 参见联邦钢铁公司总裁加里(H. Gary)在美国工业委员会的证词(1901 年,《报告》第 1 部分,第 1,001 页):

答:“……几天前,我告诉本公司的一些人,要是有批量很大的铁轨可以运往日本销售,即使价格比我们这儿的稍低一些,也最好把定单接下来。我想我们应该保持的是贸易联系……”

问:“您认为现在有必要鼓励这样的出口贸易,维持那儿的市场吗?”

答:“是的。今后两三年内我们可能要做那里的业务。为了将来的业务,我们要保持现有的贸易联系,我们要有大批货物出口到日本。”

种需求以后有可能使其产品能够在该市场上以同其他市场一样高的价格销售。[①]

5.康采恩可能会在一个特定的市场上低价倾销，以便驱逐该市场上的竞争对手，或迫使其就范。这种倾销可能是针对倾销市场当地的生产商，也可能是针对来自倾销者本国的出口竞争对手，还可能是针对来自第三国的出口竞争对手。这种倾销也许完全是为了击垮竞争对手，也可能有稍微温和一些的目的，即以毁灭性竞争相要挟，迫使竞争对手跟从倾销康采恩的定价，并根据一定条件与之分享市场，或是迫使竞争对手按照倾销康采恩的意愿在该市场从事经营。这种倾销常被称为“掠夺性”或“恶意”倾销。[②] 从受倾销国的角度看，这是最令人反感的倾销形式。

6.当拥有垄断地位的康采恩担心它的产品市场定价过高有可 27
能会导致竞争时，就会在最有可能发生竞争的市场上降价，以便先

① 参见威廉姆·斯马特(William Smart):《重归保护贸易制度》(伦敦，1904年，第145页)：“我得知，一些商品年复一年地(从英格兰)半价销往印度，为的是让当地人习惯这些商品，最终还是要把价格提高到他们所能支付的水平的。”

② 参见《美国外国人财产监管报告》(1919年)第30—31页：“1910年，……当……一批从事重化工业的人(在美国)组建了苯类产品公司准备大规模生产苯胺油时，德国人的用心便立即显露出来。这家公司组建时，苯胺油的平均价格为11.5美分。该公司一投入生产，德国出口商便开始降价。表面上，德国人并没有制定出明确的价格，但他们采取了一项简单的策略：以低于那家新建公司的价格向该公司的客户供货。例如，新建公司最重要客户中的一家拒绝了价格为8.5美分的优惠合同，声称他已得到德国人的保证，不管新建公司出价如何，德国人都可以出，而且还可以出得更低。于是，新建公司也奋力抗争，进行无利润经营。正是因为得到了一批决心异常坚定且颇有胆识的人士的支持，公司才勉强生存下来。直到战争带来了机会，这家公司才得以牢固地建立起来。”

发制人地防止竞争。[①]

7. 如果外国生产商以倾销价或过低的价格向一国出口商品，就会在该国市场上形成竞争局面。当该国的康采恩对这种竞争感到不安时，它就可能在对方的主要市场上实施报复性倾销来消除竞争。换而言之，在国际贸易中，倾销不仅可以用作激烈竞争的进攻性手段，也可以用作抵制激烈竞争的防卫手段。[②]

8. 如果一个制造商每年都能在本国市场以高于国外市场的价格销售，且仅能销售其最大可能产量的一部分，那么他会决定在国内保持较高的价位，同时以较低的价格为其可能的剩余产量寻求国外定单，而不会考虑降低国内售价或只是部分开工。采取对外倾销的办法，他可以充分开工，同时不必损失以高于出口的价格在
28 国内市场销售部分产品所能获得的利润。倘若其产品的国内需求无弹性，降低国内价格可能无利可图。甚至在无法倾销时，国内降价也仍是无利可图。这种情形与前面第一种情形非常相像。与第一种情形不同的是，现时条件下，倾销商品已不只是当初预期能按正常价格销售而生产出来的多余产品，而是专为倾销而有意生产

① 参见《外国制成品在美国的销售》第3部分，第15页:“英国某种重要机器的制造商……虽然并未遇到竞争……但对比利时和其他一两个大陆国家买主的报价，要比在美国的售价低15%。原因在于，比利时和其他大陆国家的这些客户不愿支付高出一定金额的价格。这个机器制造商接受了他们的条件，为的是能够排除比利时等国在发明和制造类似机器上进行竞争的危险。”

② 参见大不列颠重建部，《托拉斯委员会报告》，1919年，《敕令书9236》第7页:“(英国)一家重要的金属协会的主席声称:‘……他们有一笔基金，一笔战斗基金，专门用于资助那些觉得有必要以低于正常价格销售来排挤外国竞争对手的成员。这可以说是以倾销治倾销。……他们在比利时倾销，以此作为对比利时人在英国倾销的报复。’”

出来的产品。这可能是现在最为盛行的倾销方式。但是，为了维持国内高价、同时又保证充分开工而从事这类倾销的生产商，并不愿意承认自己的倾销行为，这是容易解释的。[1]

9.制造商也可能在国外降价销售，以便在不降低国内售价的同时扩大销售，扩大的销量将不仅能使他的现有生产设备保持充分开工，而且还使他有能力扩建厂房，获得大规模生产的利益。显然，一旦工厂得到扩建，进一步的倾销便如第八种情形。[2]

10.基于纯粹重商主义思想的倾销，即开展倾销的目的仅仅是为了刺激出口贸易，倾销国可从中获取国家利益。它与出于纯粹 29
私人意图的倾销截然不同。一个国家可以从出口贸易中获得某些无法从国内贸易中获得的特殊利益，相信这一点的生产商不难找到。但是，仅仅基于国家利益，就愿意舍弃在国内以较高价格销售其全部产品的机会而去国外降价销售，这样的生产商必定很少。然而，在政府提供出口补贴的情况下，重商主义思想就会对倾销起一定作用。如果倾销由官方出口补贴引起，这种补贴又是政府为了刺激出口而设立，那么，这类倾销就可以说是由重商主义动机造成的。生产商进行倾销，总是抱有从中获取个人金钱利益的目的，但面对来自本国政府某些机构和本国消费者的抗议，他常常能求

①　参见1901年《美国工业委员会报告》，第13部分，第729页：“少数出口商指出，1898年以前，他们在国外的售价低于国内。这种做法是为了保持国内市场稳定。正如一位厂商所说：‘我们要在国外市场降低价格，以便不扰乱国内市场’。一位记者说：‘难怪，当美国厂家缺少定单，贸易不振时，他们就会在国外市场低价销售，以便……保持其人员继续就业，工厂继续开工。’”

②　我没能找到清楚说明这种倾销的事例，但没有理由怀疑这类倾销发生的可能性。

助于重商主义的偏见来为自己的倾销行为作有效的辩护。[1] 在大多数倾销事例中,并不是单一的动机在起支配作用,而上述与私人利益而非国家政策有关的动机,在某种程度上综合发生作用。

还有一种常用的根据倾销持续时间分类的方法。这种方法把
30 倾销仅分为“突发”和“持续”两类。突发倾销包括了在一个不确定期间内不持续、不稳定地发生的所有倾销。在这种分类法下,那种在每个商业萧条时期发生,并且只在非常繁荣时期停止的稳定而有计划的倾销也被看作是突发倾销;但事实上,这种倾销是间歇的或“短期”的而非突发的。我们应当把它同真正意义上的突发倾销,即仅仅是无计划的非连续性的倾销仔细地区分开来。大多数经济学家认为,就受倾销国的经济福利而言,他们所谓的突发倾销是最有害的,而持续倾销甚至可以是有益的。本章并不深入分析倾销对受倾销国的经济影响,不过,只要稍加思考就可以明白,辨别非连续而且孤立发生的倾销是好是坏并不那么重要。但是,稳定而有计划地进行的每次为期数月或数年的倾销,却可能对受倾销国国内产业造成严重损害。与持续倾销不同,它不能通过持续供给廉价倾销商品而给予受倾销国消费者某种补偿。

根据上述理由,似乎有必要按持续时间把倾销分为三类,即突

---

① 参见法雷尔(J. A. Farrell)先生代表钢铁公司所作的陈述(见《美国钢铁公司调查委员会听证会》,1912 年,第 2745 页):“美国钢铁公司分公司享有出口补贴是依据下述原则,即凡以钢铁为原料的各类产品的出口业务,都应予以鼓励,以便扩大出口规模,并创造价值交换的基础。这也是我国同外国进行贸易的原则。”

并参见加里(H. Gary)先生对钢铁公司倾销策略的辩辞:“当然,出于显而易见的原因,我们正尽我们所能推动这种出口业务;别的理由不说,我们之所以要寻找地方处置我们的产品,是因为这对我们的劳动就业有着重大影响,对贸易平衡也有着重大影响。概括地说,当我们能够正当地这样做——即能够正大光明地这样做的时候,我们也是要尽可能把外国钱财带回本国。”(《钢铁时代》,第 77 卷,第 1,324 页,1906 年,4 月 19 日。)

发倾销、短期或间歇倾销和长期倾销。偶然且无意发生的、只是零
散地出现，并且时间间隔不确定的倾销，如果不是康采恩预谋的定
价策略，那就属于典型的突发倾销。这类倾销通常不包括有意地
以按倾销价格出售为目的的生产销售。例如，把偶然积压的存货
在国外市场削价出售，以不扰乱国内市场价格。短期倾销是指在
有限的时期里，稳定且有计划地进行的倾销。这种倾销是依据明 31
确制定的出口策略而实施的，并且也包括为倾销而有意从事的生
产。这类倾销的例子有，在每一商业周期的整个萧条阶段，以低于
国内市场的现行价格进行出口销售。长期倾销是指那种既非突发
也非间歇发生，而是在一个预计很长的时期里持续发生的倾销。

在前述根据倾销动机所作的分类中，第 1 类和第 2 类，为处理偶然积压的存货所进行的倾销和无意倾销，一般被归入突发倾销。第 3 类，为保持市场联系所进行的倾销；第 4 类，为发展贸易关系所进行的倾销；第 5 类，旨在消除竞争的倾销；第 6 类，为先发制止竞争的倾销；以及第 7 类，报复性倾销，一般被归入短期倾销，即在一个为期数月到数年不等的时期里稳定而有计划地持续进行的倾销。第 8 类和第 9 类，即为保持现有设备充分开工所进行的倾销和为能扩大工厂规模而进行的倾销，可能是短期的，也可能是长期的，具体要取决于康采恩为实现其目的所需的时间长短。第 10 类倾销，亦即重商主义倾销，按持续时间划分应属于哪一类，通常要取决于同倾销相联系的官方出口补贴制度的持久性。对于所有按动机划分的各类倾销而言，其持续性要受具体情况的不同特点的影响。本书无意认定，倾销的特定动机和持续程度之间存在着必然的、严格的关系。

32 其他分类基础

在本书中，各类倾销主要是根据倾销动机和持续时间来区分的。但是，也会偶然遇到其他一些分类方法，因而在这里先谈一谈。有人提出划分“强者倾销”或“弱者倾销”。根据这种分类法，规模庞大、资金力量雄厚的康采恩从事的是强者倾销，其动机或是通过削价驱逐竞争对手，以攫取对国外市场的控制权，或是国内垄断地位使其能在国内市场把价格定得很高，以至削价出口也仍然能获取丰厚利润。弱者倾销则是在国内不利的商业条件下，为出清存货或减少因部分或完全停工造成的损失而进行的倾销。这种分类法从某种程度上看，与按动机和按持续时间分类相比并没有新的考虑，但它强调了引起倾销的经济条件。前两种分类法则没有充分注意到这一点。

出于某些研究目的，根据倾销价是否低于倾销者的生产成本，或者倾销者能否赢利来区分不同的倾销，也是很重要的。表面上，不论从哪个角度看，都会得到相同的分类结果，但也要取决于生产成本和利润如何定义和如何确定。在后面几章中，将对倾销与生产成本的关系，以及倾销者的赢利性作出讨论。

33 与倾销相关的做法

在国际贸易中，有些做法从技术角度看并不属于本书所定义的倾销，但其性质、经济目的或后果却同倾销密切相关，因而在这里需要提请注意。

商品以低于生产成本，却不低于出口国国内市场通行的价格出口，并不构成倾销。但对进口国而言，外国商品以低于生产成本的价格出售，不论其价格是否低于出口国国内相同消费品的价格，其经济影响基本上是相同的。近年来的明显趋势是把反倾销立法的适用范围扩展到以低于生产成本，但并不低于出口国国内价格的出口销售行为。对这种做法予以处罚表明人们已广泛认识到这两种做法密切相关。

一国的制造业厂家往往在另一国设有分厂。这些分厂并不从事自始至终地制造生产，而是从总厂获得半成品，再在分厂加工完成。在这种情况下，总厂可能以发货国现行价格把物资发往分厂，但若以倾销价发货，则也有可能取得与倾销相同的效果；允许分厂以无法抵补生产成本的价格出售制成品，可使其半成品或制成品获得分厂所在国的市场。从技术上看，这种交易是否包含倾销，主要是一个内部会计问题。分厂所在国的反倾销立法，会力促对发往分厂的货物适用一定的会计方法，以使倾销难以实现。 34

当康采恩希望为其产品取得对某一外国市场的控制时，以掠夺性倾销肃清当地生产商的代价太高，因为它必须克服关税壁垒。但它可以在那个国家临时开设分厂，允许该分厂低于成本价销售产品，以达到同样的目的。当竞争对手被迫退出市场后，该分厂就会被关闭或转作他用，而买方就只能从外国厂商那里得到供货。有几个案例中德国化学及电气卡特尔似乎就是这样做的。按这种做法，未必在任一阶段都出现倾销，但视其目的、后果以及对进口国的影响，则无异于掠夺性倾销。

35 第三章　1890 年以前倾销的盛行

要全面了解倾销，即国际市场中的价格歧视达到什么程度，会遇到许多困难。倾销者也许怀有种种动机，不想让公众知道他正在以低于国内的价格在国外销售。即使倾销者并没有故意逃避众人的视线，除非有人密切关注特定的倾销活动，倾销行为也不大可能是尽人皆知的。或多或少涉及大工业集团经营活动的公开信息，以及政府对各商业环节所作的调查，都是有价值的消息。它们积累并公布了大量详略不等的、与国际贸易定价政策有关的资料。然而，令人遗憾的是，即使这些资料在使用时也必须慎而又慎。得自商人的那些证据，由于抱有某种倾向性，或使用术语不严格，或缺乏充分的分析，其可用性是要打折扣的。对于由并未直接参与贸易的人所披露的个别倾销案例，往往难以判断他们所讲的以不同价格在不同国家销售是否就是真正意义上的倾销，或者还需要市场买方提供国内外销售条件以及销售方式的差异资料，以作补充说明。如果倾销事例是由倾销康采恩的竞争对手所披露，则更要谨慎对待，因为商人往往有恶语中伤任何竞争行为的倾向，无论
36 竞争是否合法，只要影响其获利，便不会放过。这是做出可靠判断的严重障碍。要想全面了解倾销的流行状况和最常见的倾销情形，并避免虚夸，就必须对有关证据小心加以辨别。

早期事例

尽管一直没有冠以倾销的名称，但这种早期事例做法很早就为贸易问题的研究者所知。例如，亚当·斯密（Adam Smith）不仅批评了政府利用官方补贴鼓励低于现行国内市场价格出口的做法，并且根据自己的观察，举出了私人生产者联盟为减少国内市场供给而提供出口补贴的事例①。然而，除了由官方出口补贴引起的倾销以外，直到工业革命带来大规模生产，需要积极扩大市场之时，倾销才发展成普遍的做法。

英国是第一个进行工业革命的国家。毫不奇怪，最初对倾销的强烈指责便是针对英国制造商的。然而，没有确凿证据认定对英国的这些指责无可非议，也绝不能说指责英国倾销的真实动机仅是出于害怕或忿恨。如果能够指控外国制造商进行了倾销，那么就可以提供有效的借口，并根据推断的结果，向受到外国不公平
竞争危害的本国工业提供关税保护。整个 19 世纪，美国保护贸易 37
主义论著者大肆渲染这种保护的理由，英国出口商经常被指责进行了倾销。美国独立初期，英国制造商一再被指控不仅向美国倾销，而且倾销的目的是有意摧毁，用当时的话来说，是要“抑制”或“扼杀”年轻的美国工业。有具体细节的证据仅为两三个孤立的事

① 《国富论》第四篇，第五章：“我知道，某些行业的经营者，都私下同意从自己的荷包里掏出钱来奖励他们一部分货物的输出。这种策略施行得很顺利，虽然大大增加了国产商品，却仍然能在国内市场上使他们货物的价格提高一倍以上。”（参见，中译本，王亚南译，商务印书馆，1994 年，第 88 页——译者。）

例,其可靠性也值得怀疑;而且,即使这些事例可靠,本身也没有什么重要意义。在上个世纪美国保护贸易主义者的论著中,这几个事例被反复引用。

亚历山大·汉密尔顿(Alexander Hamilton)在其著名的《关于制造业的报告》中宣称,一个年轻国家新兴工业遇到的最大障碍是外国的出口补贴制度,外国实施这一制度的目的是要“使它们的企业能在其商品的进口国低价销售并排挤所有竞争对手。”他提出要在陈述报告中举例说明,但实际上他仅提到了英国政府对帆篷布和亚麻布出口给予补贴的事例。汉密尔顿也注意到生产者联盟有可能提供非官方补贴:“参与一国某个商业领域的生产者组成联盟,它们利用暂时的亏损来挫败另一国组建联盟的尝试,或许这种亏损还能从本国政府的超常保护中得到补偿。可以想见,这样的联盟已经存在,而且可能性不一定很小。”[1]据后人称,汉密尔顿为保护美国制造业所作的呼吁在英国制造商中引起极大震惊。他们果真
38 联合起来在美国市场倾销产品,目的就是要压垮美国的竞争对手。[2]

加拉丁(Gallatin)在 1810 年著文反对保护贸易制度,但他也

① 《关于制造业的报告(1791 年)》,见陶西格(F. W. Taussig)主编:《关于关税问题的官方文件和讲话》,剑桥,1893 年,第 31、32、92、93 页。汉密尔顿也许可以举出亚当·斯密在《国富论》中所常举的非官方补贴的例子,他肯定清楚知道这一事例[参见,布纳(E. G. Bourne):《亚历山大·汉密尔顿与亚当·斯密》,《经济学季刊》,1894 年 4 月]。

② “1792 年年初,汉密尔顿将军,当时的财政部长,奉众议院之命所作的报告在英国发表,它引起了极大震惊,有制造业的城镇纷纷召集会议;仅曼彻斯特一地的一次会议上,就认捐了 50,000 英镑,建立一项基金来资助英国商品出口美国,企图使之充斥我国市场,摧毁我国尚在萌芽状态的制造业。”[《美国支持本国制造业学会的演讲》(1817 年),科拉蒂斯(G. B. Crutiss)引用于《保护与繁荣》,纽约,1896 年,第 134 页。]

在一定程度上支持对英国制造商倾销的指责。他的证据应是很有分量的。加拉丁是位稳健的作者，不会轻易作出漫无边际和无根无据的指责。再说，即使他有某种偏见，也是要尽量减少或完全驳斥那些认为倾销是因得到补贴支持而流行的观点。这种观点使人们感到不安并寻求高度保护。加拉丁在其 1810 年 4 月 9 日的《关于制造业的报告》中写道：

> 人们相信，即使现在，美国制造业所要克服的唯一重大障碍还是来自欧洲最大的制造业国家的巨额资本，它使欧洲商人能够得到期限极长的贷款，从事低利销售，有时还能亏本销售。①

应当注意到，这段话并未指出掠夺性倾销，即旨在消除竞争的倾销，只能推断其意思是说任何形式的倾销都可能普遍存在。

英国在美国的倾销 39

英国与美国签订《根特条约》，恢复在 1812 年战争期间中断的贸易关系后不久，美国人就开始指责英国制造商在美国有意倾销产品，企图摧毁战争期间美国发展起来的新兴工业。在这一片指责声中所提到的证据，虽然得到许多论著者非常肯定的认可，但无论其性质还是数量都难以让不带偏见的人相信，所发生的倾销都

① 艾略特（O. L. Elliott）引用于《1789—1833 年，美国的关税论战》，帕罗·阿尔托，1892 年，第 148 页注释。

有掠夺性动机,或属于有意倾销。本章对英美贸易的这种关系作出概述;无论从其历史影响来看,还是从提请读者极有必要谨慎对待抱有偏见或皂白不分的论著者对倾销所作的指责来看,对这种关系的概述都很有意义。

1814年英国与法国、英国与美国之间的敌对状态结束。敌对
40 时期对英国制造商关闭的世界市场重又开放,使其能够出口在国际贸易中断期间大量积压下来的存货。随即在商品出口中出现大量投机,投机者绝不限于有积压商品的制造商。最初,英国货在因战争而关闭的市场上供不应求,又由于投机者对早先同类厂商的遭遇仍记忆犹新,因而投机活动有一定的节制,[①]出口商从商品出口中获得了丰厚利润。大批英国货出口到大陆和美国,无须等待定单,代理商以正常方式销售,或者以能够得到的最高价格拍卖。最初的投机价格很高。然而,高利润刺激了进一步投机,并吸引了新的投机者。1816年春,英国制造商与贸易商没等拿到定单便再次大量运出货物。他们很快因好高骛远而失败。供货过多导致价格下降,使出口商蒙受了极大损失。[②] 在扣除运费和其他附带费用后,商品在国外的售价比英国国内的现行价格还低。从技术上讲,倾销发生了。然而,这是无意的倾销。货物是在没有定单却希望获利的情况下运出的,事与愿违使投机商尝尽失败的苦果。然

① 参见托马斯·图克(Thomas Tooke)《关于1793—1822年三十年间高价与低价的思考与详情》,第二版,伦敦,1824年,第109页:“1815年及1816年年初,英国的出口是十分有节制和谨慎的。”

② 参见麦克马斯特(J. B. McMaster)《美国人民的历史》,纽约,1907年,第四卷,第323—325,340页。

而，在国外市场上投机销售商品遭到失败并非稀罕事。英国人1810 年迫使葡萄牙人政府暂时迁往巴西的时候向南非，1811 年驱逐法国人的时候向葡萄牙，都曾做过这种投机性出口。1810 年，当拿破仑暂时取消贸易封锁时，美国人自己也曾以类似方式向英国出口，[①]并且在 1812 年战争结束后，出于恢复贸易关系的考虑，再次对英国进行了这样的出口。[②]

1816 年的大跌价，并不限于出口市场，也普遍波及英国本土； 41
尽管在美国的售价已经低于生产成本，却未必低于英国国内售价。[③] 但是，很难判定出口商抱有掠夺性动机。英国贸易商用拍卖方式在美国销售货物，尤其受到美国制造商的嫉恨，因为这种销售方式无法制止价格下跌。但是，利用拍卖销售的初衷并不是要引起价格下降，而是用其他方式已经很难把货物销售出去了。[④] 在由贸易商而非制造商从事出口贸易的情况下，很难想象贸易商会有意进行倾销。

1816 年 4 月 9 日，亨利·布鲁格汉姆爵士(Henry Brougham，后为上院议员)在英国下院发表了一篇主要谈当时英格兰农业大萧条

① 托马斯·图克，参见托马斯·图克《关于 1793—1822 年三十年间高价与低价的思考与详情》，第 81—89 页。

② 约翰逊(E. R. Johnson)等，《美国对外贸易和国内贸易史》，华盛顿，1915 年，第 2 卷，第 33 页。

③ 参见爱德华·斯坦伍德(Edward Stanwood)《十九世纪美国的关税论战》，波士顿，1903 年，第 1 卷，第 166 页："制成品的(英国)国内市场和国外市场(在 1816 年)都完全陷入混乱。"

④ 同上注，第 169 页："依赖拍卖制是因为没有其他办法处理货物。"不过，英国出口商好像也在以低得出奇的价格把商品寄售给在美国的代理人，以逃避一部分美国关税(J. B. 麦克马斯特，见本书第 36 页注 2，第 341 页)。

的著名演讲；他在演讲中也附带提到出口投机是萧条的一个原因。他的话后来被许多论者引用，指责英国对美国出口的主要动机是想摧毁美国新兴制造工业。布鲁格汉姆关于出口投机的发言如下：

> 在敌人的竞争卡住我们的脖子，而我们进行（我们所谓）反击的情况下，我国的贸易有数年都受到限制。1814 年春天事变，大陆突然开放，商品尽一切可能疯狂出口，这种现象只能是源于先前我们为之苦恼的贸易限制，（尽管程度不同，却）与在南非从事投机贸易的商业幻想别无二致。每样可以装船的东西都被运了出去，所有可以抓到手的资本都被装上了船。狂热……也波及社会底层。他们为追逐商业利益而到最远的地方去……。不仅职员和工人，连卑贱的仆人也把他们以备晚年和生病而积蓄下来的那一点点钱拿了出来；有人
> 42 四处奔走，引诱他们投资对荷兰、德国和波罗的海沿岸的贸易；他们拿着那一点点钱冒险，希图获得丰厚的利润；这些钱随着长期从事贸易的百万大军流走：气泡很快就吹破了……；当时在荷兰和北欧卖掉的英国货要比在伦敦和曼彻斯特的价格低得多；在大多数地方，它们成了死货，根本卖不出去；要么得不到任何利润，要么将价值千万磅的货物从远方再运回来……
>
> 与美国之间的和平发挥了类似的作用。我并不是想要把这种情况下偶然出现的大规模出口同前一年对欧洲市场的大规模出口相提并论，但两者最终都是因为美国人愿意付钱，而陷于疲软的大陆却不能；再者，用**商品充斥美国市场，可以将**

> 战争中超常发展起来的美国新兴制造业扼杀在襁褓之中。为此，在最初的出口中遭受一点损失也是非常值得的。[①]

应当指出，布鲁格汉姆把投机性出口归因于希望很快获得超常利润，而不是企图扼杀正在兴起的美国制造业。后者即使发生，也只是被他不无冷酷地视为在贸易受到直接和意外损失后的补偿而已。然而，一个又一个的论著者把布鲁格汉姆的演讲作为唯一的论据，指控当时的英国制造商在美国进行了倾销，目的是要压垮美国新兴工业。[②] 许多时候，这些论著者抛开布鲁格汉姆演讲中的上下文，仅仅引用了上面我用着重号标出的那段话，使他们的例证看起来更有说服力。[③]

① 《英国议会议事录》，第1辑，第33卷(1816年)，第1,098—1,099页。该演讲中的这些段落也见于《爱丁堡评论》，1816年6月号(第52卷，第263—264页)。着重号为我所加。

② 参见爱德华·斯坦伍德，《十九世纪美国的关税论战》，第1卷，第168页："布鲁格汉姆先生的演讲自发表以来，常常要承担使保护主义者怒火中烧的责任。"

③ 这里举出一个也许并不完整的作者名单。他们抛开上下文，以布鲁格汉姆演讲中加着重号那一段话作为其唯一的论据，指责这一时期的英国制造商在美国进行了大规模掠夺性倾销。他们是：凯里(H. C. Carey)，《社会科学原理》，费城，1858年，第2卷，第128页；汤普森(R. W. Thompson)，《保护关税法规史》，芝加哥，1888年，第126—128页；科蒂斯(G. B. Curtiss)，《保护与繁荣》，纽约，1896年，第135—136页；扬格(John P. Young)，《保护与发展》，芝加哥，1900年，第305页；比肖普(J. L. Bishop)，《美国制造业史》，第2卷，第212页；李斯特(Friedrich List)，《政治经济学的国民体系》(英译本)，伦敦，1904年，第70页；约翰逊(E. R. Johnson)，《美国国内贸易与对外贸易史》，(原文如此，参见本章注8——译者)，第2卷，第35页；斯坦伍德，《十九世纪美国的关税论战》，第1卷，第166—168页，他们以同一证据发出相同的指责，但还算完整地引用了布鲁格汉姆的演讲。罗歇尔(William Roscher)，《政治经济学原理》[拉罗(Lalor)的译本]，芝加哥，1882年，第2卷，第437页，仅仅引用了布鲁格汉姆演讲的加着重号那一部分。他以此为依据惊呼："英格兰以暂时降价来扼杀外国竞争对手，这

43 1816 年的关税法是美国第一个明显带有保护贸易色彩的关税法。美国工业受到英国倾销的威胁,尤其是布鲁格汉姆的坦率议论,被认为对这部及以后的贸易保护法令产生了重要影响。[①]在美国保护贸易主义情绪的发展过程中,对英国或真或假的倾销感到畏惧,无疑起了一定作用,尽管这种作用可能很小。[②]然而,说到1816 年的关税法,它提交给国会的时间应在英国货价格暴跌之前,比布鲁格汉姆演讲在美国首次引用的时间也要早。[③]看来,一些美国人事先已经预见到,战争时期的贸易限制解除后,新兴但稚
44 嫩的美国制造业可能遇到激烈并带掠夺性的竞争;估计到欧洲会

种事发生得何其多!"拉本诺(Ugo Rabbeno),《美国的贸易政策》,第 2 版,伦敦,1895 年,第 153 页,也指责英国制造商在这一时期从事掠夺性的倾销:"数年的贸易战结束后,一个广阔的市场终于向英国货敞开了,英国制造商蜂拥而来如同攻击一座堡垒,他们甚至以低于成本的价格亏本销售,以征服美国制造业这座实际上防卫很差的堡垒。"但他没有提到布鲁格汉姆的演讲,也没有提出别的证据来支持他的指责。布鲁格汉姆的加着重号那段话,也被人在国会和政府各部的报告中反复引用。

① 参见汤普森《保护关税法规史》,第 126—128 页;并参见马歇尔(Alfred Marshall)《工业与贸易》,第 781 页:"英国是美国高度保护贸易政策的首要受害者,该政策的产生很大程度上由于在美国人民中间百般流传的说法,即他们受到了不公正待遇。遗憾的是,这种传说有一定的坚实依据。"

② 陶西格的代表作《美国关税史》并未把倾销视为美国保护贸易主义发展的因素之一。

③ 参见麦克马斯特《美国人民的历史》,第 4 卷,第 340—341 页。他认为,直到 1816 年以前,英国在美国未曾低价销售货物;又认为,1816 年关税法的制定者对拍卖销售会导致毁灭性低价的危险一无所知。参见斯坦伍德《十九世纪美国的关税论战》,第 1 卷,第 168 页:"布鲁格汉姆先生的演讲很晚才传过来,并未影响国会的关税立法。"布鲁格汉姆发表演讲是在 1816 年 4 月 9 日。1816 年关税法则是在 1816 年 4 月 27 日签署的。布鲁格汉姆的演讲在美国首次被提到可能是 1816 年 12 月 28 日的《尼尔记录》。李斯特错把演讲时间确认为 1815 年,凯里等人也以讹传讹,给人造成的印象是 1816 年关税法部分地是针对布鲁格汉姆的演讲作出的反应。参见,李斯特,《政治经济学的国民体系》,第 70 页;H. C.凯里,《社会科学原理》,第 2 卷,第 128 页。

采取无限制的竞争，这也是关税委员会决定起草 1816 年关税法的一个原因。[①]

因此，对英国制造商当时正在有意进行大规模掠夺性倾销的指责，应是未经证实的；尽管如此，也没有什么理由可以否认偶然的、不那么引起反感的倾销事件，尤其是受少数个人或生产者联盟控制的英国工业部门所做的倾销。有一部英国人的著作支持了对英国制造商倾销（尽管不是掠夺性倾销）的指责，该书作者认为，“19 世纪初，兰开夏郡的纺纱厂被指控以极为低廉的倾销价格秘 45
密出口棉纱”。控告者显然是英国的棉布制造商。他们徒劳地要求议会“制止这种行为，理由是外国棉纱生产者因此获得了不公平的垄断地位。”[②]

前已指出，指责欧洲人倾销，对以后几年美国的保护贸易宣传起了一定作用。1824 年，亨利·克莱（Henry Clay）在国会的一次发言中极力主张保护美国制造业，因为“一国未加保护的制造业在初建伊始就面临被摧毁的危险，因为外国制造商有意或需要这样做。”这一论点显然已失去说服力，因而克莱又说：“先生们并不相信外国商人和制造商企图摧毁我们的工业。为什么他们不会抱有这样的念头呢？”不过，他用来说明掠夺性削价的可信度的唯一事

---

① 参见《议员委员会贸易与制造业报告》，1816 年 2 月 13 日，《国会编年史》，第 14 届国会，第 1 次会议，第 964 页：“外国制造商和商人将会运用一切智谋和力量，采取一切能够想到的手段，调动可能动员的资本，阻止美国制造业公司在其富饶的本土生根，发达。”

② 查普曼（S. J. Chapman）和劳德·布拉塞（Lord Brassey），《劳动与工资》，伦敦，1904 年，第 1 卷，第 40—41 页。这是我发现的倾销国消费者抗议倾销的最早事例。本世纪晚些时候，这类抗议在许多国家已很常见。见下文。

例,仅是一个美国人声称愿在巴尔的摩和华盛顿之间传送信件,全年只收取一美元,好把竞争者排挤掉。[①] 举证英国掠夺性倾销的威胁,已不再被认真地当作实施保护贸易的理由。这可以从下面的事实看出来:1832 年,约翰·昆西·亚当斯(John Quincy Adams)著文利用这一理由时,便怀有某种歉意,并承认有普遍的倾向去夸大英国制造商为保持对美国市场的控制而甘愿遭受的损失。[②]

46 1854 年,一位政府特派员奉命对英国矿区劳动条件进行调查,他在报告中描述了英国制造商在对外贸易中采用的种种办法。如若准确,则他的报告表明,英国制造商确实普遍并且经常凭借残酷竞争,力图把外国竞争者从他们看中的市场上驱逐出去。他报告这一情况并不是要贬低英国制造商,恰好相反,而是要以此向英国劳工呼吁,请他们更多地理解雇主为他们作出的牺牲,让他们看到行业盟会和经常性的罢工正在削弱制造商积聚必要财富以同外国竞争者展开公平竞争的能力。这个报告总体上表明,该特派员不是一个训练有素或不带偏见的经济观察员,他所关心的主要是教育及社会状况,而非基础经济状况。然而很重要的是,19 世纪上半叶那些既非商人也非训练有素的调查者所作的报告证实了一

① 众议院发言,1824 年 3 月 30、31 日;《国会编年史》,第 18 届国会,第 1 次会议,第 3 卷,第 1988—1989 页(亦收入 F. W. 陶西格《关于关税问题的官方文件和讲话》,第 295 页)。

② 《制造业委员会报告》,第 22 届国会,第 1 次会议,第 481 号议会报告,第 20 页:"我们可能,或许肯定,经常大大夸张英国制造商为保持和维护对外国市场的控制而作出的努力和牺牲。但是,这种努力和牺牲是由大量使用资本的大规模制造业公司所为,将来还会如此,这是不应怀疑的。"

种印象，该报告也肯定了这种印象，即当时人们普遍相信，国际竞争获胜主要取决于萧条时期支持掠夺性降价的财力，而不是生产能力方面的相对优势。下面是引自他报告的一段话，提到了英国制造商在国际竞争中使用的手段：

> 我相信，这个国家的制造业地区，尤其是铁和煤矿区的劳动阶级，对于他们得到工作的好处，对于雇主在萧条时期为消除外国竞争，获得并保持占有外国市场而甘愿遭受的巨大损失，几
> 乎一无所知。一些有名的真实事例说明，多年来，雇主们在萧 47
> 条时期遭受总额达三四十万英镑损失，如此情况下，仍继续开工。如果那些鼓励行业盟会限制使用劳动并鼓励罢工的人得逞，无论时间长短，都不再会有资本的大量积累。积累资本能使少数最富有的资本家能够在大萧条时期赢得一切国外竞争，从而为在价格回升时进军世界贸易而开辟道路，并且不等外国重新积聚资本获得任何价格竞争能力，就开展大规模贸易。这个国家的大量资本是同外国资本进行战斗（如果可以这么说的话）的强大武器，也是现有最基本的武器，有了它，我国制造业才能保持至高无上的地位；其他要素——廉价劳动、丰裕原料、通信手段以及熟练劳动——也能迅速达到同等水平。①

如果这个报告被美国保护贸易主义者抓住，以此强调必须采

① 《矿区人口状况……调查……特派员报告》，1854 年，第 20 页。

取关税保护来对付如此无情的竞争手段,那是毫不令人奇怪的。马歇尔也引述了这个报告,他说:“前几十年,几乎每个美国人都注意到了这个报告。”①他在对这个报告和类似言论作出评论时说:“1875 年在美国进行的调查使我相信,之前许多年中,这种做法的事例相对而言已经很少,但凭想象得出的结论对阻止建立新工业的尝试却有重要影响。”②

48

其他事例

大致这一时期,有一项来自法国的对英国掠夺性倾销较为具体的控告,据称:“本世纪初以来,法国人三次试图纺制安哥拉羊毛线。每次都失败了,因为产品一出现在市场上,英国纺织业主便降价 20%—25%,从而扼杀了竞争。”③

不过,随着英国建立自由贸易和大规模制造业在其他国家得到发展,对英国倾销的指责减少了,对倾销的指责开始转向包括美

---

① 阿尔弗雷德·马歇尔(Alfred Marshall),《工业与贸易》,第 782 页。我尚不能确认美国有人引证该报告肯定这一看法。据我所知,另外提到该报告的,除马歇尔以外是罗歇尔《政治经济学原理》(拉罗译本)一书,芝加哥,1882 年,第 2 卷,第 437 页注释,后者囫囵吞枣地轻易接受了。马歇尔好像过于急切地要证实英国进行了倾销,以便最大限度地压低英国自身反倾销立法的意义。

② 同上注,第 783 页注释;另参见马歇尔“关于国际贸易中的财政政策备忘录”,《下议院文件》,第 321 号(1908 年),第 26 页:“在长达半个多世纪的时间里,英国制造商,尤其是制铁商,曾经是这方面(即:倾销)的罪魁祸首;想起他们的恶行,美国人心中就感到强烈的怨恨。”

③ 引自《帝国动物驯化公司简报》,第 2 辑,第 5 卷,第 579 页,约翰·J. 海斯(John J. Hayes)撰,收录于《在全国羊毛制造商协会的讲话(1865 年 9 月 6 日)》,剑桥,马萨诸塞州,1865 年,第 29 页。

国在内的其他国家。据说，国内战争结束后，加拿大人就经常指责
美国倾销。1872 年，美国萧条时期，这种指控“尤其响亮而且尖
锐。”[①]马歇尔说，他在 1875 年所作的调查使他确信，安大略省的
制造商确实有理由担忧美国的倾销。[②] 加拿大政府在 1879 年致
英国当局的信中为其采取保护关税政策进行辩解，部分理由就是
有必要利用这种保护对抗美国的掠夺性倾销。[③] 同一年，俾斯麦
(Bismarck)向德意志帝国国会提出新的关税法案，要向德国制造
业提供比以往高得多的保护。他为支持该法案所陈述的首要一个 49
理由就是，德国历来实行的低关税使德国成为外国的倾销地
(Ablagerungstätte)。[④] 1880 年，美国国务卿艾瓦茨(W. M. E-
varts)建议美国棉纺织品制造商在海外倾销，以建立对外国市场
的贸易。[⑤] 有报道说，澳大利亚维多利亚州受到保护的工业经常
在该国其他地区进行倾销。[⑥]

① 乔姆莱(C. H. Chomley)《加拿大与澳大利亚的保护贸易制度》，伦敦，1904 年，第 43 页；所指年份可能是 1873 年，而非 1872 年。

② 《工业与贸易》，第 783 页注释。

③ 总督致殖民局的急信，1879 年 3 月 19 日，引用于爱德华·波利特(Edward Porritt)一书，《英国海外领地的财政与外交自主权》，牛津，1922 年，第 465 页：“……现政府……希望指出……该事实，美国制造商已经建立起一些组织完备的联盟，如果加拿大某个行业兴起，加拿大市场随即会充斥美国制造并低于价值销售的同类商品。这类联盟的效果如同政府补贴。”

④ 道森(W. H. Dawson)，《德国的保护贸易制度》，伦敦，1904 年，第 71 页。

⑤ 引用于美国商务与劳工部统计局，《特别领事报告》，第 6 卷(1905 年)，第 45 页：“我们只能继续生产纯棉织品；……如果必要，可以暂时牺牲利润，维护在若干市场上的贸易地位，……通往全球贸易的几条道路今天对于我们要比三十年前对于英国制造商更为开放。”

⑥ C. H. 乔姆莱，《加拿大与澳大利亚的保护贸易制度》，第 182、183 页。

1886 年，英国一官方委员会的证词引用了许多发生在英国的倾销事例。大多数是针对德国和法国制造商的，但至少有一个事例专门针对美国棉纺织品制造商。[①] 该委员会少数派委员提出的一份报告建议征收 10％或 15％的进口从价税，以抵消外国制造商在英国市场上同英国制造商竞争时的倾销及其占有的人为优势。[②] 这份报告同意用“公平贸易”政策取代英国自由贸易政策的观点。所谓“公平贸易”指的是在存在人为生产条件下，把本国与外国生产者置于平等的地位；造成人为生产条件的诸如有出口补贴、本国市场受到高度关税保护情况下的倾销以及间接税等因素，但并不涉及生产条件的自然差异。他们把公平贸易同保护贸易政策区分开来，因为后者的目的是要抵消生产条件的自然差异，而前者却不是。[③]

50 为便于倾销而建立私人出口补贴制度的做法在美国较为少见，有一个事例发生在 19 世纪 80 年代。由于出口需求增加，美国的酒精生产能力在 1878 年以后增长很快。然而，1882 年，德国政府建立了酒精出口补贴制度，每加仑补贴 10 美分，使德国生产者得以把美国酒精从欧洲市场上驱逐了出去。美国酒精制造商尝试建立“威士忌互助基金”来应付局面。该基金所有成员都要缴款，向那些在国外亏本销售多余存货的成员支付出口补贴。但是，这

① 大不列颠，贸易与工业萧条调查委员会，1886 年，《最终报告》(C. 4893)，第 55、56、57 页；《第二报告，证词记录》，第 1 部分(C. 4715)，第 33、122、218 等页。

② 《最终报告》，第 65 页。

③ 参见弗切斯(C. J. Fuchs)，《1860 年以来大不列颠及其殖民地的贸易政策》，伦敦，1905 年，第 191 页。

一办法代价很高，耗费巨大。结果，在 1887 年成立了威士忌托拉斯，部分目的就是要通过限产和把一部分产量在国外倾销的办法，减轻产量过多给美国国内价格造成的压力。[①]

① 参见第 50 届国会，第 2 次会议，众议院第 4156 号(1889 年)第 64、65 页；詹克斯(J. W. Jenks)，《托拉斯问题》，纽约，1909 年，第 244 页。

51 第四章　1890年以来倾销的盛行(Ⅰ)——欧洲大陆、加拿大、日本的倾销

近时期来，伴随着工业托拉斯与联合体的兴起，在主要工业国家的许多重要制造业，特别是已经组成生产者托拉斯或联合体的行业，产生了规则性的并多少带有持续性的出口倾销。这一时期，关于倾销的文献很多，有许多是从研究工业托拉斯与联合体的经营活动时派生出来的，因而在下面我可以对世界贸易主要国家出口行业倾销的突出特征作一简要说明。

德国的倾销

人们普遍认为，1914年以前在德国出口倾销比任何其他国家都更广泛、更有计划性。德国出口倾销得益于高关税保护，而且几乎所有大工业都组成了卡特尔或行业购销联合会。这两种因素使国内市场价格竞争受到遏制，前一个因素从德国外部，后一个因素在德国厂商之间发生作用。德国厂商联合在一起，使许多卡特尔可以采取明确的定价策略，使国内价格保持在外国价格加上德国进口关税的水平上，同时以可获得的最高价格出口销售，尽管出口

价格可能大大低于国内价格。很显然，如果倾销康采恩必须与竞争对手分享国内高价，并自行负担出口倾销的成本，那么有计划的且持续的倾销就不太可能发生了。在德国，卡特尔联合的方式在 52
不损害单个康采恩独立性的同时，形成了出口倾销的利益与负担在国内厂商之间均摊的机制。保护性关税的目的是为了防止外国竞争者分享卡特尔定价所造成的国内高价。它能让卡特尔不费力地使德国国内价格与外国市场价格之差超过运到德国的费用与外国进口商品关税之和。德国小规模生产的农产品和原料在出口贸易中相对不太重要，根据后面要解释的理由，这些商品最不可能被有计划地倾销，但也在德国出口倾销商品之列，使德国的倾销范围更广泛，显得比其他以出口这类商品为主的国家的倾销更盛行。尽管其他国家的倾销实际上毫不逊色，但德国受到了过分的关注。与美国、英国或加拿大紧密的联合体或托拉斯相比，德国较为松散的卡特尔肯定具有更强的公开性。而且，早在 1914 年以前，其他国家——尤其是法国——的众多国际法专家，就自告奋勇煞费苦心地调查德国商业方式，以便获得其不公平战术的证据；而在

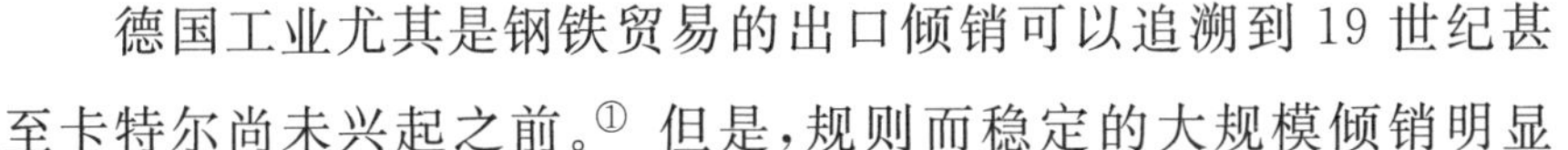

1914 年以后，德国又成了一大批论著者宣扬的对象。德国倾销名声昭著，却使其他国家的倾销被掩盖了起来。

德国工业尤其是钢铁贸易的出口倾销可以追溯到 19 世纪甚至卡特尔尚未兴起之前。[①] 但是，规则而稳定的大规模倾销明显 53

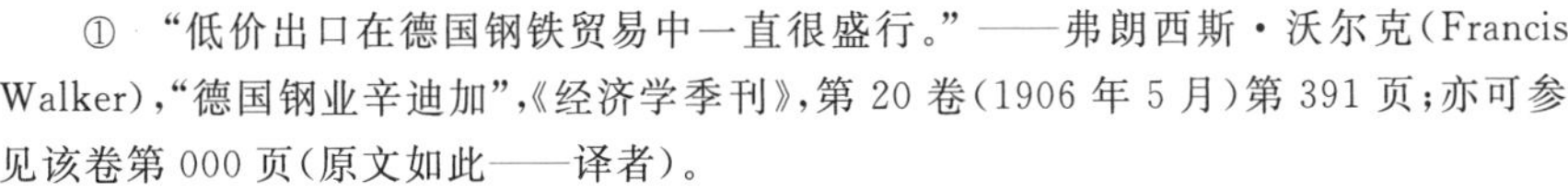

① “低价出口在德国钢铁贸易中一直很盛行。”——弗朗西斯·沃尔克(Francis Walker)，“德国钢业辛迪加”，《经济学季刊》，第 20 卷(1906 年 5 月)第 391 页；亦可参见该卷第 000 页(原文如此——译者)。

始于 19 世纪 80 年代后期和 90 年代卡特尔形成的时候。①

许多或多数参与出口贸易的德国卡特尔经常且规则性地以低于对国内买主的要价对外销售。② 大多数卡特尔都把出口贸易的实际经营权留给各成员。但是,倘若卡特尔担心其产品必须在国外销售的数量多于以德国市场现行价格所能出口的数量,它们就必须对成员施加压力,因为只要在国内可能获得更有利的价格,单个康采恩成员就会不愿出口。在某些案例中,为了解决问题,卡特
54 尔或是要求成员康采恩把产量的固定比例用于出口,或者设定可以在国内市场销售的最高限额。然而,这种协议很难履行;再者,这种方式无法体现某些厂商由于经营状况、规模、对外联系、外贸经验或其他原因而拥有比其他厂商更大的出口优势。遇到上述情况时,渴望出口倾销的卡特尔一般会采取下述办法:或是把出口贸易经营权从单个康采恩手中转移到一个受整个卡特尔支持的由各成员捐资成立的出口中心机构,或者更常见地,按生产能力或正常产量的比重向全体成员征款,建立出口补贴基金,并按各成员出口

---

① 参见约瑟夫·格伦泽尔(Josef Grunzel),《经济保护主义》,第 226 页。亚瑟·拉法洛维奇(Arthur Raff alovich)是一位消息灵通和敏锐的研究工业联合体的学者。早在 1889 年,他就论述道:"说到美国辛迪加的本质特性,应当补充下述广为人知的一个事实,即欧洲的联合体通常制定两种价格:国内市场价格和出口价格。"——《生产者联盟与贸易保护主义》,巴黎,1889 年,第 14 页。

② 参见《关于某些外国托拉斯出口策略的备忘录》,收于大不列颠贸易部《关于英国和外国的贸易与工业联合体的报告》,1903 年(Cd. 1761),第 298 页:"倾销是德国卡特尔惯常实施的一项策略,这一事实无可争辩。"(在本书后面,该报告将以《关于托拉斯出口策略的备忘录》的名称提及)威利·摩根洛斯(Willi Morgenroth),《卡特尔的出口策略》,莱比锡,1907 年,第 15—29 页,对许多德国卡特尔的国内价格与出口价格做了详细比较。

份额向其提供补贴。

卡特尔倾销可以在出口贸易受整个卡特尔控制时发生，但不直接支付补贴，也可能因单个成员经营出口时获得补贴——或伴随出口补贴——而发生。出口补贴的一种简单形式是向每单位出口商品提供特定的补贴。从整个行业来看，这种方法有其缺陷，即它缺乏弹性，不能适应情况变化自行调整。最初旨在使国内销量和国外销量之间达成理想配置的出口补贴，如遇国外价格下降或国内价格上升，就可能很快显得过少，难以获得适当规模的出口；或者变得过高，引起过量的低价出口或给出口商带来特殊利润。这两种现象造成的成本都将由整个行业来承担。因此，利用出口补贴制度的卡特尔，虽然不是全部，但是大多数都采用了一些灵活的做法。补贴数额定期进行调整，并稳定在估计足以刺激出口达到理想规模的水平上。多数情况下，补贴仅凭出口证明就可支付，但是有些卡特尔为了更好地自我保护以防止滥用补贴，则要在能证明出口价格低于国内价格时才支付补贴；[①]有些卡特尔在出口价格和国内价格差别不明显时就不支付补贴。[②]

有些卡特尔似乎尝试过使补贴额等于出口价格与国内价格的 55
实际差额，但发现这种做法并不理想，因为它使出口康采恩在补贴的最高限额范围内就不怎么在乎所获得的出口价格，从而导致销售价格低于承诺条件。为了消除补贴制度下某些滥用现象，许多

① 《关于托拉斯出口策略的备忘录》，第303、304页。

② 这是钢铁企业联合会(Stahlwerksverband)，亦即钢铁业卡特尔的做法。美国联邦贸易委员会：《关于美国出口贸易中的协作的报告》，1916年，第2部分，第16页(在本书后面，该报告将以《美国出口贸易协作》的名称出现)。

卡特尔或者自己接掌出口贸易经营权,或者对所能接受的出口定单进行价格监督,或者只支付相当于国内价格与出口价格部分差额的补贴。

出口贸易经营权转移到卡特尔手中会引起出口补贴制度运作方式的变化。在这种方案中,不论产品是出口还是内销,所有厂商得到的价格都相同;以估价征款形式由全体成员康采恩支付的补贴则被掌握在卡特尔手中,用来抵补因商品出口价格低于卡特尔支付给成员康采恩的价格所导致的亏损,而不是让亏损转到单个出口康采恩那里。

与其他国家一样,1900 年到 1902 年,德国也经历了工业衰退。景气的衰落在空前高涨之后如期而至,沉重打击了那些尚未形成辛迪加的行业和尚未联合起来的卡特尔。还没有把从原料到
56 制成待售产品的整个制造过程纳入其运行体系的卡特尔,要向生铁等初级原料辛迪加和煤炭卡特尔购买原料。尚未联合的卡特尔将它们的遭遇部分地归咎于原料业辛迪加的某些做法,尤其是它们的出口策略。1901—1902 年,德国耗铁工业强烈抗议生铁卡特尔的出口倾销,其理由是生铁倾销正好削弱它们在外国市场上同使用德国倾销出口的生铁的外国制造商进行竞争的能力。[1] 另一个抗议的理由是生铁卡特尔的许多成员本身就是生产下游出口产品的厂商,因而同尚未联合的德国厂商相比,他们在国内及出口贸易中都处于有利的竞争地位,尚未联合的厂商被迫在国内为其原

---

① 《关于托拉斯出口策略的备忘录》第 307、308 页。

料向生铁辛迪加支付高价。[①] 然而,有人称,德国生铁在外国市场上的倾销并未明显降低那里的现行价格,而且生铁卡特尔的倾销十之八九仅是为了迎合国外竞争市场上的通行价格。[②]

早在 1891 年,铁业和纺织业就针对鲁尔地区煤业辛迪加提出过类似抗议,并促使普鲁士政府警告煤业辛迪加停止出口倾销。一位谨慎的学者对这一事例的结论是,人们谈到的由这种出口倾销给德国工业带来的损害"看来是空口无凭。"[③]后来,德国钢制工具制造商、机械制造商和造船商对钢铁企业联合会(Stahlwerks-verband),德国制钉业辛迪加对德国金属丝业辛迪加也都提出了 57
同样的抗议。有些抗议确实理由充分,因为德国在荷兰倾销钢和金属丝似乎是荷兰造船业、机械制造业和制钉业兴盛的一个重要原因,而且在某些案例中,这些荷兰的工业还在德国自己的市场上成功地与德国厂商展开竞争。[④] 多由独立的小型消费品厂商组成的德国各地方商会,屡屡对主要的原料及中间产品卡特尔的出口策略提出抗议,说它们损害了本国制成品生产商的利益。[⑤] 由于这些及其他一些原因,德意志帝国国会于 1902 年根据呼吁制定了

① 保尔·德鲁西埃(Paul de Rousiers),《法国及外国的工业生产者辛迪加》,第 2 版,巴黎,1912 年,第 146 页及以下各页。

② 参见罗伯特·列夫曼(Robert Liefmann),《卡特尔与托拉斯》,巴黎,1904 年(译自德文本第二版),第 102 页。

③ 弗朗西斯·沃尔克,"德国煤业中的垄断联合体",《美国经济学会出版物》,第 3 辑,第 5 卷,第 3 号,第 225 页。

④ 乔治·戈泰因(George Gothein),"铁制品关税的国际管理",《国际经济学杂志》,1904 年 8 月,第 509 页及以下各页;霍夫纳吉尔(G. E. Huffnagel),"荷兰的反倾销斗争",《荷兰贸易》,1919 年 12 月,第 53—56 页;1920 年 2 月,第 42—44 页。

⑤ 安德烈·塞尤斯(André Sayous),《1900—1902 年德国危机》,巴黎,1903 年,第 370 页。

国家卡特尔管理条例，以制止可能危害德国工业的出口做法。对卡特尔进行管理的问题被提交到国会进行辩论；有人建议降低由辛迪加生产并以低于国内价格对外销售的产品的进口关税，该建议仅以微弱票数未获通过。然而，政府对正在滋长的对卡特尔的敌对情绪还是做出了响应，成立了一个对卡特尔行为进行调查的
58 委员会（Kartellenquete）。该委员会展开了持续三年多的大规模调查。在向委员会提供证据的过程中，有人“甚至断言，制造业已被迫在国外建厂，以利用国外原料市场上因德国厂商低价出口所形成的优势。”[1]不过，该委员会建议政府不要干预卡特尔，因为它们已经证明对德国有利。

此前，德国生铁消费者出于自我保护的目的已经组成了消费者卡特尔。由于受到这些卡特尔的压力，或是为了抢先排斥更多的政府干预，或是因为国内高价已明显妨碍向德国从事出口贸易的制造商销售其生铁产品，生铁业辛迪加于1902年采取了一项策略，向国内已经联合起来的生铁购买者提供回扣或补贴，后者利用生铁生产出口制成品。[2] 先前也偶有向国内购买者提供这类补贴的事例，如早在1880年的生铁业辛迪加，又如1882年的焦炭业辛迪加。[3] 补贴作为一种规则性的做法，始用于1899年或再早些时候的钢铁业卡特尔以及各种金属品贸易。[4] 1902年以后，这种做

---

① 约瑟夫·格伦泽尔，见本书第50页注1，第323页；另参见威利·摩根洛茨，见本书第50页注2，第45—46页。

② 《美国出口贸易协作》，第1部分，第207页。

③ 约瑟夫·格伦泽尔，《经济保护主义》，第225页；保尔·德鲁西埃，《工业生产者辛迪加》，第149页；罗伯特·列夫曼，《卡特尔与托拉斯》，第111页。

④ A. 拉法洛维奇，《生产者联盟与贸易保护主义》，第16页；保尔·德鲁西埃，见本书第53页注1，第149页。

法已是所有从事倾销的大型卡特尔定价策略中一个确立的环节;国内购买它们产品再生产出口制成品厂商可以获得降低出口价格,或至少在国内价格方面得到一些减让。

有时补贴是在出口产品的制造过程中向后传递的。例如,煤业辛迪加对生铁业辛迪加用于生产生铁的焦炭按吨给予补贴,后者生产的生铁或直接出口,或销售给用生铁生产出口制成品的国
内厂商;生铁业辛迪加则对用于半制成品出口或经内销用于制成 59
品出口生产的生铁提供补贴;金属丝滚轧厂在用来生产出口金属丝的原料上接受补贴,同时向线钉辛迪加提供类似补贴,等等。在每种情况下都有接受补贴并向后传递的,在每个后继制造阶段,补贴往往有所增加。[①] 这种精细的累进补贴制十分复杂,要求必须建立某种管理合作机制。1902 年,煤、焦炭、生铁、条形铁以及钢梁的卡特尔在杜塞尔多夫建立了一个出口补贴结算机构(Abrechnungstelle für die Ausfuhr),解决反投诉问题,检查出口或进一步生产出口的证据。[②]

不过,一般说来,补贴发不到生产出口高度制成品的国内厂商手里,或是由于这些厂商没有联合起来,或是由于补贴不能覆盖足够多的制造阶段而传递到他们手中。即使国内出口品生产商领到补贴,也往往不足以抵补原料的国内价格与出口价格之间的差额。因此,向生产出口制成品的国内购买者提供补贴,其本来目的是要按出口价格提供原料和半成品给生产出口制成品的国内厂商,但

① 大不列颠重建部,《关于托拉斯的报告》,1919 年,第 42 页。

② 威利・摩根洛茨,《卡特尔的出口策略》,第 53 页。

并没有完全获得成功,而且也未能使这些厂商服从大卡特尔的出口倾销策略。①

德国卡特尔进行出口倾销的主要目的是要同时保持充分开工
60 并维护稳定的且能赢利的国内价格。发展出口贸易只是次要的考虑。② 只有在保持国内及出口销售总量接近生产能力水平所必需时,且确属必需时,出口价格才会被定得低于国内价格。因此,在繁荣时期,有时并没有必要通过削价来获得满意的定单数量。在另一些时候,国内本身的定单数量也许就已足够多,无须人为地刺激出口。这时,出口补贴可能会暂取消,或大大减少。③ 但是,并

① 威利·摩根洛茨,《卡特尔的出口策略》,第 58 页:"因此,一个慷慨的补贴政策是合适的。"第 113 页:"卡特尔在贸易政策上的最大威胁是对加工企业带来损害。"

② 格伦泽尔,见本书第 50 页注 1,第 322 页,甚至断言卡特尔并不允许扩张出口销售来实现生产设施的扩张,倾销的目的在于稳定国内的价格和生产,而不是为扩大出口而扩大出口。另参见,《美国出口贸易协作》,第 1 部分,第 206 页:"对于外国市场,(生铁)辛迪加固定了各成员的出口限额,以防止不必要的倾销。"

③ 于是,1906 年钢铁企业联合会就因销售活跃而中止了补贴,但第二年又恢复补贴。(罗伯特·列夫曼,《卡特尔与托拉斯》,第 111 页)。下面的统计表明,1901—1903 年萧条时期与之前若干年相比,德国金属制成品的出口在数量上有了很大增加,但其价值的增加却很有限,这也说明德国的倾销程度与国内市场的商业活跃程度是成反比例变化的:

德国的出口

年份	粗金属制品		其他金属制品	
	数量(千吨)	价值(千镑)	数量(千吨)	价值(千镑)
1899	780	8,080	542	16,430
1900	793	8,795	610	18,865
1901	1,235	9,445	675	18,790
1902	1,313	9,170	914	20,845
1903	1,382	10,025	1,018	22,470

引自 J. 艾利斯·巴克尔(Ellis Barker),《关税改革 200 要点》,伦敦(1910 年?),第 167 页。

不能由此推断间歇或反复出现的倾销仅在国内市场萧条时期才发生。在大多数大卡特尔的出口贸易中,倾销是正常现象,而没有倾销倒是例外情形。

突发或偶然的倾销,即以任意价格偶尔出口已经生产出来 61
的多余存货,在德国并不经常发生;部分地即使有这样的存货也已在计划且持续的倾销中被处理掉了,但主要是因为德国工业比较保守,很少按估计的定单进行生产,因而很少会有多余的存货。[①]

1914 年以来,对德国及其行为怀有敌意的论者经常指责说,德国的许多倾销带有掠夺性动机。有些论者甚至想要从德国倾销案例中找到德国政府与其工业处心积虑合谋摧毁外国竞争工业的证据。[②] 除非能提出有说服力的证据,对这类大肆指控应以怀疑的态度置之。这些指控大多只是一种战时流行的虚假宣传。重要的是,1914 年以前,其他国家一些能力较高的研究德国卡特尔出

① 参见《外国制成品在美国的销售》,第 1 部分,第 64 页。

② 参见亨利·奥塞(Henri Hauser),《德国对世界贸易的控制》[曼弗雷德·伊曼纽尔(Manfred Emmanuel)译自法文本],纽约,1917 年,第 98 页,及以下各页。作者在序言中说:“倾销、出口补贴、进口奖励、海陆联运费率、移民措施——这些都被德国用作扼杀、制服、恐吓其对手的手段,而非用于正常的经济活动。”译者在其“引言”中,认为德国“真正的战争理由”是德国政府可能相信,尽管过去能以出口倾销屡次克服经济危机,但 1914 年发生的危机却可以用战场上的胜利来克服。这要比倾销和其他“经济渗透”手段更快,代价也更低!有位英国经济学家对这类指责做了一番评论,尽管时间上远早于战争爆发,但仍然恰当:“人们听到的所有把倾销说成是‘国家阴谋’的无稽之谈,都源于把另一个国家看成是一个工业单位的错误想法。”——威廉·斯麦特(William Smart),《重归保护贸易制度》,伦敦,1904 年,第 161 页。

口策略的学者并没有提出过如此广泛的指责。[①] 更重要的是，就在德国国内，关于卡特尔倾销对德国经济利益的影响也有不同看法。在政府议事会中影响最大的农民几乎一致反对卡特尔出口倾
62 销。即使是1914年以来，尽管反德宣传家向世界宣扬了德国倾销的许多威胁，但是可用来证实德国实行掠夺性倾销的证据却很少。尽管发现并断定隐藏在特定商业行为背后的动机是很困难的，但是，多数完全成立的证据已有力地证实，总体上，德国卡特尔进行倾销是为了处理多余的生产能力而不是为了清除外国竞争对手。[②] 事实上，德国卡特尔有意竭力限制出口商削价，除非绝对必需削价才能获得外国定单。大卡特尔通常只把补贴提供给出口卡特尔，而不提供给单个出口商，也正是为了防止德国出口商彼此间进行价格竞争从而引起出口价格下降。[③] 德国出口价格比国内价格低廉的主要原因是，在高关税庇护下，卡特尔在国内市场实行垄断高价，而在对外业务中是无法获得如此高价的。

63 然而，有足够的证据可以证实，在个别案例中，当情况有利时，

① 参见英国贸易部《关于托拉斯出口策略的备忘录》，1903年，第297—298页："很容易设想，卡特尔或卡特尔联盟可能故意低价出口，其主要的或唯一的目的在于损害并最终完全摧毁和消灭外国的某个特定工业。但并没有任何显著证据说明德国联合体这样做了，直到现在为止，它们的出口策略看来主要是德国国内市场供大于求的结果。"

另参见战后的一种观点，时任美国关税委员会主席的佩奇(T. W. Page)在《美国银行家协会杂志》(1921年，第13期，第656页)上指出："目前对倾销的焦虑看来是源自某些对德国贸易方式的揭露及断言。在战争期间，德国的贸易方式声名狼藉。然而，基本没有人怀疑德国这方面过错的普遍性和严重性都被夸大了。"

② 参见阿尔弗雷德·马歇尔(Alfred Marshall)，《工业与贸易》，第629—630页。

③ 参见罗伯特·列夫曼，《卡特尔与托拉斯》，第112页；威利·摩根洛茨，《卡特尔的出口策略》，第111页。这涉及向下游工业提供补贴的问题。

德国出口商降低价格是为了削弱或摧毁竞争对手，或迫使他们与德国辛迪加在价格及市场方面作出某种安排。A. 米切尔 · 帕尔默（A. Mitchell Palmer）作为外国财产监管人员，在其报告中指责德国工业，尤其是化学工业，普遍地进行掠夺性倾销以摧毁外国竞争，并在世界范围内确立德国的垄断。对于如此广泛的指控，他所举出的证据却太少了，但该报告列举了苯胺油、草酸、水杨酸等德国出口商在美国出于掠夺性目的进行倾销的产品，并举出了一定的细节。帕尔默又进一步指责德国政府出于军事目的为染料的倾销提供便利，但他没有提出支持性的证据。[①] 英国战时委员会也曾针对德国电气工业进行掠夺性倾销发出类似指责。[②] 美国一位领事在 1917 年的报告中说，德国五金出口商在土耳其市场进行倾销，试图驱逐法国及英国竞争对手。[③] 早在战争爆发以前，英国就有人断言，德国和美国的线钉制造商在英国市场上倾销他们的产品，直到英国生产者被驱逐出该工业，然后又向英国购买者提高售价，且比降价前还高。[④]

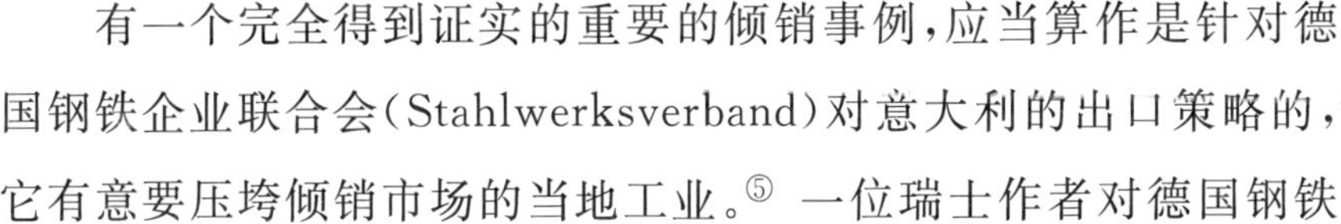

有一个完全得到证实的重要的倾销事例，应当算作是针对德国钢铁企业联合会（Stahlwerksverband）对意大利的出口策略的，它有意要压垮倾销市场的当地工业。[⑤] 一位瑞士作者对德国钢铁 64

① 《外国人财产监管报告》，华盛顿，1919 年，第 30、33 页。

② 大不列颠，对敌贸易委员会，《报告》，1918 年，（Cd. 9059），第 5 页。

③ 美国贸易部，《特别领事报告》，第 77 号，1917 年。

④ 《（皇家）关税委员会报告》，第 1 卷；《钢铁贸易》，伦敦，1904 年，第 919 页。

⑤ 参见麦克拉朗（A. D. McLaren），《和平渗透》，纽约，1917 年，第 90 页："组织精神（Organisationsgeist）在驱逐工业领域竞争对手中一直发挥着作用。"最有意思的事例是德国人决心扼杀意大利北部的制铁业，而那是意大利政府竭尽全力要扶持的工业。

企业联合会(Stahlwerksverband)在瑞士市场上的运作做了仔细的研究,相当有说服力地支持了他的观点,即这家德国卡特尔在瑞士把价格定得极低,主要目的就是为了驱逐瑞士和英国的竞争对手。[①]

没有理由怀疑,当掠夺性倾销能使德国卡特尔有利可图时,它们会犹豫不决。上面列举的证据表明,它们偶尔也会实行掠夺性倾销。德国倾销的掠夺性动机甚至有可能比其他国家的倾销更重要。然而,已经公布的这类证据并不能支持任何更加广泛或教条式的结论。进行指责要比证实指责容易,而德国的贸易方式无疑被抹上了比事实能够证明的更为灰暗的色彩。有一个切中要
65 害的例子是,人们指控(这在战争期间非常普遍)德国——或德国制造商,在战争时期的论战中他们往往被认为是同德国政府一致

德国强大的钢铁企业联合会竭力想要“控制”这些意大利钢铁厂,也就是说,要使后者仅仅成为杜塞尔多夫钢铁巨头手中的工具。这一企图被挫败后,它又试图通过大规模疯狂倾销的办法来扼杀它们,就像它已经扼杀了苏格兰和斯特拉夫特郡的铸铁厂一样。

另参见莫里斯·米尤德(Maurice Millioud),《德国统治阶层和疯狂贸易》(译自法文本),波士顿,1916 年,第 104—107 页。该书所举的证据使人相信,德国钢铁企业联合会确有这样的意图。然而,这种意图最终未能得逞。在双方都遭受了巨大损失后,德国钢铁企业联合会同意大利钢铁辛迪加在战争爆发前不久签署了一项协议,前者同意不再以低于某些特定的价格销售其产品。意大利辛迪加一位代表所作的有趣且有权威性的陈述,见里多尔斐(R. Ridolfi),“‘倾销’,对实践和‘倾销’典型案例的考察”,《社会改革》,都灵,第 25 卷(1914 年),第 277 页,及以下各页,特别是第 283 页。我尚未发现任何证据可以肯定麦克拉朗关于德国钢业卡特尔以倾销“扼杀”了苏格兰及英国钢业康采恩的说法。

① 爱德华·费耶(Eduard Feer),《德国钢铁卡特尔的出口政策及其对瑞士的影响》,苏黎世,1918 年。尤其见该书第 181 页:“因此,在大多数情况下,廉价的德国产品只能是导致垄断的一种手段。”

的——正在积累大量存货,以便倾销到世界市场,目的是为了压垮其他国家在战时扶持起来的新兴工业,重建德国对外贸易,并在经济竞争领域重新赢得它在军事战场上的损失。这些指控可与拿破仑战争和 1812 年战争后针对英国的类似指责相提并论,[①]但是,针对德国的指控依据似乎更少。很明显,说德国仓库堆满了准备向国外倾销的商品的报告是毫无真实性可言的。战争快结束时,德国自己也发现,即使想要发动大规模倾销,它也没有商品,没有资金力量,没有贸易联系。[②]

自 1914 年以来,德国人经常被指控实施大规模的"信贷倾销",即在对外国销售时,提供过长的支付期限并且对延期支付不收取适当费用。然而,其他国家学者对德国出口信贷活动的研究并未提供可以证实这种指控的证据。德国的一种典型做法是把出口贸易融资同出口本身分离开来,若无出口银行和出口商之间精心的安排,信贷倾销则难以进行。尽管德国人可以通过一个效率很高的机构向出口贸易融资,能够借此根据不同出口市场甚至不同单个主顾的需要——或要求——来调整支付期限,但作为一般规律(虽然并非一成不变),他们这么做看来就得为较长的信贷期限收取利息,并必须提高他们商品的基本价格来抵补较长期限所

① 参见本书英文版第 38 页及以下各页。

② 战争时期发表的关于德国贸易方式的那些文献,其可信度可以从时常有人声称第一部反倾销法,即加拿大的反倾销法,主要是针对德国倾销威胁的说法(参见《芝加哥论坛报》,1916 年 8 月 30 日社论;以及威尔(Walter E. Weyl),《美国的世界政策》,纽约,1917 年,第 124 页)窥见一斑。事实真相却是,加拿大的反倾销法主要是针对美国的倾销。

66 包含的较大的信贷风险。[1]

比利时、法国、奥地利的倾销

大陆其他国家的出口活动避开了密切且严厉的查证,因而可据以对这些国家倾销的流行状况作出结论的资料虽然有却相当地少。德国开展规则且规模广泛的出口倾销时具备特别有利的综合环境,即大规模制造业的发展处于统一或联合控制之下,并且国内市场得到高关税保护,而在大陆其他国家却不具备同等条件。在多数大陆国家,出口制造业或者重要性相对较小,或者在很大程度上限制在个别产品的小型康采恩之中,其生产几近于手工艺。因此,不能指望发现倾销在这些国家的出口贸易中也像在德国出口贸易中那么显著。已有的证据似乎可以证明,在这些国家,出口贸易中的倾销只是由那些条件与辛迪加化的德国工业极为相似的厂商在大规模从事着,所谓条件还是指大规模机器工业、辛迪加控制和受保护的国内市场。

从某些方面看,条件最接近德国制造业的行业在比利时可以
67 找到。在这个国家,许多重要的大规模制造企业紧随德国卡特尔,组成了生产者辛迪加。但是,这些辛迪加出口占产出比例非常大,许多情况下国内市场又相对不重要,以致把国内价格持久地保持

① 参见美国贸易与劳工部,“代理商专辑”,第 62 号;《外国信贷》(1913 年),第 19—34 页。特别参见第 20 页,“德国国内价格比德国人向要求提供长期信贷的海外买主所出的价格低许多,美国买主因此也从德国国内低价中获得好处。”

在主要出口市场通行价格水平之上的做法并不能带来多少好处。再者，比利时的关税很低，市场离德国、法国和英国又很近，因而难以使国内价格维持在显著高于那些国家厂商出口价格——往往是倾销价格——的水平之上。所以，这些重要方面的条件不利于比利时厂商进行规则且大规模的倾销。[①] 不过，比利时某些最重要的工业意识到可以进行间歇的或者持久的倾销。已有一些提供出口补贴的事例，有的提供给直接出口商，有的提供给购买原料生产出口制成品的国内厂商。或多或少从事规则性倾销的工业中，有钢铁、煤、水泥、平板玻璃、蔬菜罐头和制陶等工业的辛迪加。所有这些工业都属于比利时领先的行业。[②] 对上述的一些工业来说，国内市场相对不重要，因此，比利时的倾销有时采取的形式是，在相距遥远的外国市场而不在那些邻近的、比利时产品的“标准”市 68
场上低价销售。[③]

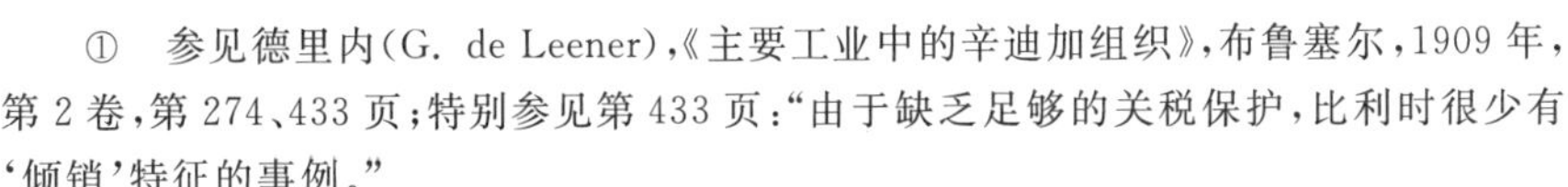
① 参见德里内(G. de Leener),《主要工业中的辛迪加组织》,布鲁塞尔,1909 年,第 2 卷,第 274、433 页;特别参见第 433 页:“由于缺乏足够的关税保护,比利时很少有‘倾销’特征的事例。”

② 关于比利时倾销的证据,参见美国商务部《领事月度报告》,1905 年 5 月,第 143 页;《美国出口贸易协作》,第 1 部分,第 180、222、307 页;《外国制成品在美国的销售》,第 1 部分,第 10、11、13 页;德里内,同上注,第 1 卷,第 80—85 页,第 2 卷,第 430—434 页;冯·艾斯格姆,“‘倾销’和为抵消其影响而采取或推荐采取的措施”,《国际经济学杂志》,第 3 卷(1921 年),第 328 页。

③ 下面是引自《外国制成品在美国的销售》,第 1 卷,第 10、11 页的比利时平板玻璃出口定价方法账目,说明了在不同出口市场上实行的价格歧视:

“比利时的国内市场非常狭小。我估计比利时国内消费量还不到其产量的 5%——因此对比利时辛迪加向美国和英国的报价进行比较,才能更公正地服务于你们的目的。英国由于实行自由贸易并且消费量很大,因而公认是比利时平板玻璃的标准市场。……装船运往这两个市场时所打的折扣分别如下:

法国出口品大部分是手工制作的,或者即使使用了机器,也是小规模地生产各种式样和品种的产品,并没有采用昂贵的工厂或机械。许多时候,出口品是一些个别生产的艺术特制品和新奇品,因而同外国并不存在激烈的价格竞争。在这种生产条件下,劳动成本和原料成本几乎占了全部成本,这不利于进行成规模的倾销。[①]但是,从其他国家相似条件下的一般情况来看,或许仍可以推论法国少数几个组成了生产者辛迪加的工业,在国内市场上受
69 到高关税保护而不受外国竞争,并且从事着对外贸易,它们确实进行了间歇倾销或持续倾销。在法国的文献中,很少发现这种活动的证据,但不能就此下结论。法国大量关于托拉斯和工业联合体策略及活动的文献,都极其详尽地讨论了德国卡特尔和美国托拉斯滥施倾销的行为,却很少或没有批评法国辛迪加的这类活动。[②]大多数讨论托拉斯及卡特尔出口策略的法国作者,要么对法国辛

抛光平板玻璃,常规厚度(1/4 英寸)	英国	美国
	%	%
专备尺寸,镀银,各种规格	20	30
专备尺寸,上光,20 以上到 100 平方英尺	30 和 $2^{1}/_{3}$	50 和 5
常备尺寸,上光,4—7 平方英尺	15 和 $2^{1}/_{3}$	30

"这两个市场的售价差异虽然十分可观,但同早些时候为处理剩余产量而向美国出口时的价差相比,还是小巫见大巫。通过相互谅解,现在辛迪加工厂的总产量已经削减了 60%,只要现策略被视为权宜之计,在美国市场上以进攻性价格销售的紧迫性就大大减小了。"

① 参见梅雷迪斯(H. O. Meredith),《法国的保护贸易制度》,伦敦,1904 年,第 103—108 页。

② 这可以解释为,法国很少有强大的工业联合体,而且同德国和美国相比,法国的商业活动保密措施更加严格(参见《美国出口贸易协作》,第 2 部分,第 94 页)。

迪加倾销总是保持沉默，要么矢口否认。有一位因制定法国关税政策而出名的国民议员在其论著中更是否认说，按照《民法》，法国厂商进行倾销没有法律上的可能性。① 另一位法国作者声称，即使发现法国辛迪加倾销的事例，调查也会发现那只是偶尔亏本销售偶然积压的存货，是“一种基本上是偶然和短暂的权宜之计”罢了，而非有计划的和持续性的策略。②

但是，尽管这些人不肯承认，法国辛迪加还是不时地进行了有计划的倾销，有时规模还很大。1886 年，有证人向英国一个官方 70
委员会抱怨法国在英国市场进行倾销。③ 法国钢铁业辛迪加的建立，就是要通过限制国内销售提高国内价格，产出的平衡则靠以任意价格在国外销售来实现。这样造成的倾销引起一位法国作者抱怨说，法国向外国提供廉价钢铁反而被征了税。④ 近年来，生铁业辛迪加通常在国内市场萧条时向国外倾销多余存货，而亚麻、大麻、亚麻纱业辛迪加和棉纱业辛迪加则通过向其成员提供出口补贴来为后者对外倾销提供便利。煤业辛迪加不仅向自己的成员提

---

① 让·莫雷尔(Jean Morel)，法国国民议会议员，关税委员会成员，《总报告》(1908 年)，第 93 页。他的论据假定只有在国内市场拥有垄断地位的康采恩或联合体才可能进行倾销，而法国《民法》第 419 条禁止建立垄断。但是，法国各法庭在实施这一条款时表现得并不情愿，对其解释得非常宽松(参见美国商务部，公司局，《托拉斯法与不公平竞争》，第 269 页，及以下各页)。

② 夏尔·隆格埃(Charles Longuet)，《法国的出口辛迪加》，第 25 页。

③ 大不列颠：贸易与工业萧条调查委员会，1886 年，《第 2 号报告，证词记要》(C. 4715)，第 1 部分，第 218、286 页。

④ 乔治·维兰(Georges Villain)，《十九世纪末的铁、石油和冶金工业》，巴黎，1901 年，琼斯(E. D. Jones)引用于《政治经济学杂志》，第 10 卷，第 304 页(原文未能找到)。

供出口补贴,而且还将出口补贴面扩大,向买煤用于出口品生产的法国金属及玻璃品制造商提供补贴。[1]

在奥地利,如果一位美国领事的报告可以无保留地接受的话,
71 那么出口倾销也是该国从事外贸的制造商习以为常的行为。[2] 倾销尤其被认为是线钉、搪瓷器皿和石油提炼业辛迪加所为。[3] 钢铁工业的卡特尔总部(Hauptkartell)通过取消对成员康采恩的出口品生产限额或限制,来方便其成员削价出口。下属的卡特尔则通过向它们的成员提供出口补贴进一步便利倾销。[4] 石油业和棉纺业卡特尔也向其成员提供出口补贴。[5] 奥地利铁业卡特尔的倾销策略在奥地利议会中受到严厉批评。[6]

至于其他欧洲大陆国家,只能见到很少的有关倾销的报告。西班牙[7]和意大利[8]棉纺织业辛迪加和俄罗斯钢铁工业的几个辛

① 《美国出口贸易协作》,第 1 部分,第 227、261、262、332 页;阿尔伯特·阿夫塔龙(Albert Aftalion),“法国北部地区的卡特尔”,《国际经济学杂志》,1908 年第 1 期,第 120 页,及以下各页;第 131 页及以下各页;1911 年第 2 期,第 289 页及以下各页。

② 《外国制成品在美国的销售》,第 1 部分,第 9 页:“同奥地利所有其他地区一样,在维也纳领馆区也盛行对在世界市场上竞争的出口商品索取低价的做法。这种做法被认为是发展并维护出口贸易所必需的,并在整个对外贸易中采用,包括对美国的贸易。所谓的‘出口价格’在奥地利商界内被认为是合法的,该价格低于国内购买者所能得到的价格。奥地利的制造商声称,他们只能把出口价格降得低于国内市场通行的价格,否则,他们在国外市场便无法同其他国家的制造商竞争。”

③ 《美国工业委员会报告》,1901 年,第 17 号,第 3 页及以下各页。

④ 《美国出口贸易协作》,第 1 部分,第 230 页。

⑤ 约瑟夫·格伦泽尔,《经济保护主义》,第 227、228 页。

⑥ 马扬·格罗瓦茨基(Maryan Glowacki),《卡特尔的出口补贴策略》,波兹南,1909 年,第 19 页。

⑦ 《外国制成品在美国的销售》,第 1 部分,第 109 页。

⑧ 《美国出口贸易协作》,第 1 部分,第 263 页。

迪加用出口补贴来便利出口倾销。[①] 某些波兰的辛迪加也经常进行倾销。[②]

加拿大的倾销

在加拿大，出口倾销并未广泛流行，因为其主要出口的是自然资源萃取型产品，一般由成千上万分散、无组织的个人小规模生产出来，因而不适于采用有计划的价格歧视。不过，采矿业的大多数产品并非如此，其产品是在大规模条件下生产的，有的还是在几近于垄断控制下生产的，但似乎并没有什么理由让人相信这些产品在加拿大的售价高于其出口价格。[③] 尽管加拿大一些重要制造业在高关税庇护下已发展起了高度的集中控制，但即使进行倾销，这 72
些工业也很少能在本国市场以外同其他国家的制造商竞争。然而，出口倾销已是加拿大面粉业[④]以及农具制造商[⑤]的惯常行为。1908年到1910年的焦点是加拿大钢铁工业从政府获得生产补贴，以低于加拿大的国内价格在国外销售铁轨。加拿大政府遭到国内各方人士对这一倾销的抗议，也收到英国一家铁轨厂的抗议，

① 《美国出口贸易协作》，第1部分，第234页。

② 马扬·格罗瓦茨基，见本书第66页注6，第19页及以下各页。

③ 参见本书英文版第7页，加拿大的硅钢生产商一直把国内市场售价定得低于出口价格（亦即“逆向倾销”），目的在于建立一种人为的低价位，以适应美国征收从价进口关税。

④ 加拿大：《生活费用调查委员会报告》，1915年，第1卷，第750页及以下各页。

⑤ 爱德华·波里特（Edward Porritt），《加拿大对新封建主义的反抗》，伦敦，1911年第100页及以下各页。

后者认为受到了加拿大的不公平竞争的损害。于是,加拿大政府收回了对外销铁轨的生产补贴。[①] 美国关税委员会在对外国人在美大肆倾销的情况进行调查的过程中,收到了一些对加拿大马具皮革、鞋底皮革以及木材生产商倾销的投诉。[②]

日本的倾销

就所报道的事例而言,日本的倾销似乎仅限于棉纱出口贸易。
73 直到近年,日本的其他工业很少是在能形成倾销能力的条件下生产的,即不是在垄断控制和高关税保护下进行大规模机器生产。日本棉纺业主协会在不同时期进行了各种倾销活动,竭力发展对中国市场的出口。1890 年,该协会一个委员会在一份报告中提出一项计划,要以亏损价格出口五年以便获得对中国市场的控制,亏损将由所有成员厂商分担,不管他们是否参与出口贸易。很显然,这项计划不是立即遭到拒绝,便是很快被迫放弃。1902 年,又建立了一项支付期为六个月的出口补贴制度,但十五天后便破产了,主要是因为出口商要求得到现金而非延期支付的补贴。1908 年,该协会又做了一项短命的尝试,在出口贸易中引进抽奖的办法。奖券放在每包出口棉纱中,定期安排抽奖,奖品是几大包棉纱,“给所有没中奖的人一些漂亮的画片或成套的花哨明信片”作为安慰。所有这些厂商都要按其在棉纱总产量中所占的比例分担抽奖费

---

① 爱德华·波里特,同上注,第 3 章,第 133—136 页,第 139 页;唐纳德(W. J. A. Donald),《加拿大的钢铁工业》,波士顿,1915 年,第 153 页。

② 《关于倾销和外国在美国不公平竞争的情况报告》,1921 年,第 13、15 页。

用。抽奖在 1908 年按期举行,但该活动在刺激出口方面并不成功,当年便被废止了。1909 年,建立了现金出口补贴制,并持续到 1912 年年初。最初,补贴只提供给棉纱出口,但在遭到日本棉纺织品出口商抗议后,补贴又扩大到用日本棉纱制成的棉布出口。[①]

① 美国商务部,《代理商专辑》,第 86 号(1914 年),“日本的棉制品”,第 88—103 页。该报告的这一部分作出下述结论:“对日本厂商如何协作推动出口贸易的研究,不仅很有意思,而且对其他国家的厂商不无提示作用,特别是厂商在国内市场萧条而产品多余的时候更是如此。”

74 第五章　1890年以来倾销的盛行（Ⅱ）——英国和美国的倾销

英国的倾销

突发性倾销，或者说削价出口偶尔积压的存货，在英国并不经常发生，因为英国制造商一般不会按预计的尚未到手的定单来生产存货。[①] 然而，同其他国家一样，大不列颠也曾偶尔积压过存货，这时，英国生产商就会像其他国家的生产商那样在国外市场削价处理多余存货，以保护他们的国内价格。[②]

在大不列颠，直到近年，生产商垄断联合体既不多也不重要，但是近来，组成这类联合体的世界趋势在这个国家也以较为可观的规模显现出来。[③] 不过近年来，英国生产商还是很少或只是偶

---

① 参见《外国制成品在美国的销售》，第3部分，第18页："与美国相比，制造业生产在这个国家（即大不列颠）更多地是根据即时需求来进行的，因而没有在美国间歇发生的存货积压，积压可能导致制造商为保障现有市场而以低于国内的价格在国外销售。"

② 参见所报告的爱丁堡一位酿酒商的谈论，同上注，第15页："我这辈子，只要有了剩余的啤酒，就在外国市场进行倾销。"

③ 参见大不列颠重建部，《托拉斯委员会报告》，1919年；《美国出口贸易协作》，第1部分，第77—98页，以及第5章；卡特（G. R. Carter），《走向工业联合体的趋势》，伦敦，1913年。

尔利用有计划的且持续的出口倾销,其原因,部分地因为总体上缺
乏这种联合体,部分地——或许主要地——因为许多英国工业大
量使用高成本的昂贵设备进行生产,英国国内价格一般低得完全
可以不必通过降低出口价格就能使出口贸易保持稳定、繁荣,部分 75
地因为缺少对进口品的保护性关税。

然而,这样推理或许太不着边际。通常认为,大不列颠的自由
贸易政策使工业托拉斯或联合体不可能或至少不大会发展到能够
对英国消费者实行垄断价格,或者实行有计划的且持续的出口倾
销。有人认为,外国竞争产品可以免税进口,使托拉斯不可能把英
国的价格提高到国外市场竞争水平以上。还有人有类似的观点,
认为英国商人可以免税再进口任何以倾销价在国外销售的产品,
使得持续地以低于国内价格出口变得不可能。[①] 不过,倘若考虑
到近年来生产者联合体广泛发展这一事实,虽然可能还达不到与
德国和美国同等的程度,而且已知这些联合体中有一些进行了规
则且持续的出口倾销,则很明显这一推理中是有错误的。解释并
不难寻。如果某个英国工业在组成联合体以前的生产成本低于大
不列颠以外的同类工业,则即使在自由贸易情况下,英国生产商垄
断联合体也或许能够根据(1)英国成本和(2)最低外国成本加上到 76
英国市场的运输成本二者之间的差额来提高对英国消费者的要

① 参见赫斯特(F. W. Hirst),《垄断、托拉斯和卡特尔》,纽约,1906 年,第 106—107 页:“(英格兰自由贸易政策的)结果是……我们极少有联合体强大到足以把价格定得高于其正常水平之上的事例;而且其中没有一个英国厂商将其售给国内消费者的价格定得明显高于他把相同产品售给外国买主的价格。因为目前倘若实行这样的策略,则英国商人把商品从国外再进口回来也是值得的。”

价。在没有进口关税的情况下，一个英国垄断者在有必要担心其倾销商品再进口之前，或许能够持续地以低于国内的价格在国外销售，价差是**运往和运自**外国市场的运输成本，包括利息和保险费，加上外国市场原买主的合理利润额。[①] 对于昂贵的商品和在附近市场销售的商品，国内价格和出口价格之间通常很难有明显的价差。但对于大宗商品，尤其当它们销往遥远市场时，在再进口的可能性尚未成为倾销的实际限制之前，国内价格和出口价格之间必定存在很大价差。德国卡特尔的倾销并不总是依赖于受到保护的国内市场，因为在进行最有计划的并且最为持久的倾销的德国倾销者中，包括了造船材料生产商，而这些材料是允许免税进入德国的。[②]

在一个自由贸易国家，对出口倾销的真正限制可能并不那么多地来自倾销商品再进口的威胁，因为实际情况是，有计划的且持续的倾销通常伴随向国内买主或多或少强行索取垄断价格，而且在自由贸易国家，实施垄断价格的可能性通常受到外国相似产品潜在竞争的严格约束。事实上，许多作者想当然地认为，凡是征收进口关税，便对外国产品和再进口的本国产品都予以征收。美国
77 现行法律之前的关税法（例如 1922 年的福德内—麦克康伯法案

① 参见查普曼(S. J. Chapman)，《政治经济学大纲》，伦敦，1911 年，第 179 页："一个垄断者可以根据外国市场和本国市场之间的运输成本，以不同于国内价格的任何价格在国外销售，如果该垄断者是在一个自由贸易国家进行生产的话……。倘若国外价格跌到该水平之下，货物便会被运回来，以便从国内高价获取利润。"如果出口价格被理解为到岸价而不是离岸价，并且扣除进行再出口的外国买主所获得的额外利润，那么，这同本书观点是一致的。

② 参见罗伯特·利夫曼(Robert Liefmann)，《卡特尔与托拉斯》，第 110 页。

(Fordney-McCumber Act))和加拿大1907年修订本之前的关税法都允许本国产品如在国外未曾进一步加工,就可以免税再进口。[①] 类似的条款大概是保护性关税法规的共同特征。[②]

有证据表明,有些英国制造商发现,即使在大不列颠自由贸易政策下,仍有可能进行有计划的倾销。一位证人在皇家关税委员会前声称:"英国(棉)纺业主经常在国外市场以低于他们在国内所愿接受的价格销售棉纱,对英国商人造成了损害。"[③]苏格兰钢铁生产者协会在贸易文件中经常把钢板出口价格报得低于给国内买主的价格。他们不用担心他们所倾销的出口货物再进口到国内市场,因为这些商品的出口贸易主要面向遥远的国家,而且所倾销的 78
货物因为是大宗商品而难以承受往返运费。[④] 英格兰的钢铁制造

① 参见美国1913年10月3日的关税法,第404款,以及加拿大1906年《关税法》第14条。加拿大1907年的修订本在"返回原出口商"的条款中(爱德华七世,6—7,第2章,关税税目第709号),限制加拿大货物免税再进口,以保护加拿大出口商免受他们在海外倾销的商品回流造成的冲击,虽然我没有证据表明这是修改法规的目的所在。福德内—麦克康伯关税法案也将类似的条款引入美国关税法。该法案第1+4款限制自由进口那些"由美国出口又为出口人利益而进口的美国商品"。这一新条款在众议院通过后列入了法案,但无论在国会辩论时还是在关税听证会上,都没有证据说明它吸引了任何的注意力。该条款的直接目的可能是要制止以亏损价已在法国销售的大量军用品又以很低的价格再进口到美国。1921年众议院通过一项议案,要对再进口到美国的军用品征收90%的禁止性进口关税,但是参议院未对这项议案采取行动(参见,《基督教科学箴言报》)1921年9月2日)。然而,1922年的关税法第322条包含了一个条款,对出口的军用汽车和零部件的再进口征收90%的关税。

② 参见菲斯克(G. M. Fisk),《国际贸易政策》,纽约,1907年,第137页:"现代工业国家的贸易政策一般都允许某些已出口但原样回流的本国商品可以免税再进口。"

③ 关税委员会,《关于棉纺织工业的报告》,伦敦,1905年,第602节。

④ 赫尔曼·勒维(Hermann Levy),《垄断与竞争》,伦敦,1911年,第229页及以下各页。另参见《美国出口贸易协作》,第1部分,第220页。

商也在外国市场倾销。[①] 1909 年，美国一位调查员报告说，英国的机械制造商以低于国内市场的价格向大陆销售产品，并且为了防止再进口，还要求外国买主保证不把从英国购买的任何机器再运回大不列颠。[②] 英国一位建筑用钢材制造商对调查钢铁贸易的英国战时委员会抱怨说，英国钢铁制造商通常把钢铁出口价格报得较低，同国内价格的差价每吨常常达到 20 先令，但他们拒绝对卖给英国钢铁制品制造商的钢铁给予任何折扣，即使证明这些钢铁
79 将用于为出口贸易而生产的制成品也不行。[③] 英国盐业生产商联合体也被指责进行了出口倾销。[④] 还有报道说英国碱业联合体在战争期间设法同南美进口商达成独家经营苛性苏打的合同，目的在于一旦英国的战时出口禁令被解除，就要把美国公司撵走。英国联合体“考虑利用这种独家经营合同”保证“英国价格将低于美国人可能会出的任何价格”，[⑤]这是一种必定会导致掠夺性倾销的保证。英国托拉斯委员会在 1919 年的报告中声称，各联合体的代

① 《经济学家》(伦敦)，1907 年 11 月 6 日，第 1,967,1,968 页。1906 年，加里(E. H. Gary)，美国钢铁公司董事长，他在国会委员会为钢铁公司的倾销策略辩护时例举了一些数据，如果这些数据准确，则表明英格兰钢铁产品制造商的倾销程度及其国内价格与出口价格之间的价差远远超过了美国钢铁公司(参见，《钢铁时代》，第 77 号[1906 年 4 月 19 日]，第 1,324 页)。但是，他所例举的关于德国钢铁企业联合会(Stahlwerksverband)在国内及国外定价的类似数据迅即被后者否认(《钢铁时代》，第 78 号[1906 年 9 月 20 日]，第 744 页)。总地说来，他的证据表明他所知道的有关欧洲倾销程度及其对官方补贴依赖程度的情况有误。

② 佩珀(C. M. Pepper)，《英国的钢铁工业》，1909 年(第 61 届国会，第 1 次会议，参议院文件 42 号)，第 23 页。

③ 大不列颠贸易部，《工程贸易委员会报告》，1918 年(Cd. 9073)，第 9、10 页。

④ 赫尔曼·勒维，见本书第 73 页注 4，第 246 页。

⑤ 《美国出口贸易协作》，第 1 部分，第 179 页。

表之间有一项总体协议，这些代表在委员会面前表示，“形成足够强大的协会以控制并维持国内市场的一个有利结果是，它能使英国制造商通过在国外市场低价甚至亏本销售产品来扩大产量。”[①]一个重要的金属联合体的主席向委员会承认，他的协会设有一项“战斗基金，专门向觉得有必要低于经济价格出售产品以驱逐外国竞争者的成员提供补助，”但他没有说明这种削价发生在国内贸易还是出口贸易中。这位证人还说，协会的成员“在比利时进行了倾销，作为对比利时人在这儿倾销的报复。”[②]英国辛迪加化的漆布生产商依靠倾销把比利时和法国的竞争对手从土耳其市场驱逐出去。[③]

美国的倾销

至少从上个世纪 80 年代以来，持续且有计划的出口倾销一直 80
是美国制造商的一种常用做法。在这方面，大量官方和非官方的证据是决定性的，无可争辩地表明，1914 年以前美国制成品出口贸易很大一部分就是在以倾销价销售的基础上得到发展和维持的。大量证据本身的意义更为重要，因为进行倾销的美国出口商一般都曾试图对美国公众隐瞒出口价格。出口价格表和出口报价被小心翼翼地置于国内媒体之外。1902 年，民主党一个搜集竞选材料的委员会成功地从一个外国订户那里获得美国一家出口刊物

① 大不列颠重建部，《托拉斯委员会报告》，1919 年(Cd. 9236)，第 7 页。

② 同上注。

③ 《美国出口贸易协作》，第 2 部分，第 135 页。

的折扣表复制件,只要缴纳了 100 美元,便可获得最低出口价。[①] 几年前,一份贸易刊物声称,广告商已收回他们的赞助,因为该刊物公布了低于国内价格的出口报价。[②] 纽约关税改革俱乐部 1890 年出版的一本小册子,[③]介绍了许多倾销事例。同年,哈里森内阁的农业部长腊斯克(J. M. Rusk)公开抗议美国联合收割机公司的出口倾销,认为这对美国农民不公平,对保护主义政策的名声有害。[④]

贸易部 1900 年的一份出版物警告钢铁生产商说,他们的倾销
81 正阻碍着美国造船业或许还有其他工业的发展,还给鼓吹降低美国进口货物关税的人撑了腰。[⑤] 事实上,当时民主党已经从受保

① 拜伦・W. 霍尔特(Byron W. Holt)引自《美国制成品的国内价格和国外价格》,1906 年,纽约关税改革俱乐部手册,重印于《国会记录》,第 40 卷,第 8 部分,第 8,024页及以下各页(第 8,029 页)。

② 《工程与采矿》杂志,1890 年 8 月 26 日,拜伦・W. 霍尔特引用,揭上注。

③ "保护主义制度下的国内市场",纽约,1890 年。

④ 拜伦・W. 霍尔特,见本书第 76 页注 2,第 8,025 页。

⑤ "美国的钢铁贸易",《美国贸易与金融月度简报》,1900 年 8 月,第 250 页:"美国造船业的发展看来已受到阻碍,因为钢材生产商对基本相同的产品向国内消费者的要价高于他们对外国消费者的要价。当然,美国出口商在同外国钢板生产商的竞争中必须获得国外合同,后者却被排斥在我国市场之外。此外,美国出口钢板生产商感兴趣的是要阻止他们的海外客户国建立钢板制造业,为此出价之低足以使外国失去进入这一工业在国内自行生产钢板的信心。国内钢铁制成品生产商的发展可能会受到损害,因为未成品钢铁售价对外国人比对国内消费者低很多,以致美国竞争者一般都会被逐出外国市场。这种把原料国内价格维持在高于出口价格水平之上的策略,自然要受到国内消费以及进口关税的限制。如果国内消费所受的限制不能阻止这种短见的歧视国内制造业的策略,那么,另一种可能性多少肯定会起作用,即人们会要求降低未成品钢铁的进口关税,以补偿制成品生产商在外国市场上的机会。针对这种策略,国内消费者通常会实施自救,组成强有力的利益集团,对钢铁材料国内价格的上升设置限度。"

护的美国制造商低于国内价格在国外销售的流行做法中找到了一个攻击其政敌关税政策的有力证据,并大肆渲染。有关倾销盛行的证据越来越多。工业委员会在 1900 年和 1901 年的工业状况调查中,利用问卷和当面质询证人的方式,对美国制造商的倾销行为做了调查。该委员会向 2,000 个康采恩发出问卷,其中 416 家做了答复,75 家承认它们以低于国内的价格在国外销售。[①] 然而,由于问卷回答并不是强制性的,因而有理由假定,未作答复的康采恩中有许多是进行了倾销的,而且进行了倾销的康采恩不如未进行 82
倾销的康采恩那么愿意答复。通常被称作"托拉斯"的康采恩,大多数未作答复。即使那些回答说没有进行倾销的康采恩,如果认可它们的书面否认,那就太轻信他们了。[②] 然而,在承认出口倾销的答卷以及提供给委员会的证据中,已有一批重要的数据表明很多制成品的主要出口商经常以比给国内买主低的价格向外国买主销售。这类证据给工业委员会留下了很深印象,有个事实说明了这一点,即该委员会在其最终报告中提出一项建议,对美国厂商以倾销价出口的商品应当免征进口关税,以便保护美国消费者,抵制倾销行为隐含着的过高的国内价格。[③]

---

① 参见菲利普斯(T. W. Phillips)先生的少数党报告,美国工业委员会,《最终报告》,第 19 号(1902 年),第 663 页。

② 参见大不列颠贸易部:《关于托拉斯出口策略的备忘录》,1903 年(Cd. 1761),第 310 页:"在估量这些答复的价值时,应当记住,作出答复的那些厂商出于利害关系也要隐瞒或者缩小他们低于国内定价出口货物的程度,因为这一策略在美国工人阶级和托拉斯中普遍不受欢迎。"另参见,《最终报告》,第 19 号,第 633 页,菲利普斯先生的少数党报告,也有类似的结论。

③ 《最终报告》,第 19 号,第 651 页。类似的建议经常在美国国会和其他国家的立法机构被提出来,但迄今尚未有生效的。

民主党的一个委员会在1902年并在1906年再次为其竞选小册子搜集了大量的关于美国出口商倾销的证据,令人印象深刻地支持了他们的论点,即他们的政敌的关税政策使受保护的利益集团能够在国内制定过高的价格。1906年,纽约关税改革俱乐部的一个小册子列出了数百种商品,涉及众多的工业,这些商品经常以
83 低于国内市场现行的价格出口销售。① 共和党人起先竭力缩小倾销程度,并辩解说这样的削价出口销售无疑发生过,但它是对那些用于制造出口商品的原材料实行出口退税所造成的假倾销。② 但是,不断增多的倾销证据给人的印象越来越深刻,这一解释即使从政治角度也难以令人满意,尤其是只有极少数工业能够从退税优惠中获得很大好处。1906年共和党竞选书提出要改变策略,声称如果美国制造商通过倾销已经获得了外国市场,那么,“这是每一个这么做的美国制造商的自豪和光荣,因为他增加了其商品在海外的销售,从而增加了产量、劳动雇用和雇员工资。”③

美国制造商继续大规模地倾销,直到战争爆发。自1914年以来,最初有一个时期,美国制造商发现没有必要为获得所期望的出口定单而在其国内价格基础上进行削价,但后来一个时期,很难再以任何价格获得出口定单。不过,毫无疑问,有些美国出口商直到

① 拜伦·W.霍尔特,见本书第76页注1。

② 尤其参见1902—1907年财政部长莱斯利·M.肖(Leslie M. Shaw)的著作《当前的问题》,纽约,1908年,第21章。

③ 参见帕森斯(J. G. Parsons),《保护贸易制度带给外国人的好处》,1909年,作为政府文件重印,第61届国会,第11次会议,参议院文件第54号,第13页:“官方和权力机关认可的材料以及其他有关经常性低价出口的证据,实际上已经使共和党或保护贸易主义者不可能继续加以否认。”

今天仍在进行倾销，尽管其规模同战前相比可能已十分有限。[1]

在美国，有计划的且持续的倾销很大程度上限于主要的原材
料工业康采恩，或特产制造商。在其他国家，尤其在德国，即使是 84
最小的康采恩，也利用其在卡特尔或生产商联合体中的成员资格，并利用出口补贴制度参与了削价出口。在美国，生产商联盟控制价格是违法的，这阻止了利用共同基金向成员康采恩提供补贴的生产商协会的发展。土产品的小生产商无意在国外主动以低于国内市场的价格持续销售，因为他无法通过减少其产品在国内的销售量来明显地影响国内价格。即使以倾销价在国外销售的大生产商能够单独承受削价的负担，也得同本行业的其他生产商分享他在国内价格基础上扩大出口带来的好处。只有控制着全美产量很大比例的康采恩——这也只是在国内市场上没有激烈价格竞争才会有的情况——才有可能获得其部分产量以低于国内市场现行价格进行有计划的倾销所带来的好处，而且，只有在国内市场上其产品拥有近乎垄断控制的康采恩，或者在其商业行为中受利他主义——亦即非商业——原则支配的康采恩，才有能力提供间接出口补贴，就像欧洲卡特尔通常所做的那样，对购买其产品用于进一
步加工出口的国内买主提供折扣。国内市场上激烈竞争持续有多 85
久，每个厂商为获得较高价格的定单，并避免不得不接受较低价格定单的斗争也就会持续多久，其结果是，两种定单的价格会趋于相等。因此，在美国仅有一个有记录在案的有计划地提供间接出口补贴或折扣的事例是不足为怪的。美国钢铁公司就是这个有能力

① 参见迈尔斯（H. E. Miles）先生在（参议院）财政委员会关于 1921 年关税法提案听证会上的证词，第 5,368、5,392、5,395、5,398 页。

利用间接出口补贴制的康采恩,它在本工业中占有统治地位并在国内市场免于激烈竞争。[①]

美国钢铁公司是在国外市场有计划地倾销产品的美国康采恩
86 中最突出的一家。并非所有它的产品都常常以低于国内的价格在国外销售;但是,它倾销的商品往往可以列出很长的一张清单。事实上,倾销已经进行多年,在很多情况下,国内价格与出口价格之间的价差很大。[②] 钢铁公司在加拿大倾销是该国 1904 年颁布第

① 《美国新泽西地区法院,政府对美国钢铁公司的起诉》,1913 年,第 3,835、3,836 页,公司总裁法雷尔(J. A. Farelle)的证词。法雷尔先生声称,有 158 个美国制造商获得了折扣,钢铁公司每年对国内现行价格作出特殊折扣向美国制造商销售约 3000 万美元的原材料,用于进一步加工出口。也可参见,《(众议院)美国钢铁公司调查委员会听证会》,1912 年,第 2,753、2,754 页,法雷尔先生的证词显示,提供出口折扣的做法似乎并不限于美国钢铁公司:"根据政府的规定,只要提供符合要求的证明,政府就会向出口商退税;而提供出口补助的制造商的做法则是,在给予补助前要求客户提供类似的证明。"(着重号为我所加)还可参见施瓦布(Schwab)先生 1901 年在工业委员会的证词:"我想你们完全可以这么说,为了完成大规模的出口业务如钢铁业务,几乎所有的供货人都会为了这个目的对所有用于出口生产的原料向你们出个好价钱。"《报告》,第 8 号,第 454 页。

1918 年,联邦贸易委员会发布了一项针对美国金箔制造商协会"不公平竞争"的法令,理由是他们"参与了一项共同安排,通过会谈、通信等办法不正当地提高金箔的价格,并保持这种高价,他们把剩余产品集中起来,以低于美国当时的售价在国外销售相同的商品,当国外售价低于成本时,征款用于弥补国外销售亏损,其结果则是削减了供给,限制了竞争,并提高了价格,全面违反了联邦贸易委员会法令的第 5 条。"美国联邦贸易委员会,《年度报告》(1918 年),第 65 页;《决议》,第 1 号,第 173 页。

② 参见施瓦布总裁 1901 年在工业委员会的证词(第 8 卷,第 454—455 页):

问:"你是说当业务条件正常时,出口价格常常比国内价格低一些?"

答:"哦,是的,总是这样。"

近几年的情况,见《美国新泽西地区法院,政府对美国钢铁公司的起诉》,1913 年,被告的陈述,第 2 卷,第 41 号;以及《(众议院)美国钢铁公司调查委员会听证会》,1912 年,第 2,726 页及以下各页。

一部一般反倾销法的最初起因。[1] 它在加拿大倾销马口铁板，据
说是要把威尔士的产品从加拿大市场驱逐出去，导致该商品在
1908 年被列入加拿大关税表中受反倾销条例保护的商品清单，虽
然该清单在第二年即被取消。[2] 一般来说伴随原料或半制成材料
的出口倾销，国内使用这些原材料作进一步加工出口的厂商会抗
议倾销出口价格向外国竞争对手提供了人为的优势，从而使其在
出口贸易中受到损害，这种情况在美国倒并不突出。然而，几起相
似的抗议曾有发生，并主要针对钢铁工业。1906 年，全国农具和
车辆制造商协会针对钢铁产品出口倾销发起抗议，理由是倾销使
得卖给外国竞争对手的原材料比卖给他们的便宜，从而损害了他 87
们的出口贸易，但是，应这个协会一些成员的请求，所提的抗议明
显对公众进行了隐瞒。[3] 1904 年举行的海商委员会听证会上，
证人们声称，钢铁托拉斯倾销造船材料是阻碍美国造船业发展
的重要原因之一，还称，钢铁托拉斯低价向外国买主销售，却可
以通过向国内买主出高价获得补偿。所列举的一个事例是美国钢
铁公司以每吨 32 美元匹茨堡离岸价向国内买主销售造船材料，相
比之下，却以每吨 24 美元贝尔法斯特到岸价出售给大不列颠的造

① 参见爱德华·波利特（Edward Porritt），《加拿大保护贸易制度 60 年》，伦敦，1908 年，第 406 页。

② 唐纳德（W. J. A. Donald），《加拿大的钢铁工业》，波士顿，1915 年，第 185 页。

③ 帕森斯（J. G. Parsons），见本书第 78 页注 3，第 46 页。15 年前美国消耗钢铁的工业就曾以类似理由提出过抗议，参见《美国机械师》杂志，1889 年 9 月 26 日，以及《工程与矿产杂志》，1890 年 3 月 15 日。

船商。[①] 美国允许用于制造从事对外贸易的船只的材料免税进口，但是，在关税法该条款下，除了非常有限的情况外，用免税进口材料制造的船只是不允许从事美国沿海贸易的。证人们声称，按照美国造船工业当时的条件，没有一个美国人会利用该条款建造船只，使自己在对外海运中处于不利地位，因为这些船只都得移交给由国家垄断的沿海贸易。事实上，直到 1904 年，这一条款只实施过一次，而且只是由于出现了特殊情况。委员会在其报告中谴
88 责了出口倾销，并建议对利用关税法免税进口条款进口的外国材料所制造的船只，在沿海贸易中给予更大范围的优惠。[②]

自 1902 年到 1905 年，钢铁公司劝诱其雇员达成一项协议，同意为最终出口而生产的马口铁板所领取的工资比为国内定单生产的低 20%，借口是，否则无法获得标准石油公司出口石油容器的马口铁板的定单。[③] 后者凭借退税制可以在实际是自由进口的基础上购买威尔士马口铁板用于制作出口产品容器，因此，为了获得这些定单，钢铁公司就必须应付无关税基础上与之相竞争的威尔士价格。根据后来工会与美国马口铁公司达成的一项协议，所有雇员的工资削减 3%，并存在托管基金中。这一基金用来补偿马口铁公司全部内销铁板总工资的 25%，他们内销这些铁板是为了

① 《海商委员会报告及听证会》，1905 年（第 58 届国会，第 3 次全体会议；参议院共和党，第 2755 号），第 565，813—814 页。该委员会主席，参议员加林格（Gallinger）评论这一证据说："如果情况确如所说的那样，则是一个很严重的违法行为。"（同上，第 814 页）为公正对待钢铁公司起见，应当提到加里（E. H. Gary）后来否认这一指责有任何真实性（参见《钢铁时代》，第 77 卷，第 1，324 页）。

② 同上注，第 9、10 页。

③ 拜伦·W. 霍尔特，见本书第 78 页注 3，《国会记录》，第 80 卷，第 8，025、8，028 页。

在出口贸易中取代那些在复出口时能获得进口税退还的外国铁板。这些公司将使用补贴偿付出口铁板价格特别优惠所带来的成本。①

在战前,美国的出口倾销便在外国引起比任何其他国家的出口倾销强烈得多的抗议和抵消立法。前面已经指出,第一部一般反倾销法,即 1904 年颁布的加拿大反倾销法,最初便是针对美国倾销的。自 1899 年以来,针对美国倾销尤其是钢铁产品倾销的抗议,在欧洲报刊上十分引人注目,1902 年欧洲四个国家的杰出政治家,俄国的瓦特(Witte),意大利的卢扎蒂(Luzzati),奥地利的戈 89
鲁乔斯基(Goluchowski)以及德国的戈泰因(Gothein)和波萨多斯基(Posadowsky),他们显然并未互相串通,却同时提议仿效《布鲁塞尔糖协定》建立一个欧洲联盟,以此捍卫他们的共同经济利益,反对美国托拉斯令人厌恶的行为,尤其是反对它们在欧洲市场倾销美国商品。② 1905 年,新西兰对英国以及国内农具制造商的抱怨作出回应,他们抱怨"美国收割机托拉斯"为了消除某些产品遇到的竞争,正在这个殖民地进行倾销;新西兰通过了一项法令,授权强制征收抵消税或者向国内或英国制造商提供补贴,以此来对付外国农具制造商的不公平竞争。③ 约瑟夫·张伯伦(Joscph

① 《关税听证会》,(议会)赋税委员会(1908—1909),第 7 卷,第 7,401 页及以后各页。该文件全文刊出了协议。

② 诺兹(W. F. Notz)和哈维(R. S. Harvey):《美国的对外贸易》,印第安纳波利斯,1921 年,第 385 页;威廉·费尔德(Wilhelm Feld),"反倾销,补贴条款和抵消税",《社会科学和社会政策档案》,第 44 卷,第 476 页。

③ 美国关税委员会,《殖民地关税政策》,1922 年,第 775 页注;肖尔菲尔德(G. H. Scholefield),《变化中的新西兰》,伦敦,1916 年,第 326、327 页。

Chamberlain)1903年发起要求大不列颠采用保护性关税的运动,部分地基于所谓保护英国工业,反对德国和美国倾销的需要。[①]澳大利亚1906年工业保护法中的反倾销条款的目的,据法案的发起者,当时澳大利亚贸易与商业部长的意图,就是为了给澳大利亚提供一种防卫手段,反对美国托拉斯的倾销及其他所谓的不公平做法。[②] 这么多国家为应对倾销威胁在1914年以前所颁布的三个法律,每一个都主要是针对美国人的出口行为,这并非没有重要
90 意义。

当美国政府机构找到机会反对美国康采恩的出口倾销时,它们发现应予反对的是国内高价而不是出口低价,除非出口低价被认作是国内高价的起因。例如,1900年商务部,1901年工业委员会,1905年海商委员会采取的就是这种立场。[③] 公司委员会委员在1907年关于石油工业的报告就标准石油公司以低于国内的价格出口提出了大量证据,有一些例子就是为了消除外国市场上的竞争对手。[④] 委员们谴责了这一做法,但并不是因为它对标准石油公司的外国竞争对手不公平:“更需要谴责的不是外国市场低价,而是过高的国内市场价格。”[⑤]

---

① 参见博伊德(C. W. Boyd)主编,《张伯伦先生的演讲》,波士顿,1914年,第2卷,第173—174页,199—200页;约瑟夫·格伦泽尔(Josef Grunzel),《经济保护主义》,第149页;杰弗里·德雷吉(Geoffrey Drage),《帝国贸易组织》,伦敦,1911年,第138页及以下各页。

② 澳大利亚联邦,《议会辩论》,1906年6月14日,第247页。

③ 参见本书英文版第80、81、87页。

④ 第2部分,第317、360、372—377页。

⑤ 第2部分,第427页。另参见第431页上对标准石油公司的指责:“实际上使美国人民很大程度上负担了其占领世界市场策略的成本。”

官方补贴引起的倾销

倾销可以由官方或政府出口补贴引起,正如它也可以由私人补贴引起。官方出口补贴是重商主义体系一个共同、也许并不重要的特征。不过,在大多数国家,出口补贴在 19 世纪早期便已完全或大体取消。在欧洲国家,自那时以来残存的少数事例也已在 91
19 世纪 60 年代的自由贸易运动中被消除,极少有例外。然而,甜菜糖工业在这方面获得特殊待遇。在几个欧洲国家,复杂的甜菜糖出口补贴制是从一项设计拙劣的税收体制无意中发展而来的,而且这一补贴制从这些国家传播到欧洲其他国家,后者为保护其甜菜糖出口贸易和感受到国际竞争也采用了补贴制。这使国家财政严重消耗,并且当美国根据 1894 年和 1897 年关税法对受补贴食糖征收抵消税时,遭受了沉重打击。最后一次打击发生在 1902 年,当时甜菜糖尚存唯一重要出口市场的大不列颠作为威胁要对受补贴的食糖征收惩罚性关税,以维护其食糖加工业主及其殖民地蔗糖种植业主的利益。1902 年,欧洲大多数重要的甜菜种植国在《布鲁塞尔糖协定》中同意——大多数并非不乐意地同意——通过取消补贴制来结束无利可图的出口补贴竞争。但是,仍有少数国家,其中一度有俄罗斯,继续对甜菜糖提供出口补贴。近些年仅有的其他公开提供出口补贴的事例,实际上只有法国对熏鱼,委内瑞拉 1910 年以后暂时地对种类可观的自然产品,澳大利亚对精梳羊毛和银器,以及一些热带国家对各种商品的补贴。[①] 因此,公开

① 参见约瑟夫·格伦泽尔,《经济保护主义》,第 200 页及下页;以及大不列颠,《英王陛下海外代表关于补贴的报告》,1904 年(Cd. 1946)。

提供官方出口补贴所导致的倾销如今已不是一个重要问题。

在不少事例中,官方出口补贴仍然以隐蔽的或间接的形式存在,主要做法是进口关税退还数额大于应当退还的税额,或者使进口关税的退还权从原先的进口商转让给其他人,或者从原先的进口商品转移到其他相似的甚至不同的商品。这样的规定在战前的
92 德国、法国以及其他欧洲国家曾经实行过。[①] 美国历史上似乎只有两个提供官方出口补贴的事例,一个是公开的,另一个是隐蔽的。1813 年 7 月 29 日的一则法令中——该法令似乎一直生效到 1845 年,有一项公开支付给美国养鱼场的出口腌鱼的补贴。[②] 19 世纪 80 年代,退还给美国加工业主的原糖进口关税数额在一段时间里非常高,并且是隐蔽的,数量之大以致招致指责,说纽约加工业主以低于原先支付原糖的价格在伦敦销售产品却仍能获利。[③]

结论

倾销绝不限于标准制成品,原料、直接提炼产品,尤其是矿产品,同制成品一样一直被人明目张胆地进行倾销,大规模生产这些原料的地方就是需要使用价格昂贵的机器设备的地方,保持完全开工在财务上十分紧要。生铁、煤炭、原糖、原油、木材,所有这些

---

① 参见约瑟夫·格伦泽尔,《经济保护主义》,第 200 页及下页;以及大不列颠,《英王陛下海外代表关于补贴的报告》,1904 年(Cd. 1946)。另参见路德维希·唐·佩斯尔(Ludwig Dan Pesl),《倾销,世界贸易中的低价竞销》慕尼黑,1921 年,第 5—20 页。

② 第 53 届国会,第 3 次会议,参议院杂项文件,第 52 辑,第 4 页。

③ 《美国对外关系》,1888 年,第 1 卷,第 690 页;大不列颠,《商务》,1888 年第 3 期,第 110、125 页;《商务》,1888 年第 15 期,第 156 页。

产品在不同时期都曾由不同国家的厂商在海外进行过有计划的且持续的倾销。特制产品，获得专利和注册商标的商品也都不曾免于被用来倾销。缝纫机、安全剃刀、现金计数器、打字机、手表、自来水笔等都曾由美国出口商以低于国内的价格在海外销售过。外国消费者并不乐意支付美国购买者已经习以为常的价格，而依靠商业规则行事或依靠产品独特性来保护自己免于国内激烈价格竞
争的美国制造商则发现，除非他们挑战外国竞争商品的价格，否则 93
就不能获得出口定单。

这里无意从数量上估计以倾销价格出口的销售所占的比重。就美国而言，估计占制成品总出口的比例为 0.5%至 20%，但是，由于缺乏广泛的政府调查，也就无法核对这些估计或作出大致的推测。然而，前面已经表明，倾销是国际贸易中的一种长期行为，它以许多可能的形式广泛盛行，并且它还提出了国际竞争中的一个问题，其重要性足可与国内贸易中的竞争标准相提并论。再者，由于倾销是一项国际事务，随之便产生一种人为的重要性，而倾销在本质上并不具有这样的重要性。当对象是外国人时，人们对涉及他们或其同胞的令人质疑的竞争方式甚至任何竞争方式，都较少抱有宽容。对一个同胞及其所作所为，人们会认为情有可原，对于一个同胞对一个外国人的所作所为，他们甚至会认为值得称道，但对于一个外国人对他们中一个人的所作所为，人们却会深怀怨恨。民族仇恨，国际间的猜忌，重商主义偏见和野心都容易影响对国际竞争的讨论，经常难以扭转由科学冷静的分析开始却以刺耳好战的痛骂告终的情形。这就使得对倾销的经济后果、同不公平竞争的关系，以及对其可能的泛滥加以控制或消除的可行办法等，

作出谨慎、冷静并且不带偏见的研究变得十分重要,以便使被夸张的忧虑能得到抚慰,合法利益得到正当维护。

第六章　倾销对倾销国价格的影响 94

垄断与倾销

从前文对盛行于许多国家的出口倾销行为的总结中不难看出，倾销虽然并非一成不变，但除偶发性的以外，一般限于垄断性的生产者联合体。这符合理论上的预期。[1] 首先，在使用大规模工厂和昂贵机器从而固定费用占总生产成本重要组成部分的工业中，倾销最为有利可图。对于这样的工业，保持接近最大生产能力的产出，在资金上，有时在技术上都是极为紧要的。以高于直接成本的任何价格得到额外定单对这些工业来说都是值得的，如果不这样做就得不到这些定单，而没有这些定单就不能保持充分开工。然而，正是在具有这些特点的工业中，若以避免毁灭性竞争的威胁为主要目的，则除了自然的或合法的垄断外，垄断组织可能最受人青睐。

国内市场上一旦形成了垄断控制，而国内定单又不能充分利用生产设备，则在其他市场以低于国内的价格获取定单仍会有利

---

① 参见陶西格(F. W. Taussig)，《关税问题的若干方面》，第 208 页："不仅偶尔地，而且长期有计划地以较低的价格向外国人销售。这一现象看来只能用……垄断来解释。"

95 可图。即使这一策略引起剧烈竞争,也将只限于倾销组织并无攸关利益的市场。仅仅国内市场存在垄断控制这一事实,就会使该市场价格高于海外市场竞争价格水平,也只有对预期的外国买主出价低于国内,才可能获得外国定单。如果持续倾销有利可图,则国内市场垄断的另一个理由就显得十分重要。倘若国内市场存在竞争,那么康采恩将部分产量在国外市场倾销以便减少供给,并保持或提高国内市场价格,就必须自行承担削价出口的所有亏损,并且必须与所有国内竞争对手分享减少国内供给的好处。在这种情况下,康采恩可以从国内市场减价获得同出口倾销一样多——或几乎一样多——的利益。只有对垄断者来说,出口倾销才会比国内适度降价更有吸引力。

正是基于这些理由,许多经济学家一直认为,倾销作为一种有计划的且持续的行为,一般限于垄断者所为。一项关于欧洲工业出口倾销行为的研究,使这一推论的有效性无可辩驳。但是,当我们把注意力对准美国出口商大规模、有计划且持续的倾销时,一些有趣的问题便出现了。我们是否可以从倾销的盛行得出结论,说大部分在美国出口贸易中占有重要地位的制造业,其国内市场已经受到垄断控制?① 就明目张胆的垄断而言,肯定不是这样。但

① 不过,参见联邦贸易委员会有如下阐述,声称美国专门禁止贸易联合体的做法已经有效阻止了美国倾销,“奉行出口定价低于国内价格来推进对外贸易政策的最突出的典型可能就是德国。但是,德国在国内市场上放任联合体的存在。这给在国内市场实行高价开了方便之门,这是此类联合体得以在出口贸易中低价销售的主要条件之一。美国法律禁止国内市场存在这样的联合体,不仅反对人为保持国内价格,而且也提供了实际的经济保障,即美国出口价格一般地将不会低于美国国内价格。国内价格保持在竞争基础上时,只有很小的余地能让出口商以较低的价格在海外销售。”(《美国出口贸易协作》,第 1 部分,第 377、378 页)鉴于美国对垄断联合体的禁止**并不能**有效阻止美国倾销,因而可以推论说,这种禁止在有效阻止垄断联合体方面也已经失败!

在欧洲、日本以及虽未从法理上得到论证却在实际中这样做的加 96
拿大，垄断联合体并未受到敌对法律和抱有敌意的管理机构的干扰，甚至还获得政府某种程度的认可和鼓励。它们不必遮遮掩掩地行事，而且无需担心公开采用卡特尔等联合体形式的后果。这向公众暴露了它们垄断的性质。然而，在美国，垄断联合体只能隐蔽地存在，因为最好还是避开政府干预并避免激起公众的对立。于是，从理论上似乎可以得到一个推论，即有计划的且持续的倾销在美国广泛流行，说明垄断控制至少也在美国国内同等程度地存在。

如果垄断一词用来指百分之百的控制，则除了自然的和特许的垄断外，垄断在美国即使存在也为数极少。但是，古典经济学中“完全竞争”和百分之百绝对垄断之间存在很大的区间，大部分现
代制造业和采矿业都处于这一区间。尽管美国出口倾销盛行不能 97
解释为许多工业中存在绝对垄断，但很大程度上仍是因为大规模生产的制成品和其他产品在国内市场上缺乏激烈的价格竞争。国内市场缺乏激烈价格竞争是否由于有默契的或隐蔽的协议，或者由于存在相互勾结的领导者，或者由于单个大康采恩在各自行业占有支配地位，其国内价格表被这些行业所有厂商作为某种标准加以接受，这些都不是本书要研究的内容。但是，缺乏激烈价格竞争会像完全垄断组织那样大大便利出口倾销。这样，期望通过降低国内价格来刺激销售的想法是危险的，至少是不明智的。由于国内价格相对缺乏弹性，国内定单数量和生产能力之间长期缺乏调整，利用减价扩张或机动地战胜竞争厂商的机会仅存在于出口贸易中。这甚至可能引起美国厂商在出口贸易中进行激烈价格竞争。这时，倾销是在彼此之间而不是针对外国竞争对手了。这是

在完全垄断组织压制下产生的一种刺激出口倾销的工业组织形式,它能使所有在国内市场因正式或非正式协议,或商业准则,或对可怕后果的担忧等因素而受到压制的激烈价格竞争转移到出口贸易中去。

98 垄断联盟在某些情况下可能会抑制而不是刺激倾销,乍看起来,这是个令人吃惊的结论。但是,这一结论不仅可用前面的推论,而且还可以列举事例来予以支持,在这些事例中,限制出口倾销既是垄断组织的本意,也是这种组织建立后的准则之一。如果某个国家某种商品的产量占世界全部或很大比例,那么无论在国内贸易还是在出口贸易中,厂商彼此间避免激烈价格竞争是其利益所在。建立德国钢铁企业联合会(Stahlwerksverband)的一个原因便是希望消除德国钢铁厂商在出口市场上的竞争。[1] 奥地利瓷器制造商,出于共同利益,同意对在外国市场上把价格降至国内水平以下的做法实行限制。[2] 各国政府甚至插手促成本国某一工业的垄断地位,[3]亲自承担垄断控制,[4]或者通过法令禁止出口倾销,[5]目的是为了防止本国那些联合起来可以支配世界市场的厂商在出口贸

① 《美国出口贸易协作》,第 1 部分,第 213 页。

② 《外国制成品在美国的销售》,第 1 部分,第 6 页。

③ 半官方性的厄瓜多尔可可协会便是一个恰当的例子。参见,《美国出口贸易协作》,第 1 部分,第 189 页及下页。

④ 例如,巴西的咖啡价格维持方案,同上注,第 190 页。

⑤ 例如,德国 1910 年 5 月关于钾碱的法令:"德国政府已经颁布了一项法令,规定在出口及国内贸易中的钾碱数量,禁止出口销售价格低于所规定的国内市场价格",同上注,第 1 部分,第 8 页。另参见,托斯达尔(H. R. Tosdal),"德国钾碱工业中的卡特尔运动",《经济学季刊》,1913 年 11 月,第 186 页:"除很短暂的时期外,出口价格一直高于国内价格。由于拥有对产品的垄断,也就没有必要依靠钢铁和煤炭卡特尔进行的那种'倾销'"(着重号为我所加)。

易中相互竞争，把给外国人的价格降到有利可图的水平之下。[①]

近年来，国际间的联盟已经出现，其目的在于，通过成员康采 99
恩分配市场比例或规定共同市场价格来扩大超越国界实施垄断价格的范围。这些成员康采恩在其本国已经形成生产组织。[②] 这类联盟是联合体的联合体，只有在各个生产地区已经存在垄断组织的情况下才可能组成。它们的部分目的也是要在尚未被任何一国联合体控制的市场上消除竞争性倾销的危险。

在美国，商人们争取使出口贸易联盟合法化的运动，正如最终在 1918 年 4 月 10 日韦伯—波默莱恩(Webb-Pomerene)法案中所体现的，部分原因是美国厂商之间没有联盟，所以他们在外国市场彼此竞争，结果却使外国人获得比国内买主便宜的价格。如果出口联盟合法化，他们就可以制止在海外进行这样的倾销。[③] 另外
一个原因是，海外美国商品的买主成立了联盟，他们迫使这些商品 100
的出口价格降到美国国内现行价格水平之下。[④] 联邦贸易委员会

---

① 另参见美国商务部，公司局，《托拉斯法与不公平竞争》，1916 年，第 189 页，提到巴西的咖啡，阿根廷的破斧木，智利的碘和厄瓜多尔的可可：“每种这些产品的生产商联盟，都源自他们想要从本国特有的丰富自然资源获取利益，并通过结盟在世界市场上努力为其产品获取最大收入的意图。”橡胶工业的新近发展也是一个恰当的例子。

② 参见威廉姆·诺兹(Willim Notz)，“卡特尔、辛迪加和其他联合体形式的国际私人协定”，载《政治经济学杂志》，第 28 期，第 658—679 页。

③ 参见《官方报告，第一次全国对外贸易大会》，1914 年，第 163 页；《美国出口贸易协作》，第 1 部分，第 7、297、373 页，第 2 部分，第 374 页。

④ 参见约翰·D. 雷恩(John D. Ryan)在联邦贸易委员会关于铜产品的证词，《美国出口贸易协作》，第 2 部分，第 261 页。另参见美国商务部 1914 年 12 月 1 日的小册子，《托拉斯特别立法委员会报告》：“但是，在对外贸易中，如果没有美国制造商和出口商合作维护海外价格，那么，不受美国控制的买主联盟实际上就能支配美国商品在外国市场上的售价。”

接受了这些理由。[①] 这两种理由暗含了这样的认识,即凡是这些理由成立的地方,就有美国制造商在出口贸易中的激烈价格竞争,而在国内市场却没有或者没有同等程度的竞争,否则削价就不会仅限于出口贸易。另一方面,联邦贸易委员会又把拥有在海外倾销以对抗外国倾销的能力看作是出口联盟的一种优势:[②]"调整并确定出口价格的能力,在对付外国人在外国市场的廉价销售时应是一大长处。美国的出口贸易联盟应有能力使价格降低并承受损失,而不把海外市场留给在那里倾销的外国人。"但是,这两种立场之间的矛盾,与其说是实质的,还不如说是表面的。生产者联盟组织起来是为了便利和控制出口倾销,但同一个联盟很少会随情况变化而在不同时间里先为前一个目的而后为另一个目的行事。

在本章以及接下去几章关于倾销所产生的经济影响的讨论中,除突发性倾销或特别指出的反例外,将始终假定倾销是由在国内市场拥有较强垄断控制的康采恩或联合体所为。有充分的理由认为,除了所指出的例外,这一假定与现实是非常一致的。

101 倾销对国内价格的影响

倾销能够影响倾销国的消费者,只是由于它影响了国内价格。倾销对国内价格的影响,往往被评论家们公式化地概括为,倾销是

---

① 《美国出口贸易协作》,第 1 部分,第 7 页。另参见第 1 部分,第 298 页:"通过固定出口价格,(一个美国出口联盟)就能防止外国买主以一个美国厂商来压另一个美国厂商的办法来索价,并能消除美国人在对外贸易中进行有害的价格竞争。"

② 同上注,第 1 部分,第 298 页。

向国内买主索要高价而对外国人少讨价钱，或者说，为在国外卖得便宜而在国内卖得贵。然而，问题并非如此简单，没有一个公式能够详尽无遗地包容种种可能性。我们必须再一次区分不同类型的倾销和倾销可能发生的不同情形。

如果倾销产品不是为了倾销，而是由于过高估计在国内市场按现行价格可以销售的产量而生产出来的，那么，在海外降价处理多余存货通常可以不必对某些或所有国内买主降低国内价格。这种突发性倾销，也只是就这种倾销而言，才可以说，降价出口必然会使国内价格高于无倾销时的水平。但是，这类倾销很少会对国内消费者造成任何严重损害。最坏情况下，它也只是使得某些国内消费者失去“让利销售”的好处。

如果进行短期倾销，目的是为了维持与一个处于价格萧条时期的外国市场的联系，或者为了便于把倾销者的产品打入一个新市场，或者为了在外国市场上驱除或征服外国竞争对手，或者先发制人地阻止国外市场竞争的发展，那也没有明显的理由说国
内价格一定会受这种做法的影响，除非这些倾销商品在没有倾 102
销时也要为国内市场生产出来。如果倾销商品是额外产量，为国内市场生产已无利可图，则国内价格显然不会受其出口的影响。只有在没有倾销时便已达到最大产量，并且每出口一件产品便意味着国内少销售一件商品时，这样的倾销才会由于减少国内供给而使国内价格上升。但是，这种情况似乎不太会发生，因为这意味着有意将一部分产量以低于这部分产量在国内可以获得的价格出口销售。只有在这种倾销目的实现时的预期得益非常大，厂商又能随意在国内以较高价格销售其现有产量时，他们才会进行

倾销。[1]

如果倾销的目的是为了保持充分开工,同时不把国内价格降到最高利润点之下,那么,情形基本上是一样的。这里假定期望进行倾销的康采恩在国内市场上所定的价格能从国内销售产生最大利润,并假定它不采取行动减少其总产出的利润。进行倾销将不会使国内赢利价格有任何变化。在没有倾销的情况下就能从国内销售产生最大收益的国内价格,在倾销发生后仍将继续是最有利可图的国内价格。因此,关于这类倾销,可能也是最为盛行的一类倾销,并没有理由可以坚持认为它会引起国内价格上升。想象不
103 出一种需求与成本曲线的组合,能反映这类倾销发生前并不那么赢利的国内价格在上升后却能够赢利的实际条件。[2]

如果以上所述正确,即倾销并不能使国内价格发生任何赢利变化——除非倾销把原来能在国内以现行(较高的)国内价格出售的一部分产量在海外销售——那么,也就不值得考虑倾销康采恩针对国内批评其倾销行为的人所作的标准式辩护,即倾销通过扩大生产规模或使生产更加稳定,能够使国内价格比没有倾销时更低。如果有计划的倾销和国内市场激烈价格竞争可以同时发生,那么倾销在它能使倾销康采恩的经营更加有利可图的范围内,会提供一个更大的赢利幅度,在这个幅度内,竞争会使国内价格下

---

① 更准确地说,要使这类倾销能够引起国内价格上升,则倾销发生后,用于国内销售的产量必须少于能从国内销售产生最大现有利润的产量,二者的差额是在海外所倾销的全部或很大一部分产量。

② 当然,这里假定,除由倾销引起的变化外,基本条件并没有变化。除用精妙的数学方法外,可能无法直接表示这一命题。不过,读者可以设法找到一个假想的算式,能够表示原来不能赢利的国内价格在倾销发生后上升的赢利性。

降。但是我们一直假定并说明，当有计划的倾销发生时，国内市场价格可能处于垄断和几近垄断控制之下。如果倾销康采恩在国内市场上有能力制定可从国内销售获取最大利润的价格，则它们将发现其倾销不会使这一价格发生任何赢利增加或减少的变化。

然而，有一些实际的情况须作分析。在倾销能增加赢利的情况下，有可能使倾销康采恩降低其国内价格，这从财务上说虽然无利可图，却是可以做到的，因而倾销也有可能削弱一个垄断康采恩经受立法机关或消费者对其国内高价所作抨击的能力。由倾销产 104
生的较高利润可能会提高该工业对潜在国内竞争者的吸引力，因此倾销康采恩可能感到必须降低其国内价格，作为抵消新竞争刺激的保险费。不论有无倾销，如果国内价格 X 产生的总利润大于较低的国内价格 Y，但若有倾销时的国内价格 Y 产生的总利润大于无倾销时较高的国内价格 X，那么，有倾销时来自抱有敌意的舆论或抱有敌意的立法或潜在竞争压力，会比无倾销时更有可能成功地迫使国内价格从 X 降到 Y。

因此，除了削价出口已经生产出来的多余存货外，倾销国的消费者并没有什么切实的理由抱怨出口倾销。出口倾销价格确实经常伴随国内市场的过高价格，但是，上述情况下出口倾销往往是国内高价的结果，而很少是其原因。有能力在国内市场制定大大高于海外市场现行价格的厂商，若要获得任何出口定单就必须降低价格。国内消费者一定会有充分的理由来抱怨过高的国内价格，以及使价格升高的关税政策和垄断控制，但消费者并没有受到较低出口价格的损害。如前所述，倘若倾销增加了倾销康采恩的利润，则康采恩甚至可能更愿意降低其国内价格或减弱对公众降价要求的抗拒。

105 必须承认,这一推论同关于倾销对倾销国消费者影响的权威观点是相悖的。所有作者看来也同意,国内消费者要么得益于倾销,要么受到它的损害。前面已经承认,在某些情况下,倾销康采恩因倾销获利而可能降低国内价格。但是,国内价格的降低是因为担心抱有敌意的立法或公众的不满,或是想先发制人地阻止新的竞争发展,而不是因为倾销本身使降低国内价格变得有利可图。许多著述者提出了相反的论点,即倾销会使国内价格高于无倾销的情况下可能通行的价格,最强烈的是陶西格(Taussig)教授。他的观点是,所有由倾销带来的好处,通过降低国内价格同样能够得到,他似乎意指倾销可以替代国内价格的降低,这种降价在没有倾销的情况下也是必要的或有利可图的:

> 常有人坚持认为,对外国人出低价绝不会给国内消费者带来损害;低价能使经营持续进行,能使劳动力保持不受损害并得到雇用,能减少单位产品的费用,等等。这一推论看似有理,却经不起推敲。如果对国内买主也降价,而不是只对外国人降价,则所有这些想要的结果都能得到。倘若对国内买主降价是个特别的难题,那么立即就可以提出问题:为什么不对所有人一样降价?为什么不对每个人都降价,达到销售全部产量所需要的程度?这样也可以继续开工,稳定劳工雇用,降低管理费用,等等。①

① 陶西格(F. W. Taussig),《关税问题的若干方面》,第209页。

对消费者来说，降低国内价格确实可以带来所有因继续开工， 106
稳定劳工雇用等所产生的间接利益，而且还会另外带来较低价格的直接利益。同样，对生产商来说，降低他的国内价格也可能带来继续就业，较低的平均生产成本等利益，这些也正是他想从倾销中获得的东西。倘若他原先的国内价格已经确定在国内销售的最大收益点上，则降价可能同时招致破产，而且将使利润减少。假定他的国内价格定在这个点上，那么在倾销被禁止的情况下，厂商不会降低其国内价格，但他会减少产量。倘若他的国内价格高于这个点，则倾销也好，不倾销也好，降低价格是符合其利益的。

然而，这一推论对一类垄断组织并不适用。这就是为出口而组成的厂商联盟，但国内市场上的自由竞争并未受到干扰。对一个既定工业的厂商而言，通过协议减少其产量，从而为其产品在国内市场上获得较高价格可能是有利的，而任何一个或更多的厂商自愿限制其产量或提高其价格，却可能不会有利。在这些情况下，垄断组织对该工业来说应是有利的，如果这类组织的主要目的是想通过限产来提高价格的话。但要组成这样的垄断组织有可能行不通。如果厂商们答应加入一个出口联盟，在必要时以倾销出口，并且根据各成员占总产量的比例来补偿亏损，那么，可用于国内市
场销售的产量数额在这种做法下可能会减少，并使国内价格上升。 107
在这种情况下，倾销将引起国内价格上升，但这是因为在尚无出口联盟和完全垄断组织时，厂商们还没有把用于国内销售的产量减少到整个工业的最大利润点上。毫无疑问，常有一些出于这种目的而建立的出口联盟。许多德国卡特尔实质上就是出口联盟而非国内垄断联合体。在美国，19 世纪 80 年代的威士忌联营商以及

金箔制造商协会——联邦贸易委员会针对后者在1918年颁布了一项限制性法令[①]——就曾试图通过出口倾销来减少它们用于国内销售的产量,从而得以使国内价格上升。但是,这样的出口联盟在达到其目的方面还不如组成国内贸易及出口贸易全面的联盟有效。建立完全的垄断组织可以实现限产,相比较而言,出口联盟的倾销可能会无利可图。因此,不必奇怪,它们有时就只是完全垄断组织的一个雏形。

原料倾销对倾销国下游工业的影响

在煤和钢铁等原料以及半制成材料通常以低于向国内买主所出的价格进行出口销售的国家,利用这些原材料进一步生产的下游工业经常抗议这种倾销,理由是这对它们有损害。它们的不满往往是针对国内高价而不是出口低价,但在某些情况下,出口低价应是引起抱怨的真正原因。原材料出口低价向本国下游工业在对外贸易中的外国竞争对手提供了人为的优势,而且还可能使外国竞争对手得以同本国下游工业争夺国内市场,因为后者不得不为
108 其原材料支付较高的国内价格。毫无疑问会有原材料倾销给倾销国的下游工业造成损害的事例。在前面几章中,已经提到过几起这样的事例。德国和美国的造船工业看来就是由于两国的钢铁联合体以比国内低得多的价格出口销售造船材料而被延误了,虽然其他延误因素也起了作用,并且起到更为重要的作用。在马口铁

① 参见本书英文版第50、85页注释。

板工业中曾有过一个有趣的情况，美国钢铁公司这家致力于谋求马口铁板工业世界支配地位的联合钢铁托拉斯，却以倾销价向其最强有力的竞争对手提供原材料，帮助它幸存下来。

不过，对这种损害提出的声讨被夸张了，因而应予以谨慎对待。根据这些抱怨，下游工业在同外国厂商的竞争中处于不利地位：它们的竞争对手能以更低的价格获得原材料。不过，如前所述，由倾销造成国内高价的可能性很小。高进口关税、国内垄断或本国不利的生产条件更应是造成国内原材料高价的原因。因此，除非倾销造成国外低价，否则原材料成本较高的不利条件不应归咎于倾销。由于倾销而使国外价格明显下降，这可以想象，却不太可能发生。更有可能发生的是倾销康采恩的出口价格虽然低于国内价格，但并不低于国外市场通行的价格，而且，即使康采恩停止了倾销，国外价格实际上也会继续通行下去。倾销意味着降低国

内价格进行出口销售，但不一定会引起倾销市场现行价格降低。109
倾销康采恩通常都会努力获得尽可能高的出口销售价格，只有当它希望在国外贸易中占有一席之地，并为寻求外国买主而增加供货，迫使外国价格下降时，其倾销才会扩大国内国外的价差。当原材料倾销商把较低出口价格的好处扩展到用其产品进一步加工出口的国内买主时，就会帮助而不是阻碍国内买主克服原材料成本较高的不利条件。在没有倾销的情况下，原材料会使国内买主付出较高而不是较低的成本，而且他们以出口价优先购买能使他们获得原本没有的与外国竞争对手相平等的地位。

110

第七章　倾销商的倾销赢利性

偶发性倾销

一般都认为，在相当有限的某些情形中，有一种情形却是很明显的，即倾销康采恩能够通过倾销而赢利。当一个厂商由于过高估计了预期需求，积留了多余的存货时，他不显著降价便难以在国内市场很快出清这些存货，这时对于他来说，不变动其国内价格而在国外市场降价出售余货可能是一个明智稳妥的策略。国内对其产品的需求可能是无弹性的，即便大幅度降价也可能难以刺激国内销售达到足以出清余货的程度。即使稍微降低国内价格并能出清余货，他也会因为原来价格与降低后的价格之间的价差而受损，不仅降价引起的额外销售会有损失，而且不降价照常会进行的那部分销售也要遭受损失。再者，降价可能并非如它所期望那样是暂时的；相反，对于他来说，可能很难在出清余货后能重新制定原价。如果该工业是竞争性的，他降价可能会使其他厂商也降价，其结果是他的销售得利很少，甚至可能会有残酷的价格竞争接踵而来。但是，他或许能在一个相距遥远的市场将其余货低价出清，这一价格即便实际上并不比他在国内市场的出清价格低很多，却能

够抵消在国内降价销售全部产量所受的损失并且有余。即使他的
全部供货都能在国内出清，价格还高于余货的海外出清价格，倾销 111
仍可能对他有利，因为倾销减弱了在国内市场降价的必要性，以及伴随降价而来的种种不利因素影响。

短期倾销

在为出清偶尔积压的存货进行倾销的情况下，倾销产品已经生产出来或正在制造中，并不是有意为倾销而生产的。生产待倾销的产品，其赢利性便引出一个性质有所不同的问题。在某些形式的短期倾销中，倾销一时无利可图的可能性是完全能够预见的，这时进行倾销是期望所受的损失在倾销目的达到后将能得到补偿。康采恩会发现，由于国内异乎寻常的繁荣或者外国异乎寻常的萧条，从即期赢利的角度看，以它主要出口市场通行价格来定价的定单并不可接受，即便如此，它仍可能决定迎合其国外市场竞争对手的价格，以便保住与这些市场的联系。康采恩可能会在某个尚未开发的市场上以倾销的价格进行销售，以便发展贸易联系并赢得购买者的青睐，作为最终能以有利价格开展贸易的初步行动。康采恩还可能降低其出口价格，以便消除或抑制其出口市场上的竞争，或者先发制人地防止这些市场上竞争的发展，或者对相反方向的倾销进行报复。在所有这些情况下，暂时的损失是作为获取长期得益的手段而被接受的。这种倾销长时期中能否赢利将取决于每种情况下倾销的目的能否成功地实现，以及目的的实现是否
与其代价相称。这种倾销的赢利性类似于国家对一个幼稚工业实 112

施保护的情况。每种情况都只能根据其结果才能从经济上得到证明,而其结果事先并不能预言,即便事后也并非都能查实。

为保持充分生产又不必降低国内价格,出于这一目的而进行的倾销能否赢利是个极其复杂的问题,经济学家们在这一问题上的分歧非常大。假定在能从国内销售获得最大利润的国内价格水平上,目前或现有工厂设备使用期的国内销量均少于这些设备充分开工所能生产的产量,并假定在该价格水平上没有出口销售,那么,通过以倾销价出口销售来利用过剩的生产能力会有利可图吗?根据假定,除非进行倾销或降低国内价格,否则便不能保持充分生产。同样,根据假定,国内价格已经达到了国内销售产生的最大利润点,本书则已经阐明,下述情形在道理上是不可信的,亦即在这些情形下国内销售产生的最大利润点会仅仅由于倾销而变得更高或更低。除非后一个论点错误,否则顺理成章的是在上述假定条件下,问题将归结为以下两种情形的相对赢利性问题,即一方面是不进行倾销但只能利用工厂部分生产能力,另一方面则是进行倾销并可完全——或几乎完全——利用工厂的生产能力。

如果能从国内销售产生最大利润的国内价格大大高于平均生产成本,并且如果倾销出口价格虽然低于国内价格但仍高于平均
113 成本,则很显然,接受出口定单是有利可图的,只是需要作一个并不重要的限定。如果该行业的单位成本随产量增加而上升——倘若只考虑现有设备生产的话,这在很大程度上不太可能——那么,由于产量增加对平均成本所会产生的影响,即使以高于总产量增加后的平均成本的价格接受出口定单也可能不会赢利。下面假设

的例子说明了这一点。在情形B中，虽然4.5美元的倾销价高于产量增加后的平均生产成本，但倾销并不能赢利。在情形C中，平均生产成本随产量增加上升得不那么快，倾销就能赢利。

总产量	平均生产成本（美元）	价格（美元）		销量		总利润（美元）
		国内	出口	国内	出口	
(A)100,000	4.00	5.00	5.00	100,000	0	100,000
(B)200,000	4.30	5.00	4.50	100,000	100,000	90,000
(C)200,000	4.20	5.00	4.50	100,000	100,000	110,000

不过，下面的观点遭到更多人的反对，即以不仅低于国内价格而且还低于平均生产成本的价格有计划地在一段时间内出口销售也总能赢利。[①] 如果生产是在成本随产量增加而下降的条件下进 114
行，那么很容易证明，当价格不仅低于原产量的平均生产成本并且还低于产量因倾销而增加后的平均生产成本时，倾销仍然**可能**赢利。如果产量增加所引起的平均成本下降额乘以倾销前的总产量，其数额大于倾销后平均生产成本高于出口价格的超过额乘以倾销的数额，那么，以价格低于平均生产成本出口销售就能获得额

① 参见史密斯(G. Armitage Smith)，《自由贸易运动及其成果》，伦敦，1898年，第117，118页："在众多贸易中，无疑会有偶然的过量生产，不能在国内销售的剩余商品便被装运出去，以随便什么样的价格在其他国家找到市场。但是，很难指望在国内大量赢利的制造商会把他们的工业组织起来进行持续的过量生产，从而遭受经常性的亏损。对低价倾销的偏爱并不会导致绝对无利可图的常规商务。"（上下文表明，有计划的倾销被表达为"绝对无利可图的常规商务"。）另参见，马克罗斯蒂(H. W. Macrosty)，《英国工业中的托拉斯运动》，伦敦，1907年，第342页："大量的德国经验已经表明，倾销不会有回报，而且对一个国内托拉斯或卡特尔来说，应对出口贸易加以控制，使其产生最大利润，这样才更有利。"马克罗斯蒂的第一个命题极具争议；第二个命题则完全是在用未经证明的假定进行辩论。

外利润。[①] 用下面的例子来说明这一点。在情形 B 中，倾销能够赢利；在情形 C 中却不能。在情形 B 中，平均生产成本因产量增加而下降的 0.50 美元乘以倾销前的总产量 100,000 即 50,000 美元，它大于以倾销价销售的数量 50,000 乘以 0.50 美元（新的生产成本 3.50 美元超过出口价格 3.00 美元的数额），即 25,000 美元。在情形 C 中，第二个乘积大于第一个乘积。

对一个单位成本随产量增加而下降的工业而言，无倾销时的国内价格必须大大高于平均生产成本并不是倾销具有赢利性的必要条件。实际上，倾销有可能使净损失转变为净赢利。在上面用来说明倾销赢利可能性的例子中，如果国内最大利润价格为 4.05 美元或 3.90 美元而不是 5.00 美元，并且其他情况不变，那么它也

115 同样能说明倾销可以赢利。

总产量	平均生产成本（美元）	价格（美元）		销量		总利润（美元）
		国内	出口	国内	出口	
(A)100,000	4.00	5.00	5.00	100,000	0	100,000
(B)150,000	3.50	5.00	3.00	100,000	50,000	125,000
(C)150,000	3.80	5.00	3.00	100,000	50,000	80,000

为保持充分生产又不降低国内价格而进行的倾销也许只能持续一个短时期，或现有工厂设备的使用期。一个通常既为国内市

① 这一公式的另一种表达，参见，庇古（A. C. Pigou），“纯理论与财政论战”，《经济学杂志》，第 14 卷（1904 年 3 月），第 32 页：“如果进行对外倾销，其价格虽然不是垄断价格但仍能带来正常利润，当相应比例的生产成本能被正常利润抵消时，对外倾销便是垄断者的一个显著优势。……当对外倾销的价格低于带来正常利润的价格时，只要对外销售价格低于生产外销产品时总产量的平均生产成本，其差额不大于生产外销产品时总产量平均成本与不生产外销产品时总产量平均成本的差额乘以内销量与外销量之比，则对外销售仍然是垄断者的一种优势。”

场也为出口进行生产的康采恩可能会发现，如果它想得到任何出口定单的话，其出口市场的价格形势就要求他必须暂时降低其出口价格。或者，一个通常只为国内市场进行生产的康采恩也可能会遇到这样的情况，即在国内销售中必须暂时降价，但若降低出口价格便可获得出口定单。这两种情况都是短期倾销的事例，而且很可能是仅在出口市场或国内市场或两个市场处于萧条时会盛行的倾销形式。以上讨论的这种倾销，从即期收益的角度看仍有可能赢利。不仅如此，这种倾销在使工厂得以较稳定、较充分开工的情况下，也就有可能使劳动雇用较为稳定、较为充分，因而从感情上以及它便于维护劳工组织在萧条时期不受损害的角度讲，这种倾销都是值得考虑的。然而，这种倾销对于倾销者的价值有时会受到质疑，因为这种倾销要么会导致某些并不期望有的事后结果，要么不太可能达到其目的。例如，陶西格教授似乎就对这类倾销——他称之为突发性倾销——的实际有效性持怀疑态度，但他 116
显然做了倾销工业中存在着竞争的假定。如果只考虑垄断康采恩进行的短期或间歇倾销，则他的讨论不会要求对本书所得结论作任何修正。陶西格确实列举了两个“精明商人”的事例，他们“怀疑这是否是个良策”[①]，但是严格检验起来，可以发现这些事例与所讨论的问题几乎没有什么关系。

里斯特尔公司(Lister & Co.)是英国一家著名的丝绸制造业康采恩，它的一个成员明确反对“偶尔以低于国内的价格出口销售”，因为(a)这会导致无规律的生产，和(b)由于质量和成本急剧

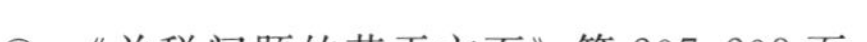

① 《关税问题的若干方面》，第207、208页。

下降而损害信誉。[1] 没有什么证据能够说明,仅在不倾销便会因开工不足而使销售下降这种情况下进行的倾销会使生产不如无倾销时那么有规律。显而易见的似乎倒是相反的情况。上述第二点则与我们的问题无关。质量下降以及由此造成的损失与倾销问题没有实质关系。如果不得不降价是因为禁不住诱惑而想在质量上偷工减料,那么,只要价格下降和质量受影响仅仅限于在不被当作长期市场的遥远国家销售的产品,由此造成的信誉损失就不会有标准市场上那么大。

另一个被引用的事例,是 1913 年美国钢铁公司当时的总裁法雷尔(Farrell)先生在政府起诉该公司时所作的证词。法雷尔先生把萧条时期的倾销说成是"一种不经济的做法,而且是不会发展成
117 持久贸易的一种做法。"然而情况表明,法雷尔先生发现这类倾销正是仅仅由于它没有发展成持久贸易才受到反对。[2] 在被作为长

① 《(内阁)关税委员会报告》,伦敦,1904 年,第 2 卷,第 6 部分,第 3,326 页。

② 《美利坚合众国起诉合众国钢铁公司和其他公司的证词》,美国新泽西地区法院,1913 年,第 3,842、3,843 页:

问:"法雷尔先生,一家从事长期对外贸易的公司该拥有什么样的优势,才有别于为倾销而从事对外贸易或在外国市场偶然进行贸易的公司?"

答:"除非持久地进行对外贸易,否则要发展对外贸易是不可能的。买主不会惠顾不能向他们持久供货的人……"

问:"法雷尔先生,你能否解释一下你所理解的'倾销'?"

答:"还在美国钢铁公司组建以前,本国一些制造商便在国内萧条时期经常把大量原材料运往许多市场,主要是像大不列颠那样的生产市场。其结果是价格暴跌。"

问:"那么,你所理解的'倾销'就是这种说法?"

答:"是的。这是一种不经济的做法,而且是不会发展成持久贸易的一种做法。这是一种偶然的贸易,满足了制造业一解燃眉之急的要求。"

类似的推论,另参见艾略特·琼斯(Eliot Jones),《美国的托拉斯问题》,第 523、524 页。

期市场来追求的市场上进行倾销会“毁坏”这些市场。这并不是说短期倾销无利可图。但这种做法应限于非长期市场。此外，法雷尔先生的证词——他的证词即便不是世界上最早的，也是美国最早的短期倾销者的代表所作的证词——理应被留心听取。

倾销与生产的稳定性

虽然关于国内市场萧条时期为稳定生产而进行倾销反而使生产更加不稳定的观点站不住脚，但是倾销可以用来稳定生产的作用也容易被夸大。倾销的卫道士们——尤其德国的卡特尔——可 118
能确实过高估计了倾销作为倾销工业稳定器的作用。另一方面，批评倾销的人却过分小看了倾销发挥这种作用的可能性。马歇尔教授指出，如果倾销的目的在于保持平稳的生产率，那么，只要萧条仅限于倾销国，必须在极低价格水平上进行国内销售才能保持充分生产，而稍微降低一点价格即可刺激出口销售，则上述目的便能成功实现。但是马歇尔又指出，典型的萧条并不只发生在一国，因而倾销作为稳定器的作用很小。[①] 不过，当萧条发生在国内，或者国内市场比国外市场更加萧条时，倾销仍可能对倾销工业起到有效稳定器的作用。此外，马歇尔或许高估了萧条尤其只影响特定工业的萧条扩展到全世界的可能性。即使某次萧条具有世界性，它也可能只影响不同国家的不同工业。另外，一国某一特定工业在该国可能正处于萧条时期，该国的整个工业和其他国家的该

① 阿尔弗雷德·马歇尔，《工业与贸易》，伦敦，1919 年，第 631 页。

特定工业却可能正欣欣向荣。[①] 马歇尔在支持他的论点时指出,在战前普遍实施倾销的德国,其价格和工业不如很少实施倾销的英国稳定。至少可以用下述论点来有效解释英国价格和工业为何具有更大的稳定性,即自由贸易会促进这种稳定,保护贸易却会破
119 坏它,而且在一个保护贸易国家,倾销的稳定作用在整体上不足以抵消保护贸易的相反作用。根据马歇尔的这种推论方法,为什么不能说德国和美国这两个保护贸易国家,前者工业的稳定性高于后者应被解释为德国比美国进行了范围更广泛的倾销呢?

著名德国经济学家狄茨尔(Deitzel)教授认为,萧条时期的倾销能起一定程度的稳定作用,但他又指出,比起高保护关税加上萧条时期的出口倾销,自由贸易是更好的稳定工业的手段。[②]这一见解似乎是正确的,而且对于某些为德国卡特尔定价策略进行辩护的人来说,还是他们所需要的一个论据。但是,真正的问题并不在于自由贸易作为稳定工业的手段是否会比保护贸易加上倾销更为有效。问题反而在于,保护贸易下或自由贸易下,有倾销时的生产会比无倾销时来得更稳定吗?正如庇古教授在答复狄茨尔时所指

① 参见法雷尔先生在前述引文中所作的证词:“世界性萧条是很少发生的。外国市场的好处是我们可以把在澳大利亚的生意做得很好,在澳大利亚作物可能丰收,但在阿根廷小麦却可能歉收,因而我们有可能在那儿做点生意。在南非的生意可能很好,但在巴尔干各国却可能很糟,贸易就这样万花筒般地在整个世界及其各个市场上进行着。”

问:“贸易在这个国家极不景气却在其他国家兴旺发达,这样的情形时常发生吗?”

答:“经常发生。1910 年和 1911 年就发生过,1903 年也发生过,而我知道在 1897 年也曾发生过。”

② 狄茨尔(H. Dietzel),“萧条与‘出口机遇’”,《国家》杂志,柏林,1902 年,第 11 期,第 12 页。

出的，只是在倾销能对生产起稳定作用，并且保护贸易便于进行倾销的情况下，生产的稳定才间接地归功于保护贸易。他论证说，在某些情况下，得到保护贸易便利的倾销其稳定作用可能大于无倾销时保护贸易所起的干扰作用。[①]

不过，庇古在其他场合却论证说，有必要区分倾销对倾销工业
生产的稳定作用和它对倾销国整个工业的稳定作用。他认为，倾 120
销工业有可能通过倾销获得稳定生产的好处，但他又指出，倾销可能使倾销国的下游工业生产不稳定，这些工业利用倾销康采恩产品作为原料进一步加工，并且在其外国竞争对手市场原材料价格下降的同时却必须支付完全的国内价格。[②] 他认为，原材料倾销应对国内及国外使用者在价格上的不平等负责。前面已经论证，不仅倾销看来不应对这种价格不平等负有任何责任，而且，倘若倾销康采恩将其较低出口价格的好处也给予进一步加工出口的国内买主，则倾销还会消除相关下游工业在出口贸易中所处的不平等境遇。

掠夺性倾销

有人认为，有充足的理由推断，掠夺性倾销在达到其消除竞争的目的方面是不成功的，因而人们不会采用这种倾销。也有人说，要想获得消除倾销市场上的竞争所产生的利益，就必须建立起世

① “狄茨尔教授论倾销与报复”，《经济学杂志》，第 15 卷(1905 年)，第 439 页及以下各页。

② 《进口保护关税与优惠关税》，伦敦，1906 年，第 76 页及以下各页。

界范围的垄断。倘若没有世界范围的垄断,倾销康采恩就不得不同其本国或外国竞争康采恩对手分享摧垮受倾销国当地工业所带来的好处。[①] 不过,即使无条件地接受这种推断,也确有相当多的
121 托拉斯及联合体,其成员或同盟者圈子具有国际性,在全世界范围内几近垄断地控制着所在行业,使掠夺性竞争的危险成为真实的危险。不仅如此,上述推断的正确程度很有限,并不符合一些真实事例,在这些事例中,掠夺性倾销毫无疑问是在并不具备世界性垄断的情况下发生的。

解释并不难找到。由于地理条件、运输成本、关税壁垒等因素,对于某种特定商品而言,往往没有一个统一的世界市场,却有一系列多少有点独立的市场。例如在加拿大,钢铁产品竞争实际上只限于加拿大、美国和英国厂商,尽管整个世界钢铁工业并不完全为他们所控制。就加拿大西部而言,除太平洋沿岸外,竞争事实上又仅限于加拿大和美国的康采恩。所有其他厂商都被运输成本和进口关税有效地排除在该市场之外。如果一个美国康采恩垄断控制了美国市场,那么想要获得加拿大西部市场类似的垄断控制,它只需压倒加拿大竞争对手即可,而要获得整个加拿大市场的垄断控制,他也只需消除加拿大和英国厂商的竞争。在每项重要的制造业中,世界产量很大一部分出自其国内市场受到高关税保护

① 参见庇古,《进口保护关税与优惠关税》,第 23 页及以下各页:“由国外进入英格兰的摧毁性倾销并不曾发生,道理很简单。这种策略的唯一目的是要保证对供给的控制,并以此保证实施垄断价格的力量。……在英国市场上,如果一家德国卡特尔或美国托拉斯要扼杀英国竞争者,它得有什么样的优势呢?它还得防范其他国家的销售商前来瓜分其利益。因此,不值得搞一时的‘倾销’,除非它不仅在美国或德国,而且在世界范围都居于垄断地位。”

荫庇才得以生存的康采恩，他们并没有能力争夺国外市场。任何工业中相对较有能力的康采恩，也往往只有少数能够在某个特定市场上进行有效竞争；倘若一个厂商企图获得该市场的垄断控制，那么也唯有这样的康采恩竞争才需要予以消除。

另外，掠夺性倾销也可能有其他非掠夺性目的。即使倾销以 122
纯粹的掠夺性目的为动机，其目的也不如建立完全垄断那般充满野心。一个厂商最初可能只是为了在国内市场萧条时期能够保持充分开工而介入出口倾销，但同时他也可能是有意进行倾销，从而尽最大可能损害外国竞争对手。此外，掠夺性倾销者可能并不期望他能成功地完全消除他所针对的竞争对手，但若倾销能削弱竞争对手，使之今后不会同他进行价格竞争或将活动扩展到它的专有市场上去，那么他也会感到心满意足了。

长期倾销

迄今我们所考虑的只是倾销在一定时期内能否持续地赢利，即时间上还不足以容许通过撤回部分已投资本来减少现有的生产设备。一些承认倾销策略在有限时期内确有可能赢利的作者，否认倾销作为一项长期策略能够一直赢利，除非国内价格和（较低的）出口价格都大大高于总产量的平均生产成本。问题在于，如果增加的产量必须在海外市场出清，其价格不仅低于国内价格而且还低于总产量增加后的平均生产成本，那么，增添生产设备还能一直赢利吗？

如果把总产量平均生产成本与出口价格的比较作为长期倾销

能否赢利的唯一判断标准,则上述情况下的倾销看来势必不能赢利。例如,陶西格教授在下面论述中似乎就持有这种观点:

123 (高于出口价格的)国内价格可能是也可能不是“公平的”或正常的价格,也就是说,这样的价格能够带来正常利润率,并能在竞争条件下得以保持。倘若这还是公平价格,则较低的出口价格就不那么公平了。长时期中,贸易整体上是亏损的;国内贸易赚了,对外贸易却赔了。①

> 在长时期内,作为一项长期的策略,产量的每一部分和每一批量都得承担把它拿到市场上去销售所需总成本中相应的一份。倘若长期内它不承担相应份额的成本——如果它是以超额支出或总支出不作恰当分摊的方式销售——那么,产量的其余部分迟早也得承担多于其占总支出相应份额的成本。超额部分必须以某种方式予以偿付。实际上,一项贸易中不会有哪一部分会真的去偿付其相应份额的那部分开支。这在对外贸易和国内贸易中一样;对整个国家和某个行业也一样。②

不过,前面在讨论为保持现有设备充分开工而进行的倾销的赢利性时已经指出,对总产量平均成本和出口价格进行简单比较,并不能为判断倾销的赢利性提供恰当的依据。即使产出规模的增

① 《关税问题的若干方面》,第 210 页。

② 《自由贸易、关税和互惠》,纽约,1920 年,第 110 页。

加导致平均生产成本下降，部分产量以低于平均生产成本的价格销售所带来的亏损也可能大于产量其余部分平均成本下降所带来的收益。有必要比较新增产量所增加的成本和它所增加的收入，以此代替对出口价格和总产量平均成本的比较。[①] 问题的性质并没有根本变化，争论仍在于为倾销而扩大生产规模的赢利 124
性，而不是增加现有设备产量的赢利性。这两种情况下，倾销的赢利性总体上都要取决于产量增加时单位成本是否趋于下降。这种趋势的存在是由于更充分地利用了现有设备，还是由于工厂生产能力扩大，亦即“大规模生产效益”，这倒并不重要，除非该趋势影响到成本下降程度，进而影响到降价多销的那部分产量的赢利性。[②]

如果新增产量必须以低于新增产量的平均生产成本的价格在国外销售，则只有当出口销量乘以新增产量平均成本超过出口价

① 参见威廉姆·斯马特(William Smart)，《重归保护贸易制度》，伦敦，1904 年，第 148 页注释：“‘以成本或低于成本’的说法可能受到很大非议。正在制造中的每单位产品的总成本大体包括固定成本和流动开支。一个制造商，除非他根据协议按适用于所有市场的固定价格进行销售，不然极少会对其固定成本进行比例分配；他会把多于固定开支但少于流动开支的费用加在某些商品或某些市场上，因而他确有可能把全部固定成本计在某些商品或某些市场账上，同时在其他市场上按通常所说的初始成本进行销售。因此，如果一个制造商高价销售一些商品，又低价销售另一些商品，那么，他就可能被怀疑在进行低于成本的销售，即他是以其总产出价格来收回全部的固定及流动成本，并获得赢利。”另参见，霍布森(J. A. Hobson)，《国际贸易：经济学理论的应用》，伦敦，1904 年，第 10 章。

② 与通过扩大工厂规模来增加产量的情况相比，通过充分利用现有设备最大能力从而增加产量时，平均成本更有可能趋于下降。当现有设备产量增加时，道理上成本肯定会趋于下降，直至基本达到最大生产能力，倘若固定成本很重要，还理应会有大幅度下降。另一方面，生产总规模的增加并不一定带来所谓的“大规模生产效益”，即使有，也不一定带来平均成本的大幅度下降。

格的数额少于国内销量乘以产量增加所引起的平均成本下降的数额时，扩大工厂规模才能赢利。在发生持续倾销时，国内价格还必定是垄断价格，尽管如此，倘若持续倾销能够赢利，则国内价格不一定特别高。这一点可以用下面假定的例子来说明。如果工
125 厂扩大前的最大产量是 100,000 个单位，扩大以后的最大产量是200,000个单位，那么工厂的扩大和以倾销价出口的新增加产量（情形 B）都会比维持原状（情形 A），或者扩大工厂但把国内价格降到国内销售足以出清新增产量（情形 C）时更大。

总产量	平均生产成本（美元）			价格（美元）		销量		总利润（美元）
	间接成本	直接成本	总成本	国内	出口	国内	出口	
(A) 100,000	1.00	3.50	4.50	4.75	4.75	100,000	0	25,000
(B) 200,000	0.80	2.80	3.60	4.75	3.50	100,000	100,000	105,000
(C) 200,000	0.80	2.80	3.60	3.70	3.70	200,000	0	20,000

上面的例子中已经有意假设，在对价格决定具有实际重要意义的需求方面，价格下降对增加出口销售的刺激作用不如在国内贸易中那么有效。这也就是说，即使国内价格下降比仅仅以相同幅度单独降低出口价格更有效地刺激销售，也仍可以相信倾销是能赢利的。不过，倘若国内需求弹性越大，并且出口价格为能获得所期望的出口销售增加而必须降低得越多，则价格不变或对所有买主都降价将越有可能比倾销更有助于赢利。因此，倾销有助于赢利的程度所要受到的限制，在于厂商是否能够发现出口销售对降价的反应比国内销售更为灵敏。不过，在国内市场拥有垄断但
126 在出口市场面临竞争的康采恩可能会发现，这正是它们产品所处的状况。在上述条件下，只有当降价能增加某种特定商品的国内

总消费时，降价才能增加其销量。另一方面，出口价格的下降对消费可能一点影响都没有，因为它可能仅仅使倾销商的价格同国内市场正在通行的价格一致起来而已。但是，出口降价仍然可能使出口销售急剧增加，因为在降价前没有出口销售的市场上，出口降价或许能够把销量从竞争康采恩那里夺过来。就某种需求无弹性的垄断商品而言，国内价格降低比如说10%，对国内销售量可能不会产生显著影响，但是出口价格降低同样幅度却可能使出口销售由零增加到工厂最大生产能力。同国内市场相比，外部世界消费市场的重要性越大，则越有可能出现这样的情况。[①]

有补贴的倾销

如果倾销是因出口补贴引起，则无论这些补贴是由政府还是私人托拉斯或联合体提供，同国内价格相比，出口降价将以降价幅度抵消出口商的补贴得益，使他的处境同没有补贴时一样。如果获得补贴的出口商之间存在主动竞争，那么受补贴商品的出口价格在正常变动下会比国内价格低，价差是补贴的数额。不过，在实
行补贴后相当长一个时期中，补贴对出口的刺激会大于对生产的 127
刺激。倘若是这样，则提供补贴将导致受补贴商品在国内市场的供给减少，并导致国内价格高于没有出口补贴时的水平。竞争条

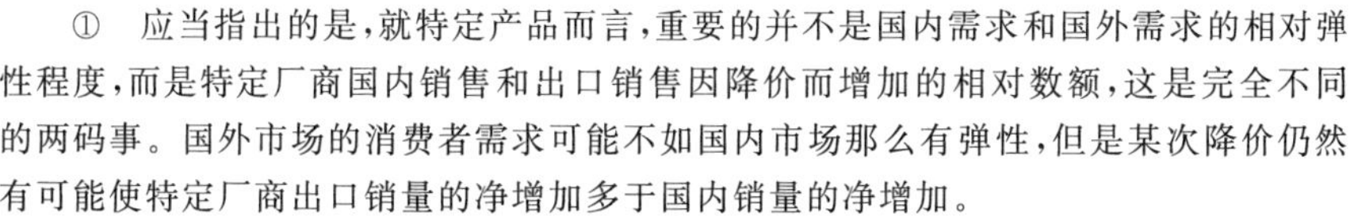

① 应当指出的是，就特定产品而言，重要的并不是国内需求和国外需求的相对弹性程度，而是特定厂商国内销售和出口销售因降价而增加的相对数额，这是完全不同的两码事。国外市场的消费者需求可能不如国内市场那么有弹性，但是某次降价仍然有可能使特定厂商出口销量的净增加多于国内销量的净增加。

件下的出口价格将会比国内价格低出整个补贴额,但不会比没有补贴时可能通行的国内价格低出整个补贴额。在这些情况下,获得补贴的厂商将同时从较高的国内销售价格和单位出口产品包括补贴在内的较高回报中得益。因此,受补贴产品的生产将在一段时间里从出口销售和无补贴的国内销售两方面产生额外的利润,但是受补贴产品的国内消费者却会相应受到损害。

上述推论基于这样的假设,即生产是在产量增加但单位成本不变的条件下进行的。倘若产量受补贴刺激而增加,单位成本随之也上升,例如采掘业可能就是这样,则生产成本的增加额可能高于单位产品得到补贴后从国内销售和出口销售所获收益的增加额。补贴可能会使厂商陷于比无补贴时更加不利的境地。另一方面,倘若单位成本随产量增加而下降,例如迄今只利用了设备部分生产能力的工业,或具有大规模生产效益的工业就可能往往如此,那么,尽管产量增加引起的单位成本下降可能会抑制国内价格上
128 升,但仍会使该工业通过节约成本从出口补贴中获益,成本的节约则是由于补贴对生产规模的影响而引起的。[1]

然而,从长期看,可以预期出口补贴制度会导致该工业扩张到这样的程度,即包括补贴在内的厂商收益会再次与其他工业的收益达到正常平衡,因而受补贴工业并不能从补贴中获得长期的特殊收益。生产将增加,直到单位生产成本上升或者国内价格和出

① 这一推论基本上同由下述可能性作出的推论是一样的,即对成本下降工业进行贸易保护可能导致国内价格下降而不是增加。参见卡弗(T. N. Carver),《国民经济原理》,波士顿,1921 年,第 456 页。但也可参见马歇尔(Alfred Marshall)指出的实际中的限制问题,《经济学原理》,第 6 版,伦敦,第 464、465 页。

口价格下降从而抵消补贴带来的全部额外利润。不过应当记住的是，这里已假设获得补贴的厂商之间存在自由竞争，如果受出口补贴的厂商之间不存在自由竞争，或者补贴提供者规定了最大出口数量，则出口价格可能不会降到国内价格之下，或者降到国内价格之下但价差小于补贴额。如果发生这种情况，出口商或许能够把全部或部分补贴作为额外利润归为己有；在规定了受补贴出口数量限额的情况下，出口价格相对于国内价格也许不会下降，因而补贴制度也可能不会导致倾销。

但是，补贴本身并非从天上掉下来，是必须有人支付的。倘若补贴由政府提供，则财政负担通常落在全体纳税人身上。因此，从社会的角度看，补贴会成为净损失，除非受补贴工业在成本随产量增加而减少的条件下进行生产，从而补贴被由此引起的成本下降所抵消或抵消且有余。大多数在这方面及相关论题上具有权威的论者会坚持认为，在向所有工业提供补贴且不限于出口的情况下，长期补贴应是社会净损失。即使受补贴工业具备成本随产量增加而下降的条件，他们也会认为，没有理由假定若无补贴该工业就不能通过个人努力来获得最大利润，而有了补贴该工业——就其本身而言——便可以在其生产规模扩大不再带来收益之后还能自行赢利发展。但是，当补贴限于出口生产时，似乎会有这样一种可能性，即会有较高的利润——或较低的国内价格——作为补贴负担的抵偿性收益。对倾销进行一般性讨论时所作的推论，在这里仍然适用。倘若所有产量都需要在国内市场销售，那么增加产量并不能使该工业赢利，但若增加的产量低价出口，就可能使其赢利。这里还应指出的是，如果倾销能赢利，则可放心让厂商个人去

干,但为出口产品提供补贴的政府却会带来更多的倾销而不是更多的赢利。不过前面已经指出,对于私人厂商来说,若要进行有计划的倾销并能赢利,则国内市场不存在竞争是个基本条件。对于高度竞争的工业来说,整个工业进行倾销并能赢利,则唯一途径是政府以出口补贴的方式对其倾销给予资助。这种补贴倾销对整个工业来说可能会赢利,尽管需要通过特别征税来负担全部补贴费用。

130 但是,即使在这样的情况下,也存在一个很有说服力的推断,可以否定出口补贴对整个社会具有经济上的赢利性。一个垄断厂商能够调整其出口策略,使之符合当时的特殊情况,并且能够根据倾销商品的数量以及市场条件发生变化时的价格差异来相应地进行倾销。但是政府补贴不可避免地具有任意性和呆板性,只能偶尔对经济上无可非议的倾销在其规模和程度上做出调整。[①]

在由厂商联合体向其成员提供补贴的情况下,许多方面的情况就不同了。由于补贴的负担来自整个工业,补贴就只是资金在该工业内部从一个集团转移到另一个集团。这里的实质问题在于补贴可能引起出口价格下降,这样我们就再次回到倾销的赢利性

---

① 在我看来,陶西格教授在出口补贴问题上所持的观点应作某些理论上的修正,他说:“我们只有接受任何对外销售无论如何都能赢利这一古老而悠久但已被抛弃的说法,才能设想出口补贴对一个国家有好处。”(《自由贸易、关税和互惠》,第104页)在竞争条件下,如果没有官方补贴的刺激便不会发生能使整个国家赢利的长期倾销,除开这种可以设想的可能性外,还存在这样的可能性,即临时出口补贴作为把新产品打入国外市场的手段,在经济上或许是无可非议的。此外,我对下述观点提出异议:“如果支付了一项出口补贴,你就必须把它计入出口商品总成本的一部分,不仅包括直接用于出口商品的劳动,而且也包括出口补贴所含有的劳动。”(出处同上)补贴不应计入出口商品的生产成本。它只是对厂商部分成本的补偿。

这个基本问题上。由单个垄断康采恩进行的直接倾销和由厂商联合体对其成员提供补贴的倾销，二者之间有着这样的实际差异，即后者很难赋予补贴制度灵活性，而在单个康采恩出口策略中却很容易根据情况的变化进行准确调整。

结论 131

几乎每一类可以想象到的倾销在恰当条件下都可能使倾销康采恩有利可图，这种理论上的可能性是存在的，而且有很充分的理由承认，对于成本随产量增加而下降并在受到保护的国内市场上进行生产经营的垄断康采恩来说，使有计划且持续的倾销能够赢利的有利条件可能会经常出现，尤其当外国对其产品需求对价格下降的反应远比国内需求灵敏时更是如此。除了为出清偶尔积压的存货而进行倾销的情况外，没有理由可以假定，当倾销康采恩在国内市场所定价格已能从国内销售带来最大可能收益时，倾销还会引起国内价格或升或降的变化。然而，对于整个国家而言，倾销康采恩得自倾销的利润不会被国内消费者因此产生的有关负担所抵消。在这一利润之外，却不会给社会带来国内价格下降这类形式的额外好处。不过，上述结论并未考虑到同样可能存在的情况：(1)垄断厂商并非有意把国内价格定在高于从利润最大化观点看已是恰当的水平之上，他们或许是因为有可能在外国市场出清剩余产品，受此激励而这样定价的；(2)得自赢利倾销的额外利润可能引起种种压力，迫使倾销康采恩违背其意愿和眼前经济利益来降低其国内价格。受补贴的倾销，无论补贴是来自官方还是非官

方,看来都不如直接倾销那样能赢利,因为很难设计出一种灵活性和弹性很大的补贴制度,足以能对市场条件的变动做出迅速准确的调整。

第八章　倾销对进口国的影响 132

倾销对进口国价格的影响

倾销对受倾销国的影响应从消费者和生产者的不同角度加以考虑。倾销能够影响受倾销国消费者的利益，只是由于它影响了那里的通行价格。对倾销品的消费者来说，由于倾销总能使价格低于没有倾销时的水平，因而倾销持续下去就总能带来好处。不过，应当记住的是，倾销并不必然而且可能并不经常导致在外国市场上销售的价格低于那儿通行的价格。倾销商进行倾销常常只是为了将其出口价格降到出口市场通行价格的水平上。但是，即使倾销商所出价格不低于受倾销国竞争对手的现行价格，他介入该市场的需求供应就会使其竞争对手降价，而他也必须进一步降低自己的价格。如果倾销是为了把一种新产品推介给外国消费者，或者建立新的贸易联系，那么，倾销必然会使定价暂时低于无倾销时会通行的水平。如果倾销是掠夺性的，或者导致在某个外国市场与所有其他国家的竞争厂商展开激烈价格竞争，那么很明显，倾
销至少将决定进口国目前的通行价格水平，并使之低于无倾销时 133
的水平。倘若这些掠夺性倾销成功地达到了目的，则受倾销国消

费者暂时获得的好处,却在长期中会被外国厂商通过倾销最终实现的高价所抵消并且还不够。确实,掠夺性倾销往往达不到完全或部分垄断控制价格的目的;即使原有的竞争对手被驱逐或被征服,新的竞争对手也可能取而代之,倾销商可能不得不长期低价销售,或者放弃垄断控制的目标。然而毫无疑问,只有在倾销长期持续的情况下,受倾销国的消费者才会有可观的绝对的利益。

由于上述复杂性质,很难找到倾销给受倾销国的消费者带来利益的确凿证据。如果倾销必然或经常导致销售价格低于进口国的现行价格,甚至必然导致所有销售价格,无论是倾销商的或其他厂商的销售价格都低于没有倾销时会通行的价格,那么,仅仅倾销的发生就足以证明倾销市场的消费者至少暂时获得了好处。但是,倾销商往往以出口市场的通行价格进行销售,倾销对价格的影响便会被掩盖。要说明消费者获得明显的——哪怕是暂时的——好处,就必须证明受倾销国的价格低于倾销前的水平,并证明价格的下降不是由于同时起作用的其他因素所造成。[1]

在缺乏倾销前和倾销期间有关市场总体条件以及价格实际统
134 计数据的情况下,要作出这样的证明无论何时都会是一项困难的且近乎不可能完成的工作。不过,人们一般都承认,在欧洲实行出口补贴制度时期,食糖进口国的食糖价格明显比实施补贴前或没有倾销时的价格低。在实施补贴的许多年里,英格兰的食糖价格

① 这一观点显然没有考虑某些可能性。可以想见,倾销会引起价格相对的而非绝对的下降;它可能不会导致价格低于倾销前的水平,但它可能阻止了若无倾销则会发生的价格上涨。不过,所有这些可能性在原理上是一样的,因而关注问题的最简单形式就已足够。

异常地低。根据 1902 年《布鲁塞尔糖协定》取消补贴后，英格兰的食糖价格急剧上升，虽然上涨幅度小于终止补贴时的全额补贴幅度。① 然而，尽管很难从统计上准确说明进口国消费者得自倾销的利益，但并不会根本削弱前面所作的预期，即消费者会得益，并且可以设想其数额还很大。

倾销品若是原料或某一制造阶段上的产品，其即时“消费者”买来用作进一步加工，倾销带给这些消费者的好处一般说来就更实在、更令人信服。很显然，19 世纪后期英国耗糖工业的大发展，很大程度上归功于欧洲甜菜糖补贴引起的倾销，英国食糖异常的 135
低价，蔗糖生产商为能在最重要的市场销售其产品，也不得不迎合甜菜糖的倾销价格。欧洲食糖补贴制度不仅刺激了原糖倾销，而且也刺激了成品糖的倾销。在成品糖倾销的压力下，同时在原糖和成品糖人为低价的刺激下，英国食糖加工业发展受阻并衰落了，而饼干、糖果、果酱和腌制食品等制造业却兴旺发达了。所列举的这些工业在补贴取消后仍然十分繁荣，虽然繁荣程度不如原先的估计；它们在补贴制度实施期间获取的资金实力、商业优势以及技术发展在补贴制度终止后仍然存在，成为工业竞争中的潜在优势，这些优势正是这种人为状况的一个结果。

鹿特丹钢铁工业的繁荣通常也被归因于获得德国倾销价原料。1903 年英国贸易部一位调查员报告说，英国的耗钢制造业因获得德国和美国倾销价钢铁而大获赢利，有时仅仅由于买到了倾销价原料就能成功地进行生产。② 这方面有个令人困惑的事例。

① 参见美国关税委员会，《殖民地的关税政策》，1922 年，第 699 页。

② 《关于托拉斯出口策略的备忘录》，第 308、326 页。

由于无法同美国钢铁公司的倾销马口铁板竞争,威尔士的马口铁工业从加拿大市场,可能还有别的市场被驱逐出来,但还是保住了其他一些市场,并加强了它在国内市场的地位,原因就在于低价获得了重要的原材料——钢,这也是美国钢铁公司生产并在南威尔士倾销的产品。[①] 英国转口贸易的重要性也归因于多年前的一个事实,当时其他国家经常在英国倾销产品,结果消费者发现在英国
136 购买这些产品比在原产国购买要有利得多。[②]

对于倾销品的买主来说,如果倾销能保证持续下去,那么从这些消费者的角度看,倾销引起的降价好处如此明显,也就没有理由反对倾销。当消费者是最终消费者,倾销品又是消费品时,即使存在倾销突然停止的危险,倾销本身还是很少会受到消费者的反对。他们通常会利用低价机会,尽管这种低价可能只是他将受异常高价之累过程中的一个阶段。对于制造商,他以倾销价获得原料的机遇却是一种非常靠不住的好处。倘若他新近没有对其企业进行投资,或者并未受原料人为低价的刺激而扩大其投资,又倘若他能保证在倾销一旦停止时仍然可以获得原先的供货来源,而且条件不比倾销未发生时差,那么他并不需要严重关切倾销突然停止的可能性。但是,倾销商通过倾销可能会获得其产品的垄断控制,一旦得以建立这样的控制他就会实行高价,价格之高足以抵消低价

① 威廉·斯马特(William Smart)就美国钢铁公司的这种出口策略十分贴切地说:“这使人想到一支攻城部队把弹药和粮食偷偷运进被围困的城里。”《重归保护贸易制度》,第 152 页。

② 大不列颠,贸易与工业萧条调查委员会,1886 年,《第二报告,证词记录》,第 1 部分,第 218 页。

倾销带来的暂时好处而有余。倾销的停止可能使企业所投资本一钱不值，如果它仅在获得倾销价原料情况下才能生产赢利的话。一个工业，倘若其生存依赖于持续获得人为低价的原料，则它便建立在一个不稳定的基础之上。 137

如果只考虑消费者的利益，则限制倾销品进口无论如何是不明智的，道理上甚至还应认定这样的进口应当受到鼓励。由于担心接受了看得见摸得着的眼前利益而可能在不确定的将来遭受更大损失，从而拒绝这样的利益，这实际上是为免受较小风险却付出了超额的保险金。对未来不那么畏怯的另一个进口国的竞争厂商会获得倾销原料暂时低价的全部好处，并可能在倾销持续期间由此获得世界市场的优势地位，即使倾销终止，他们的这一地位也不会轻易被取代。在这方面，英国耗糖工业的历史再次提供了恰当的例证。英国耗糖工业从倾销食糖人为低价中获得的好处比其他国家的耗糖工业更多，因为在自由贸易政策下，英国制造商比实行保护贸易政策国家的制造商从廉价进口获得了更多的好处。

倾销对进口国生产者的影响

如果倾销品在受倾销国没有生产，并且是一种消费品，那么只要倾销不会导致垄断及垄断价格，或者倾销不会阻止进口国在正 138
常国际竞争条件下建立新工业，倾销就显然对进口国有利。但是，如果倾销商品与进口国国内产品相竞争，那么国内厂商所受的损害就要用消费者获得的好处来抵消。无须详细论证的是，消费者的得益说到底是整个国家的得益，而且，倘若国内工业所受的损害不如消费者的得益大，则廉价进口品对进口国来说是一种利益。进口商品的低价是人为造成的，并不是正常的低价，但这无论如何不会削弱它带给消费者的利益，除非这种低价仅仅昙花一现。从进口国整体角度看，只有在能够料想到倾销给国内工业带来的损害大于给消费者带来的好处时，才有经济上反对倾销的理由。只有站在最苛刻的贸易保护主义立场上，才会认为是否允许倾销商品进口只应取决于倾销对国内厂商的影响，而不考虑它带给消费者的利益。[①]

倘若倾销肯定会无限期延续下去，或者至少延续很长一个时期，则倾销带给进口国消费者的长期利益，应当被看得比国内厂商所受的损害更为重要。如果国内工业竞争不过倾销进口品，则它将其资本和劳动转移到其他商品的生产中去，会更符合国家利益，尽管转移过程的代价可能很大。干涉持续倾销基本上等同于干涉一般进口，因为进口商品是以国内厂商竞争不过的价格销售的。即使外国产品相对较低是由于人为的原因，而不是由于原料来源、
139 技术效率、更廉价或更有效的劳动以及气候等方面比较优势所造成的生产成本基本差异，只要能肯定外国厂商这种人为优势将无限期保持下去，问题的本质就不会受影响。

然而，从进口国的角度来看，倾销的罪恶正在于它的延续时间不能确定。即使倾销看来会持久，也极少有这样的事，即倾销肯定将持久，而进口国生产者与消费者会自行调整来适应无限期延续

① 关于持续倾销带给受倾销国的利益的精彩论述，参见陶西格《自由贸易、关税和互惠》，第 10 页及以下各页；另参见狄茨尔(H. Dietzel)，“自由贸易与劳动市场”，《经济学杂志》，第 15 卷(1905 年)，第 4 页：“确实，恐惧廉价是一种很奇怪的恐惧”。

的倾销价格。只有在倾销因为官方补贴制度成为出口国长期政策而发生的情况下，对进口国个人才显得安全，他们可以假定倾销会无限期持续下去并且不会突然中断来安排未来的事务。仅在补贴倾销下，进口国才能获得预想中长期倾销的好处，不必同时承担倾销短期发生而带来的巨大风险。实际上，进口国无法事先区别会无限期持续下去的倾销和不出几个月或几年便会中止的倾销。一般说来，任何倾销在事后都被证明不是突发性的，便是短期的。

与国内贸易减价销售相对应的偶发性或突发性倾销，它对消费者的好处或对厂商的损害都相对不重要。这类倾销证明会扰乱国内厂商的利润收益，但看来不会影响他的生产规模或商务。在大多数事例中消费者从突发性倾销得到的好处可能不会都被国内
厂商受到的损失所抵消。对于大规模销售进口商品，并在为其顾 140
客讨价还价方面有特长的商人来说，阻止突发性倾销可能会带来值得考虑的后果。[①] 对突发性倾销进口品实行惩罚或禁绝，在任何情况下都不值得承受由此而产生的管理负担。

从进口国角度来看，倾销的首要威胁来自间歇的或短期的倾销——稳定而有计划地持续数月或数年，在达到目的或失败后便中止的倾销。短期倾销，无论抱有什么目的都可能对国内工业造成严重损害，甚至将其完全摧垮。消费者从短期不正常低价获得的好处可能不足以抵补国内工业的损失，包括在已投资本、所雇用

① 加拿大百货商最会抱怨并反对加拿大反倾销法的实施。他们声称，这部对所有倾销一律加以惩罚的法律，使他们无法同其他国家尤其美国进行讨价还价或购进特别便宜的商品。长期的损失必定主要落在他们的加拿大主顾而不是他们自己身上。（参见美国关税委员会《关于倾销的通报》，第 30 页。）

的劳动以及管理能力等方面的损失。倘若倾销被用来建立今后不正常的高价,则更会给倾销进口国造成净损失。因为倾销不仅会便利倾销商获得垄断控制,而且也使国内工业在倾销持续期间蒙受损失,生产设备的扩建受到阻止,削弱了国内工业有效益地为市场服务的能力,以及与同行或外国生产对手进行积极价格竞争的愿望。关于间歇倾销对进口国的不利,威廉·斯马特做了很好的阐述,值得全文摘引:

> 任何时候,如果我们知道有些外国人以比我们低50%的价格把生铁和钢板发运给我们,那么我们就应知道将会发生什么
> 141 样的情况,那就是,我国将不会再有人生产生铁或钢板。然而,现在我们又知道,倾销货将是断断续续的,只是在我们继续生产相同产品时才保持廉价。它的不确定性就是它的罪恶。当其他国家繁荣昌盛时,进口较少,我们的制造商能够获得不错的价格;当这些国家萧条衰退时,倾销商品就会进口,把利润夺走。我很难相信这种断断续续的低价销售对我们是件好事。它不是对创新和效益的激励。把它称为"不公平竞争",我确实还有点犹豫。但这不是我们所期待和欢迎的竞争。任何成本的监管和节约都无法应付它。无论何时,一个制造商或许只能维持很短的时间,因为一个出色的行业被希望出清多余存货的外国厂商从他手中夺走了。
>
> 但是,由于倾销是断断续续的,雇主们不会牺牲其固定资本并改换行业。他们苦苦支撑,希望倾销会停止。他们短期会坚持下去——但这意味着固定资本的浪费,生产组织的浪费,

以及劳动力的浪费。与此类似，工人也不会转移到其他行业中去。他们可以暂时容忍，希望倾销是短暂的。然而这短暂的时间也是被浪费的时间。我们的制造商可能值得全社会的奖赏。他们可能已经做了一切能够做的事，保持了低利润和低价格。但看来不幸的是，他们可能会不时被两手空空地抛在一边，而这并不是由于他们的过错。倘若以色列人中有制作吗哪*的人，他们专门将其财产和能力用来向同伴提供早餐面包，那么我想，他们甚至也会对无偿赏赐吗哪的上帝心怀不满。[①]

产品倾销进口造成损害所引起的怨愤，主要来自大多数拥有重要制造业的国家，尤其是大不列颠、美国、加拿大、瑞士和意大利。有充分的理由让人相信，许多事例中确有值得抱怨的缘由。作为欧洲补贴制度产物的英国食糖加工业，作为德国倾销产物的意大利和瑞士的钢铁工业，作为德国官方出口补贴产物的美国酒精蒸馏业，它们所经历的不幸便是恰当的事例，还可以举出许多其他事例。这一问题的另一个方面有所不同，即一国厂商在第三国市场受到另一个国家倾销的损害。欧洲在大不列颠和美国市场倾 142
销甜菜糖就使得蔗糖生产商处于这样的境地。然而，在受倾销损害而产生的抱怨中，还是有许多夸张的因素。国内制造商对外国竞争对手的出口价格和国内价格往往缺乏了解，也就不清楚外国竞争压力到底是来自倾销还是来自外国厂商生产方面的比较优

* 基督教《圣经》中传说古代以色列人经过旷野时获得的神赐食物。——译者

① 《重归保护贸易制度》，第149—151页。

势。如果制造商们强烈感受到外国竞争的影响,他们会对外国竞争或外国不公平竞争手段发起指控,却拿不出任何证据来支持这些指控。他们往往表现出一种令人叹惜的偏执,不分青红皂白把一切外国竞争都认定是不公平竞争。当他们实际上想寻求更多关税保护措施来对付一般外国竞争时,往往就把外国倾销作为要求实施更高进口关税的借口。在许多事例中,倘若从他们的抱怨中除去其中的夸张、歪曲、对事实的不当分析,甚至完全撒谎等因素,则所说的倾销损害或许是微不足道的。

1903 年在英国发生激烈的关税争论期间,英国制造商需要针对外国倾销得到保护的说法起了重要作用,引起对特定情况下倾销对受倾销国工业的影响进行从未有过的极为充分的验证和讨论。英国钢铁制造商当时强烈抱怨德国和美国的倾销,其中有的人声称,他们正受到倾销的严重损害。但是,情况表明,最主要的
143 抱怨者中有两个正是钢铁制造业最大的康采恩,正当他们声称因外国倾销而陷入破产危险时,他们的生产却呈现出前所未有的一派繁荣景象,于是,这些抱怨也就失去了大部分说服力。另一个钢铁制造商却唯恐这样的抱怨会使英国公众转向关税保护政策,要求利用倾销问题发难的保护主义者只举英国一家已因外国倾销而破产的钢铁康采恩作为事例,并宣称他知道有许多人由于获得外国低价倾销的原材料而摆脱了严重的资金困难。[1] 从这一争论所

① 关于这一争论,参见约瑟夫·布列尔斯福德(Joseph Brialsford)在《泰晤士报》致约瑟夫·张伯伦(Joseph Chamberlain)的信,伦敦,1903 年 11 月 30 日;威廉·斯马特,《重归保护贸易制度》,第 154 页及以下各页;《关于托拉斯出口策略的备忘录》,第 308 页及以下各页;《观察家》,1903 年 11 月 1 日。

能得出的正确推论看来应该是,英国生产外国所倾销的原材料的厂商所受损害还不足以被加工生产钢铁制品的厂商得自原材料廉价倾销的获益所抵消。倾销促进了钢铁生产转向制成品生产,而英国钢铁工业已经发生的变化也要求必须发展制成品生产。

这一事例不仅说明在考虑国内厂商抱怨受到外国倾销损害时必须谨慎小心,而且也必须明智地避免对倾销的经济影响作出不恰当的判断,明智地认识到适用于大多数情况的一般规律有可能并不适用于某些特定的情况。例如,时常有人坚持认为,虽然一般
说来,间歇倾销对不得不同倾销品竞争的国内工业是有害的,但若 144
该工业在国内市场上已长期拥有不容争议的控制地位,则一次偶发性倾销可能会给它的进步和效率带来所需要的刺激。[①] 另一方面,以异常低的价格获得倾销原材料,可能会使另一个工业得以保留过时的设备和无效率的生产方法与手段,倘若它必须为其原材料支付正常价格,则会迫使它实现生产方法的现代化。

自由贸易与倾销

比起为数相对很少的保护主义经济学家来,自由贸易经济学家总体上(也有某些著名例外者)更倾向于缩小两方面的可能性,即倾销可能对倾销国有利,但可能给受倾销国带来损害。特别是在最近几年英国关于食糖补贴的争论和一般关税争论中,许多自由贸易论者均认为,限制倾销品自由进口,同一般保护主义限制进

① 参见大不列颠,《战后钢铁工业委员会报告》,1918 年(Cd. 9071),第 29 页。

口一样都是不合时宜的。另一方面,一些支持反倾销法的人坚持认为这种立法并不违背自由贸易原则,因为它并不干预正常贸易过程,相反是要阻止贸易脱离正常的并且在经济上适宜的轨道。这些观点针锋相对,其相对价值很大程度上取决于反倾销法所需采取的特定形式。但是,若无重要的保留,总体上这些观点都是不能接受的,二者都具有一定的正确性,但正确的回答却介于二者之间。

145 极端自由贸易论者认为倾销与正常进口之间没有什么原则差别,他们比本义上的自由贸易基本原理走得更远。被许多经济学家认为是构成正常条件下自由贸易无可辩驳理由的国际贸易“正统”理论,与倾销问题并没有什么直接关系。它建立在长期考虑之上,并建立在现有竞争条件无限延续的假定之上,尽管这些假定往往并不明确。如果无保留地完全承认这一理论,我们就有正确的理由反对限制廉价进口,只要有确切的理由预期廉价商品进口将一直持续下去或者起码持续很长一个时期,就可以不管廉价的原因是什么,哪怕国内现有工业因此受到威胁。坚持采用关税保护的人所列举的理由中并没有经济方面——不同于军事或感情或政治或社会方面——的理由,可以用来对反对限制**持续廉价**商品进口的自由贸易理论作出恰当的辩驳。

如果某种外国商品的廉价是因为外国厂商拥有生产条件方面的优势,并且,如果这一优势明显不是来自暂时或人为的条件,那么自由贸易论反对进口限制的论据便完全成立。但是,倘若有充分理由让人相信外国商品的廉价只是短暂的,则自由贸易论的假定便不符合现实情况,自由贸易理论也就不再有依据反对干预廉

价商品的自由进口。自亚当·斯密(Adam Smith)以来,即使最坚
定的自由贸易倡导者也承认,当进口限制能使国内某一工业得到
发展,并在不久以后确实具备应付外国竞争的实力时,这种限制至
少有理论上的依据。一个已长期经受住外国竞争而生存下来的现 146
有工业,倘若它受到外国反常竞争的威胁,那就更有理由对它实行
暂时的保护。不过,倾销导致的外国商品的廉价十有八九是暂时
性廉价。外国厂商以倾销价格出口的现实情况,使我们有充分理
由推断,这些价格只是暂时的反常低价。

某个康采恩确实有可能在很长一个时期里进行倾销;或者,在
高关税庇护下,倾销康采恩的国内价格反常地高,而其出口价,即
使是倾销价,却可能是正常的价格。因此进一步的问题是如何看
待低于平均生产成本但在长期仍能使倾销商赢利的倾销价格。不
过,总体上说来,有关证据有力支持了一个结论,即倾销看来只是
暂时地或至少间歇地发生。大量倾销都是那些在国内市场能够实
行垄断或半垄断价格的厂商进行的,但在特定事例中却不可能把
异常低的倾销价格同能给生产成本带来合理收益的倾销价格区分
开来。对倾销一刀切地进行限制,很多情况下会使生产和贸易脱
离正常定价时所遵循的轨道。尽管如此,证据的重要性在我看来
全在于用它来检验这样一个结论,即这种限制的净效果,应在于它
能比没有限制时更好地使生产和贸易符合正常经济优势的地理分
布。事实上,如果自由贸易学说被看作积极的学说——即应把贸 147
易与工业保持在自然轨道上,而不只是消极的学说——即立法机
关无法迫使贸易和工业脱离自然轨道,那么,用该学说来反对针对
倾销的限制,不仅徒劳,反而可以说它是提倡这种限制的。当倾销

具有掠夺性目的时,消除这种倾销显然绝对符合自由贸易原则,正如消除不公平竞争完全符合在国内贸易中展开自由无碍竞争的一般原则。

然而,肯定存在这样的事例,对倾销品的进口限制不是因为其价格的低廉,也不是因为其价格低于国内的通行价格,而是因为倾销价格被推断是反常而暂时性的低价。同限制倾销进口相比,理论上更有理由要求对低于生产成本价格销售的进口商品实行限制,而不论进口品价格是否低于其国内市场价格。商品以低于生产成本的价格销售必然只能延续有限的时间,而倾销却可能无限期地延续下去。人们更多地注意倾销而不那么注意低于生产成本的销售,这部分地是因为人们普遍以为二者是一回事,或者至少所有后者的事例也就是前者的事例,但也是因为这样一个事实,即确定倾销是否存在不是一个难以克服的管理问题,反之,要全面地确定外国生产成本却可能困难重重。

第九章　抵御倾销的普通保护关税 148

阻止倾销的普通进口关税

在19世纪美国和其他国家的关税争论中，认为需要利用关税来保护国内工业免受倾销损害的观点经常被人反复提到。实际上，保护贸易者和自由贸易者都始终同意，如果保护性关税足够高，便能有效阻止倾销。就关税问题而言，这方面的唯一分歧在于，倾销产生的威胁是否真实或严重到必须采取保护政策来消除这种威胁。不过，最近几年，一些经济学家已经对普通进口关税抵御倾销的有效性提出了质疑。著名德国自由贸易学派经济学家狄茨尔(H. Dietzel)最充分地表达了这种观点。① 狄茨尔认为，对于"偶然可能发生的倾销"，除非采取"禁止性"保护关税，否则便难以抵御。他清楚地说明，他所说的禁止性关税是指"诸如美国、俄国

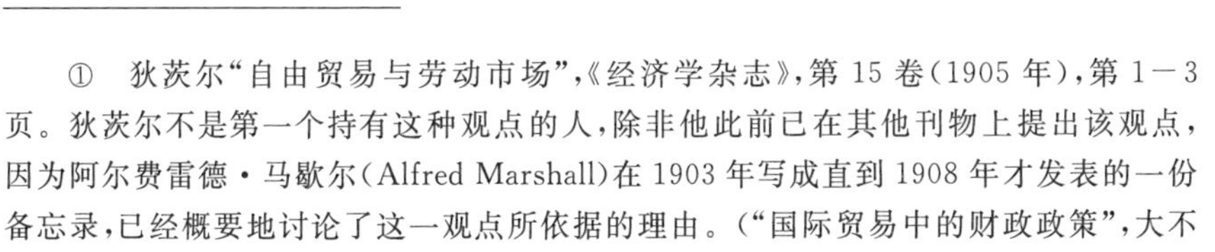

① 狄茨尔"自由贸易与劳动市场"，《经济学杂志》，第15卷(1905年)，第1－3页。狄茨尔不是第一个持有这种观点的人，除非他此前已在其他刊物上提出该观点，因为阿尔费雷德·马歇尔(Alfred Marshall)在1903年写成直到1908年才发表的一份备忘录，已经概要地讨论了这一观点所依据的理由。("国际贸易中的财政政策"，大不列颠，《下院文件》第321辑，第26页)。

以及某种程度上法国所征收的关税——即税率为百分之四十、五十、六十甚至更高的从价税。”庇古(Pigou)在答复狄茨尔时走得更远。他认为,如果征收从量税,那么针对偶发性倾销,保护贸易国家同自由贸易国家是没有什么区别的。但他又认为,如果征收从
149 价税,则保护贸易国家要比自由贸易国家更多地面对倾销的威胁。[①]

这些作者就此所持的观点与那些被普遍接受的理论相反,但他们的推断看来比一些作者更有说服力[②]。然而,通过严格检验,可以发现他们的论点所依据的假设,要么直接与事实不符,要么虽然适用于可能发生的情形,但适用程度很有限。这是可以证明的。狄茨尔观点的要义包含在下面几段话中:

> 例如,假定英国对铁征收10%的关税,而比利时今后将比目前少生产并少出口给英国。但是,如果比利时已过度生产,引起比利时价格下跌,那么一部分剩余产品仍会销往英国,结果英国铁贸易将被打乱。一个温和的保护贸易体制并不能保证其他国家过度生产造成的洪水不会冲破天然关税壁垒。……
>
> 其次,被人忘记的是,面对倾销危险的自由贸易国家受到

① 庇古(A. C. Pigou),“狄茨尔教授论倾销与报复,”《经济学杂志》,第15卷(1905年),第436页及以下各页。

② 参见格雷戈里(T. E. G. Gregory),《关税:方法研究》,第180页:“某些理论要点这里需经检验。第一个问题是保护贸易和自由贸易国家对待‘倾销’的相对态度。狄茨尔教授在这方面最早作出恰当的分析,他的观点又由庇古教授做了有益的批评和补充”。格雷戈里在“简明”阐释庇古观点时,一些重要方面确实是从庇古观点出发的。

> 一种实际保护，即在正常条件下，自由贸易国家所有国内产品的价格都要**低于**其他国家。……
>
> 因此，面对倾销危险，一个自由贸易国家自然得到保护。在保护贸易国家，确实必须缴纳关税；但是，如果受保护产品的价格比自由贸易国家高出关税的税额，那么倾销危险在保护贸易国家和自由贸易国家将正好相等。①

狄茨尔否认温和的保护能对偶发的反常廉价商品的冲击构成 150
障碍，所依据的理论是，一种既定商品的价格在保护贸易国家通常要比自由贸易国家高，其差额为关税全额。暂且可以承认，一项只是平衡国内成本——包括正常利润在内——与外国正常价格之间差额的关税，并不是针对倾销进口品的保护措施；要想采取保护措施既阻止外国正常价格竞争，又阻止外国倾销，则保护贸易国家必须征收超过国内价格与外国正常价格之间差额的进口关税。如果正常竞争条件下国内产品成本同外国正常价格一样低，那么通常并不需要针对外国正常价格竞争采取保护措施，但是，任何所征收的进口关税应当充分发挥阻止外国商品倾销进口的作用。

假定英国对钢征收每吨 5 美元的关税，并假定英国钢的生产成本高于比利时的正常价格，差额为该关税额，比如说，每吨钢的

① 狄茨尔，见本书第 137 页注 1，第 2、3 页。着重号原文已有。狄茨尔尽管使用了“倾销”一词，但看来他所考虑的是自由贸易国家和保护贸易国家对待剩余产品以异常便宜却不是明确的倾销价格大量进口所持的相对态度。不过这并不影响争论。他不认为温和的保护能对偶发的反常廉价商品的冲击构成障碍，不管这种廉价限于出口价格，还是包括出口国国内价格在内。他的看法所依据的推理是两种情况无论哪一种，要么都有效，要么都无效。

价格英国 35 美元,比利时 30 美元。比利时与英国之间的运输成本虽然很小,但加上 5 美元进口关税已能保护英国阻止比利时钢以比利时正常价格进口。然而,面对比利时倾销,英国一点也未得到保护,[①]但她可以通过提高关税,使之超过英国与比利时正常价格之间差额的办法来确保按她所期望的程度进行保护。

151 另一方面,假定英国没有进口关税,两个国家都生产钢,都以每吨 30 美元的价格销售且能赢利,并假定运输成本很小。面对以比利时正常价格 30 美元进口的比利时钢,英国不需要关税保护。但是,假定比利时人降低其出口价格,征收关税就能以关税高低的程度保护英国市场免于比利时倾销。如果关税为每吨 5 美元,比利时人要想在英国销售钢就必须把出口价格降低 5 美元,而在没有关税时,比利时**任何**降价都将获得英国的定单。

在第一种情况下,现有进口关税有温和的提高,而在第二种情况下,再次温和提高进口关税,达到能够阻止倾销的程度。狄茨尔可能需要回答对其推论的下述批评:(1)他的论点基于这样的假定:尽管英国征收关税,但比利时仍一直以其正常价格向英国出口钢,因此英国价格必定超过比利时的正常价格,差额为关税;(2)他承认"禁止性"关税是对付偶发性倾销的有效壁垒。然而,倘若问题真的就在于**正常发挥作用**的保护关税和自由贸易在抵御倾销时的相对有效性,那么,第一点是回避了所要讨论的问题,而第二点仅是术语诡辩。如果英国关税是有效的保护关税,则比利时无法一直在通常条件下以比利时正常价格向英国出口钢。一项关税只

① 不过,另可参见本书英文版第 156 页。

有限制了进口，才能算作保护关税；而且，在通常条件并且忽略运
输成本的情况下，也只有当关税超过国内价格与外国价格之间差
额时，它才能限制本国也有生产的商品的进口。如果说这种关税
是禁止性关税，那么除了下面将提到的某些例外，所有有效保护关 152
税，不论其高低都应算作是禁止性关税了。

当然，确实有这样的情况，在运输成本可以忽略不计时，一项
进口关税正好同国内价格与外国价格的差额相等，它为国内工业
提供了一定的保护，同时又能使某些商品进口正常地继续进行。
当产品单位成本随产量增加而上升时，如果国内需求量大于国内
较低成本下的产量，那么低进口关税虽然不会阻断进口，但会增加
国内工业赢利条件下所能提供的国内消费份额。美国对原料征收
进口关税显然就是这样产生作用的。糖的国内价格比外国价格高
出相当于关税的数额，但这一关税仍然能对国内糖工业提供一定
的保护，并使之扩大生产且赢利。不过，这样的条件实际中只限于
在国际倾销中不占重要地位的原料萃取工业产品。即使制成品，
也可能暂时出现这样的情况，即国内市场逐渐被国内工业所控制，
进口关税的存在可能会促进国内生产能力的扩张，从而吸收所有
国内需求，尽管在最终达到这一步之前，外国货一定程度上可能仍
在继续出口销售，国内价格也仍可能比外国价格高出相当于关税
的数额。在制成品不绝对相同，因而不能仅以价格为基础进行竞
争时，进口关税有可能使国内产品增加，满足国内需求，同时又不 153
阻断进口。在国内市场运输成本很高的情况下，温和的进口关税
可能使国内厂商获得部分国内市场的完全控制，但可能会把另一
部分国内市场的控制留给外国厂商，并使剩余的国内市场在国内

及外国厂商之间分享。然而,这些情形即使不算例外也不会很常见。可以认为,在通常情况下并且在长时期中,完全一样或基本一样的制成品不会同时既在国内生产又从国外大量进口。由于倾销很大程度上限于这样的产品,因而也就无须像狄茨尔那样假定征收保护关税情况下,征税国价格通常要比外国高出相当于关税的数额。不过,倘若是征收财政关税的话,狄茨尔的推论是正确的;关税并不见得是针对倾销的壁垒。但也有少数这样的事例,一国会关心某些商品的倾销进口,并对其征收进口关税,而这些关税起着或想让它们起到财政关税的作用。

庇古接受狄茨尔论点的要旨。他用更明确的词语复述了狄茨尔的假定,即征税国价格比其他国家高出相当于关税的数额。①他试图证明,如果关税是从价税,则倾销给征税国和自由贸易国家造成的危险并不一样,给前者的要大:

> 狄茨尔命题的要旨在于,外国剩余货物在比如英国和其
> 他国家的销售不会受其中某国在港口征收进口关税的影
> 154 响——或者换言之,剩余货物倾销的危险对保护贸易国家和
> 对自由贸易国家是一样的。然而,情况并非如此,除非假定该
> 关税是**从量**关税,而狄茨尔教授并未作这样的假定。如果是

① 《经济学杂志》,第15卷,第437页:"征收10%关税的国家的价格通常会比其他国家高10%。"另参见该作者《进口保护关税与优惠关税》,第75页:"一个有剩余货物的国家会试图把这些余货推销到广阔的地区。由于保护贸易国家的正常价格会比自由贸易国家高出相当于关税的数额,该国也就没有动因向后一类国家比向前一类国家销售更多货物。"

> 从价税，危险就不一样，对保护贸易国家比对自由贸易国家要大。假定关税为10%，并假定外国人正常情况下向两类国家都出口部分有关商品。那么，除运输成本外，保护贸易国家的正常价格要比自由贸易国家高10%。结果，这个外国人把在保护贸易国家的售价降低5%就会引起他必须支付的税额，因而他还会把在那里的售价再降低5%以上。另一方面，在自由贸易国家，他的售价只能降低与其收据价格一样多的金额。因此，就收据价格这样一笔损失而言，他在保护贸易国家比在自由贸易国家能更多地降价，如果其他条件不变，他因此能够在保护贸易国家卖出其大部分剩余货物。①

143

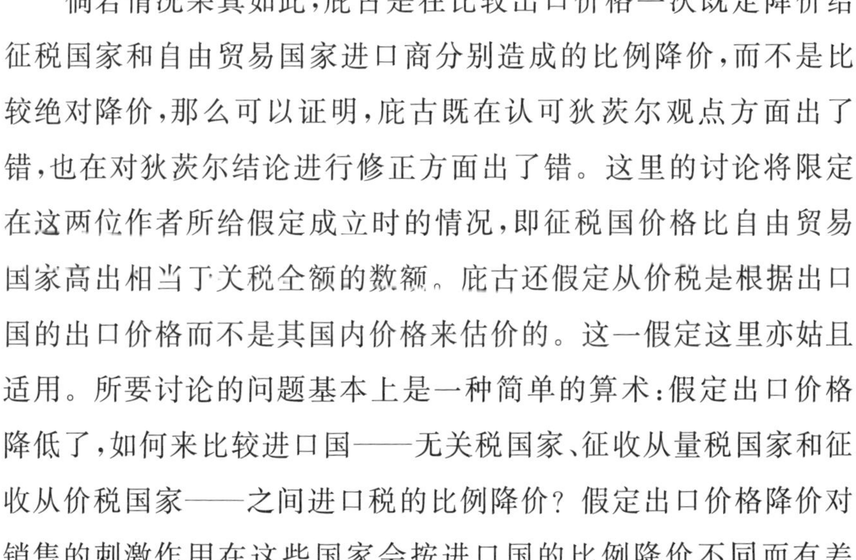

倘若情况果真如此，庇古是在比较出口价格一次既定降价给征税国家和自由贸易国家进口商分别造成的比例降价，而不是比较绝对降价，那么可以证明，庇古既在认可狄茨尔观点方面出了错，也在对狄茨尔结论进行修正方面出了错。这里的讨论将限定在这两位作者所给假定成立时的情况，即征税国价格比自由贸易国家高出相当于关税全额的数额。庇古还假定从价税是根据出口国的出口价格而不是其国内价格来估价的。这一假定这里亦姑且适用。所要讨论的问题基本上是一种简单的算术：假定出口价格降低了，如何来比较进口国——无关税国家、征收从量税国家和征收从价税国家——之间进口税的比例降价？假定出口价格降价对销售的刺激作用在这些国家会按进口国的比例降价不同而有差

① 《经济学杂志》，第15卷，第439页。

异，比例降价则由既定的出口降价所引起。

假定出口国国内价格是1美元，并假定进口国A不征收关税，B征收50美分的从量关税，C征收出口价格50%的从价税。如果不考虑运输及其他进口费用，则A国价格将为1美元，B国1.5美元，C国也是1.5美元。现在假定，出口价格降到80美分。A国价格现为80美分，比先前下降了20%；B国新价格为1.3美元，下降了$13\frac{1}{3}\%$；C国新价格为1.2美元，下降了20%。换言之，如果外国出口商倾销引起的进口国比例降价是对付倾销的有效措施，那么狄茨尔和庇古的下述观点就有错误：征收从量税的国家不比自由贸易国家更好地抵御倾销，即使征税国的价格要比其他国家高出相当于关税的数额；庇古还错在他认为自由贸易国家比按出口价格征收从价税的国家更好地抵御倾销。

另一方面，如果庇古置相反现象于不顾，考虑出口商倾销在不同进口国引起的绝对降价而不是比例降价，并且仍然假定征税国价格比其他国家高出相当于关税的数额，那么，他的论点的解释范围便十分有限。倾销在按出口价格征收从价税的国家会造成比自由贸易国家或征收从量税国家①更大的绝对降价。事实上，从价税越高，征收从价税国家价格下降超过自由贸易国家和征收从量税国家价格下降的数额也将越大。不仅如此，当国内产品与进口
156 产品之间存在竞争时，可以想象，进口商品降价引起的销售刺激可能更多地取决于价格下降的绝对量而非比例量。

① 如果该特别税与原先的从价税相等的话。

然而，事实上，极少关税法是以外国商品出口价格作为关税征收的基础，如果出口价格低于外国市场价格时更不会这样。在大多数运用从价税的国家，关税至少在理论上是按外国市场价格或按多少独立于出口价格的官方所定的价格来征收的。[①] 倘若情况确实如此，因倾销而征收的从价税就会同从量税起完全一样的作用，庇古的论点——即使可以假定在衡量降价对销售的刺激作用时，重要的是进口国的绝对降价量而不是比例降价量，针对倾销征收从价税的国家仍然不如征收从量税或自由贸易国家那样更好地得到保护——也就根本站不住脚了。如果可以假定比例降价对进口国来说很重要，那么，即使征税国的价格要比其他国家高出相当于关税的数额，征收从量税的国家和不按出口价来征收从价税的国家也都会比自由贸易国家更好地抵御倾销，保护自己。[②]

① 参见格雷戈里(T. E. G. Gregory)，《关税：方法研究》，第 302 页及以下各页。庇古在其他著作中说明他知道这一情况(《进口保护关税与优惠关税》，第 75 页)。

② 把阿尔费雷德·马歇尔对这一问题的看法同这两位作者上述的看法作比较是很有意思的："认为一个托拉斯或卡特尔在英国比在它惯常销售的其他市场更容易销售其剩余货物，这看来只对了一部分。应当承认，如果关税数额固定，那么，未完税商品的一次降价会使其完税价格相应地下降，但下降比例小于无关税时价格可能下降的比例，因此，对销售的刺激或许并没有那么大。……(如果实际中降低对倾销商品征收的关税，比例上同出于需要而特别降价相称的话，这一论点当然也可以倒过来说。假如这一做法奏效，则会使倾销商品进入它惯常销售但受保护的市场比进入自由市场要稍微容易些。")——《国际贸易中的财政政策》，第 26 页。着重号为原文所有。

马歇尔重复并用着重号表示限定短语"在它惯常销售的市场"，以此谨慎地避免给人造成这样的印象，即其推论适用于保护关税高得足以阻止无倾销时的进口。他假定，对进口国起决定作用的是比例降价而非绝对降价。他认为，即使关税并不高得足以阻止无倾销时的进口，但若关税是固定的，则仍然会给倾销造成某种障碍。但是，当他认为按出口价格征收从价税的国家要比自由贸易国家更容易遭受倾销时，他就犯了与庇古同样的错误。(实际上，似乎是马歇尔导致庇古犯了这一错误的。参见《经济学杂志》，第 15 卷，第 439 页注释。)

157 进口关税，引起倾销的一个原因

超过国内价格与外国正常价格差额的进口关税，以及未超过这一差额的进口关税（但相差很少，并且除开按出口价格征收的从价税）使得倾销的发生会困难得多。然而，这样的进口关税可能不仅不能防止倾销，而且还得为若无这些关税本不会发生的倾销负责。许多倾销康采恩解释说它们进行倾销是由于外国对它们的产品征收关税的缘故。它们声称，如果没有进口关税，原本会以其国内正常价格向外国买主销售，但是倘若它们在受保护市场上必须同本地厂商竞争，也就不得不降低它们出口价格。在某些事例中，为了克服关税壁垒，出口商销往高关税国家的价格会低于销往低
158 关税或自由贸易国家的价格。[①] 不过，这里并不是要接受狄茨尔的推论。阻止倾销的障碍在受保护国家比开放市场更大，但若要进行销售，则倾销的必要性通常也会更大。

一项进口关税，就是一项抵御倾销的保护措施。根据上面讨论的限定条件，也只有当关税超过国内价格与外国正常价格的差额时，它才是一项保护措施。但是，关税越高，外国厂商就更有可能被迫进行倾销，如果他要想在受保护市场上进行任何销售的话。假定美国国内自由价格同外国正常价格相等，并假定美国对进口商品征收关税，那么美国的关税越高，外国人发现他要想获得美国

① 参见《外国制成品在美国的销售》，第 1 部分，第 63 页；第 3 部分，第 8 页；《美国工业委员会报告》，第 13 号，第 727 页。

定单就必须将其出口价格降得越多。

在这种情况下，进口关税可以看作是引起倾销的原因。但是，并不能因此就可以说，美国征收关税或每次提高关税都会使它面临的倾销增多。再假定，只要美国征税，外国厂商就会降低其出口价格，那么他每次降低出口价格后，他在美国的销售并不一定会好转，而出口贸易的获利状况却会相应变坏。因此，美国征收关税将会限制他的出口销售规模，尽管出口规模由于他为实现销售进行倾销而相应增加。如果外国厂商能够降低出口价格来对付美国征收关税，并且能相应降低出口价格来回应美国关税的每一次上调，那么就竞争能力而言，美国厂商在每一步上所处的境地都同没有关税时一样。在上述情况下，关税带给美国厂商的唯一好处在于外国厂商降低出口价格的能力不是无限制的，到一定程度会放弃克服关税壁垒的企图。

同样，当外国厂商通过相应降低出口价格来应对美国关税每一次上调时，美国消费者并不受进口关税上升和外国出口价格下降综合的影响。对美国消费者来说，价格仍然不变。另一方面，对美国财政部来说，则显然能获得征自倾销商品的全部关税的好处。因此，当进口关税取决于外国倾销程度时，关税的征收并不会改变国内厂商和国内消费者的处境，但它能给财政部带来一笔收入，其负担全部落在外国厂商头上。

普通进口关税，不令人满意的反倾销手段

虽然普通进口关税可以阻止倾销，并且当它足够高时可以完

全消除倾销，但是不能因此就可以说，为了防止倾销，实行保护关税或提高现有关税是达到这一目的的最好办法。普通进口关税会阻止进口，而不论进口商品是否以倾销价销售。关税争论中利用幼稚工业论以及后来实施这一理论的历史表明，把对进口商品征收普通关税的权力交给一个立法机关会导致这一权力的滥用，而这样做的本意是只有当倾销发生或造成威胁时才行使这一权力。约翰·斯图亚特·穆勒(John Stuart Mill)最早为强调保护贸易而提出新兴工业论。由于该理论被错误地用来采取普遍的保护贸易政策，并且由于本来明显仅是临时或尝试征收的进口关税普遍
160 变为同其他关税一样具有永久性，而不顾受保护工业在摆脱关税保护方面的成败，这些都使得穆勒改变了对新兴工业论的支持。[①]曾经有过许多要想永久采取或提高普通关税保护的尝试，有些还成功了，提出来的理由是有必要利用这种保护作为针对外国倾销的临时性保护措施。自由贸易者确实可以怀疑为争取贸易保护而提出的倾销论的可靠性，并且拒绝这种理由，哪怕他承认它在理论上是正确的。[②] 不管怎么说，倾销对进口国的损害和威胁并没有

---

① 参见《政治经济学原理》，第 4 卷，第 10 章，第 1 节；《约翰·斯图亚特·穆勒通信集》，伦敦，1910 年，第 27 页及以下各页，第 57 页及以下各页，第 154 页及以下各页。

② 比利时关税史上的一个事件令人信服地说明，保护贸易者经常利用的倾销理由缺乏可靠性。1895 年比利时采取贸易保护行动，农民党成功地促使通过一项法令，比利时对面粉征收高额关税。这一关税表面上是要抵消法国谷物进口关税可转移退税制度导致的间接出口补贴。但是，该关税适用于来自所有国家的面粉，却不管这些面粉是否得到了补贴。此外，自 1892 年以来，法令全书上一直有一项法令，授权比利时政府对任何在原产国受到出口补贴的进口品征收与补贴数额相等的抵消税。换言之，尽管已有一项适用的法令，可以有效地消除受补贴商品的进口，但是针对受补贴进口商品的保护要求还是被当作实施普通保护关税的借口。(参见科佐乌(M. N. Cosoiu)，《近 40 年来比利时的贸易政策》，斯图加特，1914 年，第 28 页及以下各页。)

严重到如此地步，仅仅为了抵御倾销就征收一项保护关税或提高现有关税。[①]

如果说授权政府在发生倾销时征收适用于所有进口商品的普通进口关税是针对倾销唯一可采取的保护手段，那么，当倾销真的发生时，实际上也就不可能对这种关税的实施加以限制，而且在不 161
管是否发生倾销对所有进口商品都一律征税的情况下，又必然会持续征收下去。这种不可能性和必然性会使人宁可继续进行倾销。不过，针对倾销威胁能够提供切实保护，同时又不致引起会抵制外国正常竞争的过分保护的种种进口关税，其专门种类的发展已经使得这种保护在其他条件不变时要比给予幼稚工业的那种保护强有力得多。此外，大致准确地判断特定事例中外国竞争是否凭借着暂时且反常的价格，这也是一般政府行政能力范围内的任务，要不然也就不能判断某一幼稚工业是否已经成熟、健康、有活力，足以抵偿在其幼稚时期人为哺育它而付出的成本。

保护贸易国家的反倾销立法

在进口商品已经被征收普通保护关税的情况下，自由贸易者会举出正确的理由来反对反倾销立法。根据自由贸易原则，后者是在限制外国正常价格水平上的竞争，因而（通常说来）站不住脚；倘若国内厂商受到实际关税保护，他就应当经受得住外国的倾销

① 参见斯马特（William Smart），《重归保护贸易制度》，第167页："不管怎样，如果保护贸易是对付倾销的唯一药方，我们就会很犯难。一个人可能会受点风寒，但应该反对服用某种会让他昏厥的药。"

竞争。这一推论显然不是要呼吁那些维护普通保护关税的人应当分清是非曲直，而是要指出两个不相干的问题没有被区分开来，一个是外国正常竞争问题，另一个是外国反常或人为条件下的竞争
162 问题。然而，即使保护贸易观点可以接受，也还有个反对附加倾销税的问题。倘若普通关税税率有意定高，就足以使国内厂商获得立法者认为完全能应付正常和反常外国竞争的关税保护。许多关税法尤其是美国和加拿大关税法中的行政条款表明，立法者充分预料到进口商偶尔会以低于外国厂商的国内市场现行价格购买外国货的可能性。关于关税的立法辩论经常暴露出普通进口关税的用意在于提供充分的保护，抵制所有形式的外国竞争。[①] 可以肯定，说谨慎调整关税是为了“使外国与本国成本相等”，这不是老实话，这样的关税不曾有过，而且也别指望将来会有这样的关税。说关税的目的虽然是保护，但会限于温和的税率，这同样不是老实话。在普通关税定得充分高，针对外国正常和反常竞争都能提供一般保护的情况下，就可以合情合理地要求——说期望是过于乐观——在实施仅适用于倾销的附加关税时，应当相应降低普通关税税率。

① 参见《纽约商会简报》，收于《众议院，财税委员会关于关税总修订的听证会》，1921 年，第 4,232、4,233 页。

第十章 针对官方出口补贴的抵消性措施 163

出口补贴制度

出于私人意图有计划地大规模倾销，正如已经阐述的那样，必然是垄断或半垄断控制下大规模生产的发展带来的结果。然而，倘若对出口提供直接或间接的官方补贴，[①]倾销也可以由小规模且高度竞争的厂商有计划地进行。具有17世纪和18世纪重商主义制度显著特征的那种出口补贴在19世纪初已经普遍消失。但不久便被一种新的间接出口补贴制度取而代之，后者与重商主义时期的补贴方法有所不同，是不公开的并且不易被查明，或多或少被隐蔽在复杂的法规中。这些补贴有三种主要形式：(1)对已缴纳国内货物税的出口产品退税，数额超过实际征收的税款；(2)对利用已征收过进口税的进口原材料制造的出口商品退还关税，数额
超过对这些商品的原材料实际征收的进口税额；(3)对利用某种应 164

---

① 关于官方出口补贴，直接一词一般是指公开的、承认的补贴，而间接一词则是指进行这样的补贴，即超额退还各项所征税款，或者超额退还对用于出口商品生产的进口品或原材料所征的进口关税。

缴纳进口关税的原材料制造的出口商品提供退款,尽管实际制造和生产中利用的原材料来自本国而非进口。最后这种出口补贴主要是法国和德国有计划地使用过,退款一般是有条件的,要提供证明书,在法国是证明用于制造或生产出口商品的原材料与进口原材料种类相同,在德国则是证明与进口原材料种类相同或相似。这些证书可以转让并有市场价格,而且根据特定的退款制还有种种作假的可能。例如,法国面粉厂商出示一份外国小麦进口证书——他已将外国小麦磨制成面粉在国内市场销售,就有可能从用法国小麦磨制的出口面粉获得一笔退款。用法国小麦磨制面粉的法国出口商还可以从曾经进口外国小麦磨制面粉并在法国销售的其他面粉厂商那里弄到小麦进口证书,凭此获得出口退款。这些小麦进口证书往往由法国缺麦地区的谷物进口商卖给有余麦地区的面粉出口商。在德国,提供一份外国黑麦或大麦的进口证书,竟也可以从用德国小麦磨制的面粉出口获得退款!

这些间接补贴并不提供给所有商品,主要提供给欧洲的面粉碾磨业、制糖业和酒精业。上述主要三类补贴也有许多细小的形式变化,整个制度通常包含在错综复杂的立法与技术当中,局外人极难发现补贴的存在,查明补贴的数额。有时在那些直接受到补贴影响的当事人之间甚至还会发生争论,争论出口关税是否已经
165 支付。例如,一条现行退款条文可能是作为对某个时期出口贸易或对某些出口商的补贴而生效的,但也可能在对其他时期或其他出口商不恰当地退还实际已征税款时有效。在德国,把小麦进口关税退款给出口面粉时所依据的是官方任意裁定的现有数量面粉和磨制这些面粉所需小麦的比例,由此引起的出口补贴提供给磨

制粗面粉的厂商，亦即要用很多小麦来磨制面粉的厂商，而不是提供给生产精细面粉的厂商。利用这些花招的政府常常不愿承认是他们造成了出口补贴，哪怕其他国家海关官员完全有证据加以证实。有些事例中，补贴确实是无意的，尤其在食糖方面，要维持进口税退还制度或对出口商退还所征国内税的制度，就几乎不可能不经常作出修改，这并不会给政府和制糖业带来难以承受的管理负担，即使管理不够严格，最多也只是偶然会给予某些厂商以超额退款。[①] 看来也的确如此，倘若一个国家希望维持退税制，则必须以复杂且花费颇大的立法来维护这一制度，不把好处只给予最大的厂商，只退还原先所征税款的适度比例，不时修订退税条款，并根据发生变化了的生产工艺条件进行调整，或者干脆承认某些情 166
况下的退税被用作出口补贴。不过欧洲国家政府在建立退税制时——这些制度当时或后来都起了出口补贴的作用，其动机可能很单纯，只要进口国不采用抵消税予以抵消，许多欧洲国家就会根据重商主义理由，宽容甚至便利退税制的采用。有时候，干脆就不再隐瞒退款的意图。

双边协议中的反补贴条款

然而，许多进口国认为这些出口补贴对其国内工业是有害的，

① 补贴有时是无意的，这可以用下述事实说明：英美两国对精糖出口的退款有时会在某些等级上超过对进口原糖所征的关税数额，尽管这两个国家没有一个要故意提供补贴。参见美国，《对外关系》，1888 年，第 690 页，以及美国财政部，《年度报告》，1887 年，第 18 页；大不列颠，《杂录文件》，第 5 号，1902 年，第 33 页。

而且是不公平的,因而试图消除出口补贴。最早使用的方式是极力在贸易协定中写入某些条款,约定退还给出口商品的货物税或进口税不得超过对这些商品或制造这些商品所用原材料实际征收的税额。现代贸易协定的这一特征在英国贸易政策文献中没有受到关注,但作为现今反补贴和反倾销立法方面的前车之鉴却有着历史性的影响。保证不提供出口补贴曾是19世纪下半叶欧洲大陆国家贸易协定谈判的一个共同特征,1900年以后签订的协定中也有一些写入了这样的保证。[①]

1862年法国与德国关税同盟签订的协定可能是第一个包括
167 一项反补贴条款的协定。不过在这个协定中,只是由法国单方面保证,并且只适用于货物税的超额退税问题。法国在这个协议中自我保证退还给出口商品的货物税税额不超过对这些出口商品或制造这些商品所用原材料征收的货物税款。[②] 在奥地利与德国关税同盟1865年签订的协定中,这样的保证是相互的,并且适用于公开的或直接的出口补贴,还适用于货物税和进口税的超额退税问题。[③] 以后包含反补贴条款的协定一般都模仿这一样式,虽然

① 我发现有29个协定包含有反对补贴的保证,其中7个是在1900年以后签订的。法国、奥地利、意大利、瑞士和德国,按排列的顺序,先后频繁达成包含反补贴保证的协议。俄国、英国和美国似乎从未在某个双边协定中保证不提供出口补贴。欧洲以外国家作出这种保证的唯一例子是加拿大与法国于1910年签订并于1922年再次签订的协议。

② 《英国与外国的官方文件》,第55卷,第301页。

③ 诺曼(L. Neumann),德普拉松(A. de Plason),《奥地利签订的协定与条约汇编》(N. S.),第4卷(1877年),第18页:"第五条第二款。缔约各方对本国出口产品给予的补贴应该用于抵消进口国征收的进口关税及其国内税的税额,超出这一税额部分的出口补贴应予以禁止。"

会有一些小的差别。有些条款只涉及间接补贴，这可能是因为现今直接的官方出口补贴已经很少，要求保证不设立这种补贴就显得过分谨慎。1881 年奥地利和塞尔维亚达成的协定包含了措辞有点相悖的条款："不应征收进口关税的货物出口时不应接受退税。"[①] 1904 年意大利和瑞士的协定各方都保证未经另一方同意， 168
不得以任何形式对任何商品提供出口补贴。[②]

这些协定中的保证在消除它们所针对的行为方面完全无效。法国、德国和奥地利这些经常自我保证不提供出口补贴的国家，都是在包含这种保证的协定生效期间仍然提供出口补贴的典型国家。没有一个协定包含有强制实施惩罚性关税或其他反补贴保证的条款。签约方的良好信誉以及其他签约方对违约行为采取报复的可能性是履行保证的唯一担保，但也并不能达到目的。许多事例中，提供出口补贴的国家并不愿承认它们提供出口补贴，也没有更高的权力机构宣判它们提供了出口补贴。在 1902 年《布鲁塞尔糖协定》以前，没有一项有记录的事例表明某个国家为履行其协定义务而取消出口补贴的，虽然某些国家因为在协定中作出过保证而可能没有再去设置出口补贴。

① 威廉·费尔德(Wilhelm Feld)，"反倾销，补贴条款和抵消税"，《社会科学和社会政策档案》，第 44 卷，第 474 页："已纳入自由贸易的产品在出口时不应给予出口退税。"费尔德把这一条款解释为针对一般退税的保证，目的是阻止通过规避协定来滥用补贴条款。该条款的含义这样来解释更合理：在并未征收进口关税的情况下，不应以退税为幌子实行出口补贴。

② 《20 世纪国际协定汇编》，1904 年，第 272 页，第 8 条："协议各方彼此保证，除非征得另一方同意，否则不得对任何商品以任何名义或任何形式提供出口补贴"。

补贴抵消税

旨在废除出口补贴制度的协约归于失败,这导致许多国家制定法令,对接受直接或间接官方出口补贴的进口商品征收抵消税。最早的这类措施是美国 1890 年关税法中的一项条款,它规定,任
169 何出口国倘若对 16 号荷兰标准色度以上的所有食糖,亦即所有精糖,提供的直接或间接出口补贴高于对含糖量较低的原糖所提供的补贴,则除征收普通关税外还要每磅加征一厘钱的关税。[①] 1892 年,比利时制定了第一个补贴抵消税通则,授权政府对任何在出口国受到出口补贴的进口品征收相当于补贴数额的附加关税。[②] 美国 1894 年关税法中有一项条款取代了 1890 年关税法关于食糖补贴抵消税的规定,该条款对来自提供了直接或间接补贴的国家的所有进口食糖都征收每磅一厘的附加税。这一条款包括了以后美国类似立法不再有的一款,它向财政部长授权,即使食糖来自提供出口补贴的国家,但若进口商能获得出口国政府的证书,证明该批货并未得到直接或间接补贴,他就有权免除某个进口商的附加关税。[③] 美国 1897 年的关税法包含一项适用范围更广的补贴抵消税条款,对所有在美国应征收普通关税并来自提供直接或间接出口补贴国家的货物一律征收附加关税,数额相当于财政部长所裁

---

① 1890 年 10 月 1 日关税法,第 237 条。

② 米哈伊尔·N. 科佐乌(Mihail N. Cosoiu),《近 40 年来比利时的贸易政策》,斯图加特,1914 年,第 29 页。参见上文第 160 页及注释。

③ 1894 年 8 月 28 日关税法,第 182 条。

定的补贴额。该条款未作任何修改保留在 1909 年和 1913 年的关税法中。在 1922 年的关税法中，这一条款又有扩展，对来自向制造业或生产提供官方补贴的国家的进口货物，以及接受了非官方生产补贴或出口补贴的进口货物，都要征收附加关税。[①] 把抵消
税扩展到在出口国接受生产补贴的商品是合理的。对进口国而 170
言，生产补贴和出口补贴的意义基本上一样；这两类补贴都会导致外国商品的人为低价，并因而使之在同本国商品的竞争中获得人为优势。

在这期间，其他国家也在其关税法中加入了类似条款。1899 年，印度政府正式通过了一项补贴抵消税条例，它仿照了美国 1897 年关税法的样式，实际上与之相同。但有这样一个差异，即在受补贴商品进口时，印度抵消税的征收并不是授权海关当局强制实施，而要由枢密院总督来决定。[②] 1902 年，印度采取进一步措施，模仿 1902 年《布鲁塞尔糖协定》中的“附加税”条款，[③]对来自精糖退税额超过国内税款每百公斤 6 法郎，其他糖类超过每百公斤 5.5 法郎的国家的食糖征收一种从量税，其数额不多于所超税额的一半。[④] 1903 年，英属南非关税同盟实施一项条款，作为关税
同盟协定的一部分，该条款规定对来自任何《布鲁塞尔糖协定》非 171

---

① 1897 年 7 月 24 日关税法，第 5 条；1909 年 8 月 5 日关税法，第 6 条；1913 年 10 月 3 日关税法，第 4 条第 E 款；1922 年 9 月 21 日关税法，第 303 条。该条款在 1897 年、1909 年和 1913 年关税法中的条文，在 1922 年关税法中经过修改的条文，以及对 1922 年所作修改的进一步讨论，参见本书英文版第 268 页以下。

② 关于该条例的条文及其实施的讨论，参见威尔海姆·考夫曼(Wilhelm Kaufmann)，《世界糖业和国际及殖民地法规》，柏林，1904 年，第 125 页及以下各页。

③ 参见本书英文版第 182 页及以下各页。

④ 大不列颠，贸易部，《殖民地的进口税》，1906 年，第 560 页。

缔约国的进口食糖征收一项附加税，税额等于这些食糖所接受的补贴。[①] 瑞士在1902年实行一项措施，授权政府当局在外国政府的措施有损瑞士贸易时，以及在瑞士征收的进口关税被外国出口补贴或类似对外国产品有利的措施所抵消（“失效”）时，就可采取征收附加税这样的被认为能恰当应对局势的措施。[②] 塞尔维亚于1904年，西班牙于1906年，德国和日本于1910年，葡萄牙于1921年也开始实施与比利时1892年措施相类似的补贴抵消法。英属南非于1914年，新西兰于1921把补贴抵消税纳入其反倾销法中。在这两个国家，抵消税适用于在出口国接受了任何种类官方补贴的进口品，无论官方补贴是直接的或者间接的，也不论是对生产的补贴还是对出口的补贴。[③] 这些国家的条款大多数在两个方面与美国1897年、1909年以及1913年关税法条款不同：附加税适用于所有受到官方出口补贴的进口品，并不只限于普通关税下的应税进口品；抵消税的征收由政府或某个高级官员来决定，而不像美
172 国法律所规定那样授权海关官员来决定。后一方面的差别，在实践中证明是很重要的。美国经常征收抵消税，既对来自许多国家的进口商品征收，也对许多种类的进口商品征收。[④] 除印度1899

① 威尔海姆·考夫曼(Wilhelm Kaufmann)，见本书第157页注2，第129页。

② 瑞士1902年10月20日关税法，第4条：“一般地，当外国采取的措施具有阻碍瑞士贸易的性质时，以及当瑞士关税的作用被出口补贴或类似好处抵消时，联邦会议获准有权采取在它看来能恰当应对这些情况的措施”（法国，财政部，《统计与比较立法简报》，第53卷，第724页）。

③ 参见本书英文版第211、232页。

④ 关于美国征收补贴抵消税的商品，以及这些商品的进口来源国，见美国财政部：《关税裁决摘要》(1908－1915)，第376页及以下各页；《关税法汇编与依法所作裁决摘要》(1916年)，第2辑，第1,532页及以下各页。

年和1902年以及英属南非1903年征收的抵消税外，似乎再没有一个事例是实施非强制性条款的。根据1899年法令，印度在一些案例中对已在出口国接受出口补贴的食糖征收了抵消税；在实施1902年法令时，也有一些案例，对来自某些国家的进口食糖征收了抵消税，这些国家对进口食糖征收的关税超过对本国食糖征收的国内税，差额大于法令中特别规定的数额。[①] 英属南非也常实施仅适用于受到补贴的进口食糖的1903年法令。[②] 不过在这两个国家，制糖工业处境特别，它在启动实施补贴抵消税法令以及刺激对受到补贴的进口食糖实施法令这两个方面是一个重要因素。除了食糖，各国似乎再没有一个对其他商品征收非强制性补贴抵消税的事例。当然，应该指出，没有征收这样的抵消税是因为没有征收的机会，甚至可以说，抵消税的存在对出口补贴的大大减少起了作用。但是，至少间接形式的出口补贴仍然存在。法国贸易部长最近就宣称，在一些事例中，早有必要让外国政府注意到法国1910年关税法中的补贴抵消条款，从而保证中止或废除出口 173
补贴。[③]

美国征收抵消税十分严格，或许还十分苛刻。例如进口精糖，若是来自一个虽未提供出口补贴但没有附带精糖所用原糖来源证明的国家，就要征收一笔抵消税，税额等于任一国家支付的最高出

① 大不列颠，贸易部，《殖民地的进口关税》，1902年，第423页；1906年，第560页。

② 同上注，1906年，第560页。

③ 《工业日报》，1923年3月31日。

口补贴额。[①] 有一段时间，美国对所有从丹麦进口的糖都要征收抵消税，尽管实际上只有一个等级的精糖受到丹麦政府的出口补贴。[②]

在美国，法院的裁决都依据本国法律，把抵消税的适用范围扩大到那些在出口国并未接受任何“补贴”一词公认意义上的出口补贴或其他补贴的进口品。1901 年，纽约一个联邦法院裁定，荷兰豁免出口品的国内货物税是现有情况下对出口的一种补贴，因而根据 1897 年关税法中的补贴抵消条款裁定对这些商品征收附加关税。[③] 1903 年，美国最高法院在著名的俄罗斯食糖补贴案中裁定，如果一国向其出口商退还此前对出口品或制造这些出口品所用原材料实际征收的进口关税或货物税，那么，即使这些退款并未
174 超过实际征收的税额，它也是在提供出口补贴。

> 俄罗斯食糖生产、销售、征税及出口方面程序复杂，其细节的重要性远远比不上这种迷宫式管理方法清楚透露出来的两个事实，即不允许未经缴纳每普特 1.75 卢布货物税的食糖在俄罗斯销售，而出口食糖则不必纳税。……如果对所有食糖征收一种税赋，但对所有出口食糖都予以豁免，那么无论这种豁免通过何种程序，采取何种方法，打着何种幌子，它都是

---

① 美国财政部，《财政部决定》，19，108 项。

② 参见大不列颠，《关于食糖补贴的通讯》，1898 年(C，8780)，第 19 页，美国国务院，《对外关系》，1895 年，第 206、207 页。

③ 希尔斯(Hills)公司诉美国政府案，第 99 届联邦众议院 425 号；第 107 届联邦众议院 107 号。

对出口的一种补贴。[①]

在1919年的尼古拉公司诉美国案中(Nicholas Co. v. United States),最高法院不仅裁定英国向酒精出口商提供的一种特别津贴是要补偿他们由于货物税造成的较高生产成本,因而构成补贴;而且还裁定,即使没有提供额外津贴,英国免除出口酒精的货物税仍是一种补贴。[②]

这些裁定显然同有关的经济学原理不一致,同海关当局在处理补贴抵消税时的通常做法也不一致。国会多次申明不把美国对出口品退还关税或货物税视为出口补贴;虽然《1921年紧急关税法》反倾销部分的特别条款把外国退还关税、豁免或返还货物税作为提供补贴的证据,但若进口品在出口国只是豁免或接受了退还的国内货物税,则国会并不认为这是受到补贴的进口品。[③] 法院作出前述裁决所依据的推论,大体上在于美国各法院此前都统一裁定对生产商或其产品特别免除货物税便是一种补贴(或"给予")。然而,从根本上说,这两种情形是完全不同的。如果一个为 175
国内市场进行生产的厂商在同所有本国竞争者相关的产品上得以豁免税赋,则他显然受到了补贴。免税给予他在同其他厂商的竞争中一种特殊的人为的优势。但是,倘若是一种要在外国缴纳货物税的商品,在出口这种商品时退还税款,则出口商无论在国内还

① 唐斯公司诉美国案(Downs v. United States),187 US. 第515页。关于特别强调退还及补偿货物税便是补贴的声明,参见187 US. 第502页。

② 249 US. 第34页。

③ 参见本书英文版第261页。

是出口贸易中都没有获得特殊的好处或优势。同所有竞争者的产品一样，他在国内市场销售的产品是要缴纳货物税的。他的出口产品在同本国其他厂商以及其他国家厂商的产品竞争中，并未从货物税的退还中获得特殊优势。对出口商品退还国内税赋的唯一意义，在于出口商在外国市场同外国厂商的竞争中可以摆脱特殊的人为的不利境地，从而相应地处于同外国厂商平等的地位。

在唐斯公司诉美国案中，法院引用《布鲁塞尔糖协定》中对受补贴进口品的惩罚条款来支持自己的立场。但是，《协定》本身或执行手段中都没有能认可法院关于补贴定义的内容。在同类问题有关的方面，《协定》只是把退税额超过实际征收税额的做法视为补贴。在退还关税方面，《协定》专门指出它所关心的只是退税被“夸大”的情况。[①] 此外，《布鲁塞尔糖协定》在对“补贴”一词作出确切定义方面并没有什么权威，它把略微超过国内税的进口关税也包括在补贴中，而这一定义实际上把保护关税和出口补贴等同了起来。

176 如果美国关税法中的补贴抵消条款由财政部严格按照最高法院的裁定来实施，那么这些条款就应比现在具有更大的重要性。由于外国对原材料普遍征收进口关税，但在加工再出口时给予退税，还由于1914年以来外国出口退还或补偿国内税的商品范围很广，美国在普通关税已经很高的情况下，又按抵消条款对比例可观的进口商品征收附加税。事实上，在最高法院处理的案件中，财政部并没有按法院裁定的那样广泛实施抵消税。每个案件中，由于

① 《布鲁塞尔糖协定》，1902年，第1条(e)款。

有关情况很不一样，出口国是否在提供补贴是令人置疑的。例如在俄罗斯补贴案中，俄罗斯错综复杂的制度要求法院必须弄清楚的并不在于出口退还国内税是否是补贴，而在于俄罗斯给予出口食糖的待遇是否超过了单纯的国内税退还。在英国酒精案中，问题不在于英国对出口酒精退还货物税是否属于补贴，而在于为补偿制造商出口产品因货物税导致较高生产成本而提供的额外津贴是否是补贴。在这两个案件中，最高法院不仅作出肯定的裁决，而且还进一步裁定(尽管以往的裁决是否定的)，由于这两个国家都对出口品退还国内税，所以应对俄国糖和英国酒精征收抵消税。177
每个案件中，财政部根据法院裁决所授权利征收了数额等于外国对出口品货物税多退的税额，但并不顾及裁决的其余要求。[1] 财政部从未试图要对在出口国所获退税或补偿并未超过实际征收税额以及没有获得任何可构成补贴的额外好处的进口品征收抵消税。财政部行使其法定权力，并不顾及最高法院从自身立场出发并根据关税法抵消税条款按补贴的一般字面定义所做出的有关裁决。该条款规定，“所有此类补贴或给予的净额应由财政部长时常进行查明、确定并予以宣布，他应制定一切必要的规章来验明此类货物和商品，并确定和征收这种附加税”。然而，在国会提出异议

① 参见《财政部决定》，第 31,659、33,182 号，以及《总估价师办公室决定》，第 3,577 号。即使为指令海关官员执行唐斯诉美国案裁决而发的《财政部决定》也并未完全恪守法院的裁决。该决定没有要求官员们把货物税的退还或补偿作为补贴来处理，而是指示他们，如果俄罗斯退还货物税同时又向出口商提供能使他们享有进一步豁免税赋优惠的出口证书——这些证书可以转让并有市场价值，亦即只有当俄罗斯出口商既获得货物税豁免或退还又额外获得具有现金价值的某些东西时——退税才应被认定是补贴(《财政部决定》，第 24355 号)。

之前，有保护主义倾向的财政部长就可能利用抵消税条款作为对来自许多国家大量种类商品实施额外保护措施的工具。不过，还是可以对国会寄予很大希望，通过修订补贴抵消税条款，对在出口国获得国内税退还但并未超过实际所征税额的出口品免征附加关税，从而防止这种可能性。

178 布鲁塞尔糖协定

现代出口补贴问题最重要的方面，是欧洲主要糖作物种植国之间的毁灭性竞争。它们通过直接或间接、隐蔽或公开承认的生产补贴和出口补贴向其糖料作物种植业和食糖加工业提供高额补助。人们所期望的补贴对工业的刺激作用很大程度上由于甜菜糖生产国普遍实施补贴而被抵消，[①]还由于某些国家必须承受补贴对国库的严重消耗而被抵消，因为沉重的食糖消费税严重阻碍了食糖的国内消费。食糖补贴史上很早就有许多人看到，普遍取消补贴是符合糖作物种植国共同利益的，但没有一个国家愿意率先这么做，使本国制糖工业在国内市场竞争以及在出口市场上同不愿跟随取消补贴的那些国家的食糖竞争中受到严重损害。补贴制度下发展起来的强大既得利益集团为保证继续实行补贴而施加其全部影响。若要废除补贴制度，所有主要产糖国的这种联合行动是必不可少的；而且，若要保证这种联合行动，来自产糖国本身以外的压力也是必不可少的。

① 即使美国也屈从于补贴风潮，从 1890 年到 1894 年间对食糖生产提供了补贴。

外部压力可能仅仅来自作为受补贴食糖余货重要市场的那些
食糖进口国。对大陆甜菜糖生产国而言，最重要的进口国是大不 179
列颠。英国期望削减它的食糖关税但并不愿意听任其重要的制糖工业遭到欧洲受补贴食糖的竞争；也正是在英国的推动下，才有朝取消补贴迈出的第一步。[①] 1864 年，英国、法国、荷兰和比利时就英国的动议举行谈判，达成了一项《糖业协议》，每一方都同意把退还进口关税和补偿货物税的基准定在协议初步规定的原糖提炼出来的标准产品上，从而取消超过退税额的补贴。协议的每一方都可以对来自有补贴国家的进口精糖征收附加税。[②]《协议》一直生效至 1875 年。由于在规定从原糖提炼的标准产品方面遇到技术困难，以及法国没有履行其义务，因而使得该协议失效。[③] 反复召开的会议未能产生一项解决办法。80 年代初，对进口的受补贴食
糖征收抵消税的要求在大不列颠开始得到认真考虑。1887 年，英 180
国政府威胁要设置这类关税，除非外国取消补贴。不过，这一威胁并未付诸实施，主要是因为英国自由贸易者反对设置抵消税。[④]

① 对食糖补贴问题已有详尽的调查，有关文献汗牛充栋。因此，一份精粹文选足以能为现在的研究服务。关于 1903 年以前食糖补贴问题的最好并且最全面的记载见于威廉·考夫曼(Wilhelm Kaufmann)的《世界糖业和国际及殖民地法规》，该书还列有一份篇幅很长的文献目录。

② 爱德华·赫兹莱(Edward Hertslet)爵士(主编)，《通商条约》。《大不列颠与外国的协定和协议》，第 12 卷，第 199 页。

③ 福切斯(C. J. Fuchs)，《1860 年以来大不列颠及其殖民地的贸易政策》，伦敦，1905 年(译自 1893 版法文本)，第 95 页。协议为规定精糖和不同等级原糖准确的对应范围成立了一个委员会，它在规定范围时采用平均数值，结果引起通常采用原糖特别等级而非平均等级的法国和其他制糖国的不满。[参见罗格林和威力斯(J. L. Laughlin and H. P. Willis)，《互惠主义》，纽约，1903 年，第 170 页]

④ 关于英国自由贸易者对抵消税所持的态度，参见福切斯一书，同上注，第 2 章。

为达成令人满意的解决办法,国际会议不定期地继续举行,但都未取得成功。美国于1890年,印度于1899年设置了抵消税;英国下院于1899年表示拒绝否定印度的抵消税,认为这在同自由贸易原则的潜在冲突中并不会引起对英国惩罚性措施的反对;加上提供补贴的国家其财政负担日益沉重,所有这些因素在压服反对取消补贴的意见中发挥了作用。英国、美国以及英国的自治领和殖民地当时是受补贴食糖的重要出口市场。如果这些国家对受补贴食糖的进口采取特殊限制,那么在出口贸易中,欧洲甜菜糖工业因获得补贴而对无补贴热带蔗糖所拥有的优势就会大部分或完全被摧毁。在一些提供食糖补贴的国家,为向出口补贴提供资金而征收的沉重的食糖消费税很大程度上抵消了补贴对生产的刺激。
181 由于产糖国普遍实行出口补贴,补贴也正在失去刺激出口的作用。随着英国要求取消补贴的主张逐渐强硬——目前对其殖民地蔗糖生产者的关心胜于对其正在衰落的制糖工业的关心,终于有可能使大多数主要甜菜生产国加入一项国际协议,加入协议的国家取消补贴并对来自其他国家的受补贴食糖实施惩罚。1902年,英国和所有除俄罗斯以外的主要甜菜糖生产国签署了《布鲁塞尔糖协定》,它们同意在其领土上废除补贴制,惩罚或禁止进口其他国家的受补贴食糖。俄罗斯拒绝加入该协定,其借口是该协定的范围过于狭窄;如果为消除国际贸易中的不公平竞争而采取国际行动,就应涉及所有问题,包括托拉斯出口策略以及任何人为降低世界市场价格的手段在内,则俄罗斯将愿意在这样的行动中予以合作。①

① 俄罗斯解释其拒绝加入协定理由的备忘录文本见载于大不列颠,《商务一号》,1903年,第6页。俄罗斯于1907年有保留地加入了这一协定。

协定签字国同意不对生产和出口提供直接或间接补贴。就产
糖国而言，要把“超额税”，亦即对外国和本国食糖所征税收的税
差，限制在最多每百公斤精糖6法郎，其他糖为5.5法郎；对来自
提供生产补贴或出口补贴国家的进口食糖征收特别关税，这些特 182
别关税不应少于补贴数额，并可代之以由签字国自行决定完全禁
止进口受补贴食糖。在确定补贴数额方面，“超额税”或者外国税
超过本国税每百公斤精糖多于6法郎，其他糖多于5.5法郎时，其
半额即可被认为是一项补贴。《协定》设置了一个常设委员会，监
督其条款的实施，确定补贴的存在及数额，并对有争议的问题进行
调解。委员会在补贴存在及数额方面做出的决议对《协定》成员具
有约束力。每个成员在委员会中有一名代表，表决实行多数制。①

从禁止出口补贴扩展到禁止生产补贴是合乎逻辑的一步，因为对进口国来说，如果工业受到人为低价进口的损害，不论低价由出口补贴造成还是由生产补贴造成，都具有同样的利害关系。事实上，如果补贴不限于出口而是提供给全部产品，则每单位一定数额的补贴对生产会起更大的刺激作用，并且还会导致更多的出口降价。对缔约国所能保有的“超额税”数额做出限制，并要求把超额部分的半额作为补贴对待的那些条款，其用意在于限制垄断组织倾销食糖，所依据的理论是即便没有官方出口补贴，国内市场的高关税保护也会便利出口倾销，“当政府权力机关强迫、煽动或鼓

① 《协定》文本见载于大不列颠，《杂录文件》，第4辑，1902年(Cd. 103)。全体成员国有相同代表并以简单多数作出决议，由一个这样的委员会实施国际控制还是国际组织历史上鲜有的事例。

励食糖生产商结盟时尤其如此。”①

在大不列颠,有人强烈反对英国加入《协定》,主要理由是抵消
183 税不符合自由贸易原则,但也是因为英国的消费者和用食糖做原料的工业从补贴制所造成的人为低价获得了丰厚利润。大不列颠是在萨利斯伯利(Salisbury)(保守党)内阁时期加入《协定》的,它反对保护措施的态度不如此前执政的自由党政府坚决。然而,也正是在英国的竭力建议下,《协定》允许成员国可以自行决定以禁止进口来取代抵消税。在英国政府看来,禁止进口是对关税保护主义较小的让步和较低的进入门槛。大不列颠在执行《协定》时,没有利用抵消税而是统一利用了禁止进口的手段。当 1908 年要修订或终止《协定》时,再次由自由党执政的英国同意参加扩展的《协定》,唯一条件是免除英国对受补贴食糖征收抵消税或禁止进口的义务,但它同意禁止向任何成员国继续出口用受补贴食糖制作的产品。②

自由党曾经保证,如果竞选成功就要退出《协定》,因为它不符

① 这是未获批准的 1898 年协定中的解释,1902 年协定的超额税条款即引自该协定。参见大不列颠,《杂录文件》,第 5 辑,1902 年(Cd. 1013),第 19 页。另参见格里芬(C. S. Griffin)“欧洲的制糖工业及立法”,《经济学季刊》,第 17 卷,第 24 页。

② 美国关税委员会,《殖民地的关税政策》,第 815 页注释。英国保证不再允许向成员国出口用受补贴食糖制作的产品,这是 1912 年《国际鸦片协定》第三条很有意思的先例,该协定要求缔约国制止向禁止生鸦片进口的国家出口,并且控制向限制生鸦片进口的国家出口。关于鸦片协定的这一条款,美国代表团首席代表汉密尔顿·赖特(Hamilton Wright)先生指出:“关于(第三条的)批准,当一国禁止某种毒品或商品进口时,除非出口商遵守有管制国家的进口管制,否则就应由生产国制止这类商品的出口,这将成为国际商法一条公认的原则。”(第 62 届国会第 2 次会议,《参议院文件》733 号,第 18 页)这一原则扩展到含酒精的饮料对目前的美国非常合适!

合自由贸易原则。后来只是由于糖料作物种植殖民地的紧急呼吁 184
才没有完全履行这一保证。[①]

1912 年，经过修订的《协定》将要到期终止。由于自由贸易者的反对，并由于有人声称《协定》应对在英国已发生的并损害英国消费者和耗糖工业利益的食糖价格上涨负责，大不列颠撤回了《协定》下的所有义务，但同意会提前六个月发出通知，否则不采取背离《协定》基本条款的行动。[②] 1918 年，大不列颠完全撤回了食糖税赋方面的所有义务，但这一次却不说是因为不符合其自由贸易改革。大不列颠此前曾自行保证在《协定》下不对其殖民地食糖的进口提供优惠待遇，而在这时，已正式采用帝国优惠政策的联合政府却已希望摆脱实施改革的限制。同年，法国也撤回了义务，以便能自行对本国食糖生产商提供更有力的关税保护措施。1915 年，意大利也以同样理由撤回其义务。1920 年是荷兰。由于俄罗斯
动荡的政治环境，战争引起某些主要糖料作物种植地区主权发生 185
变化，以及德国因凡尔赛条约而被驱逐出《协定》，[③]《布鲁塞尔糖协定》停止生效。《协定》在达到其目标方面完全获得了成功，在国际性的经济问题上建立国际控制是一项困难的任务，而《协定》却取得了卓著的成就。但是，近年来价格的上涨使得允许向本国生产者提供保护的每公斤 6 法郎*的限制看起来不合情理地低。高涨的保护主义情绪，连同新一代人对补贴制邪恶的忘却，使得国家

① 美国关税委员会，《殖民地的关税政策》，第 185 页注释。

② 同上注，以及大不列颠，《商务一号》，1912 年，第 1、6 页。

③ 参见第 10 部分，第 2 章，第 282、283、292 条。

* 原文如此。从前文看，应为“每百公斤 6 法郎”。——译者

在全面掌握关税政策方面权力的任何让渡都被视为反对恢复实施补贴而必须付出的超额代价。

许多作者和政治家相信,高关税保护也是除糖以外其他商品倾销的主要起因。他们对《布鲁塞尔糖协定》的成功印象深刻,极力主张说消除倾销行为的唯一有效方法是应当模仿糖协定把国际协议扩大适用于糖以外的其他商品甚至全部商品,特别是应当套用其超额税条款。① 毫无疑问,一项含有模仿《布鲁塞尔糖协定》
186 超额税条款,并且不允许任意超出超额税的数额可以免受处罚的国际协议,如果它由主要进出口国签署并强制执行,那么,这项协议即使不能完全消除也能够阻止由于国内市场受到关税保护而保持反常高价所引起的种种倾销。不过,这并未涉及倾销商无需依赖国内市场高关税保护的那些倾销。此外,不论关税立法的目的或结果是否会便利出口倾销,仍有一些迂回倾销的办法,而对其作出的惩罚却会落在受到关税保护的工业头上。除《糖协定》外,至今还没有其他此类协议。在世界转向自由贸易,或者至少十分接近自由贸易以前,看来还不会有此类协议。在历经50年基本上连绵不断的冲突之后终于谈判并达成《协定》,如果补贴制度不会再次达到相同地步,则当年成为制糖业特点的那种冲突极为尖锐的

① 参见杰弗里·德来奇(Geoffrey Drage),《帝国贸易组织》,第138页及以下各页;乔治·戈泰因(Georg Gothein),“钢铁制品关税的国际管理”,《国际经济学杂志》,1904年8月;威廉·费尔德(Wilhelm Feld),“反倾销、补贴条款和抵消税”,《社会科学和社会政策档案》,第44卷,第476页及以下各页;科尔松(C. Colson),《经济政策教程》,巴黎,1903年,第2册,第678页;诺兹(W. F. Notz)和哈维(R. S. Harvey),《美国对外贸易》,第383页及以下各页;诺兹(W. F. Notz),“不公平竞争的新态势”,《耶鲁法学杂志》,第30卷(1921年),第384页及以下各页,“卡特尔、辛迪加和其他联合体形式的国际私人协议”,《政治经济学杂志》,第28卷(1920年),第658页及以下各页。

情形看来已不会在其他工业中发展到同样的程度。

仅仅为推动消除国际竞争中某些值得反对的做法而自愿让渡很大一部分关税自主权，这样的国家不会多。即使《布鲁塞尔糖协定》最终也屈服于保护主义政策的压力，这是很有说明意义的。如果能找到一项解决补贴问题和倾销问题的国际办法，它就必定要有《糖协定》超额税条款以外的其他形式。

补贴抵消税立法的新发展 187

在近年来生效的反倾销法中，明显有一种扩大惩罚性关税适用范围的倾向，不仅适用于倾销本身，而且还适用于各种补贴和津贴，不论后者是官方的或非官方的，也不论其性质如何。1921 年新西兰和澳大利亚的反倾销法——本书另外还要讨论——就把在运费或装运方面接受了津贴或让价的进口品作为征收倾销税的对象。[①] 美国 1922 年的关税法[福德内一麦克康伯法(Fordney-McCumber Act)]包括一项措辞有些含糊的条款。该条款向总统明确授权，当他发现任何外国在其税收中歧视美国贸易，并且因这种歧视而自然给另一个外国带来利益时，当他发现本法律其他条款所规定的针对外国歧视征收报复性关税仍未能有效消除这种歧视时，以及当他由此发现应为公共利益服务时，他可以宣布对因这种歧视而获得利益的外国工业产品征收附加税，以抵消此类利益，但这种从价税不应超过 50%。这种进口商品附加税应在总统发布

---

① 参见本书英文版第 229 页和第 232 页。

公告后30天起予以征收。[①]

这一条款由关税委员会拟写并提交给参议院财政委员会,后188 者在未做充分研究而且看来并不理解该条款意图或意义的情况下,就把它编入了关税法案中。[②] 该条款在参议院受到过注意,但还是被忽略过去,国会中没有一个人就此进行辩论。要发现该条款的用意,就必须提到起草人。关税委员会把该条款解释为大体上类似于为抵消外国官方补贴而征收抵消税的条款。对于应当实施该条款的情况,列举了出口优惠关税制度下会发生的情形:“例如,倘若征收出口差别税使美国工业不得不为其原料支付较高价格而处于不利地位,则这些工业可能要面对任何第三国受到的特别保护,差别关税有利于第三国。”[③]关税委员会第六号年度报告

① 第317条(e)款:“无论何时,若总统发现,任何外国对美国贸易征收不平等税赋或给予上述歧视,或者由于任何外国强加这种税赋或歧视而给任何不是有关工业所在国的外国的任何工业自然带来或可能自然带来利益;无论何时,若总统确定,上述规定的任何某种或某些新关税或附加关税或禁止措施不能有效地消除此类赋税或歧视,以及此类税赋或歧视给任何外国的任何工业自然带来或可能自然带来利益,则当总统发现应为公共利益服务时,他应发布公告规定和宣布按有关条款对此类工业全部或部分产品征收他确定可以抵消其利益的某种或某些新关税或附加关税,但从价税不超过50%或相等数额;对任何从外国输入美国的此类产品,应在公告发布之后30天起按有关条款征收并缴纳公告所规定和宣布的新关税或附加关税。”着重号是我所加。第二处着重号是并不必要的重复,但它还是会使人产生怀疑,外国歧视是否会给任何外国的某项工业自然带来利益,或者说是否必定会给实施歧视措施国家以外某个国家的某项工业自然带来利益,因而此类工业产品应当成为附加税的征收对象。国会委员会的报告或国会辩论都没有挑明这一点。

② 参见《国会记录》,1922年8月2日,第12,278—12,283页。仅作稍许修改后,它便成为整个第317条款。

③ 美国关税委员会,《第六号年度报告》,第6页。(着重号是我所注。着重号部分看来像是关税委员会把该条款诠释为仅仅适用于来自另一个国家而非采取歧视措施那个国家的进口品。)

另一处证词指出，优惠（或差别）出口关税是该条款唯一要反对的一种歧视。[1]

毫无疑问，优惠出口关税相当于出口国提供官方补贴，通常都 189
会给受益进口国的消费者带来好处。这一条款可以看作是抵消税条款，它所针对的是未被一般抵消税条款涵盖的特殊形态的官方补贴。虽然并非一成不变，但总体说来，实行优惠出口关税的只限于殖民地，并且仅适用于向殖民帝国其他组成部分出口的商品。优惠出口关税是葡萄牙殖民地关税政策的一个组成部分；在一些孤立的事例中，西班牙、法国和意大利殖民地的出口关税中也有此类关税。但是对美国来说，最重要的是英国的优惠出口关税。英国自 1903 年以来在马来西亚联邦对锡矿石有限制地实行优惠出口关税，自 1919 年以来还在英属印度对兽皮和皮革实行这种关税。这些优惠出口关税使利用这些产品做原料的美国工业在同英帝国厂商的竞争中处于不利境地。关税委员会认为英殖民帝国的优惠出口关税是对美国工业越来越大的威胁，第 317 条(e)款的生
效无疑受到这种看法的影响。[2] 关税委员会副主席卡尔伯特森 190
(W. C. Culbertson)进一步挑明了这一条款的意图。他说，只要美

① 该证词说："制定(e)条款是为了不致引起对(i)条款的质疑，因为除殖民地外，到处都有歧视性出口关税"（同上注）。这很显然在暗示(e)条款仅是针对歧视性出口关税；因为还有其他形式的歧视，例如各种歧视性内部税或特权以及各种歧视性进口关税等，也会给采取歧视措施的国家的工业或其他受益国家的工业带来种种利益，却会损害美国的贸易。

② 关于优惠出口关税的具体情况，以及关税委员会有关立场，参见该委员会《殖民地的关税政策》报告（第 846 页，附录中的"出口关税"）；另参见该委员会《第五号年度报告》，1921 年，第 54 页，以及《第六号年度报告》，1922 年，第 6 页。

国不在自己的殖民地实行“门户开放”,美国就很难对其他国家的殖民地优惠措施进行惩罚,当国会实施福德内—麦克康伯法案中的这一条款以及相关条款时,所期待的大概并不是“无歧视地对殖民地优惠措施采用惩罚性关税”,而是严肃的外交谈判的起点。[①]

在早些时候的立法中,与福德内—麦克康伯关税法案这一条款相类似但又有所不同的例子,是加拿大政府在1903年向利用菲律宾出产的马尼拉麻纤制作绳索的本国厂商提供补贴,并在1907
191 年又把这种补贴扩大到给予所有生产绳索的厂商。每种情况下补贴额都等于菲律宾对马尼拉麻纤所征收的出口税税额,其意图是要抵消美国制造商由于出口到美国的马尼拉麻纤可以免缴菲律宾出口税而获得的实际补贴。[②] 美国1913年关税法取消了菲律宾出口税,加拿大的补贴条款才停止生效。[③]

① “关税的制定”,《耶鲁评论》,第12卷(1923年),第273页。并没有很多证据说明国会在这一问题上有这样的期望。关税委员会对它自己起草的法律的意图应当是最清楚的。如果需要从司法上确定该条款的含义而法院又发现条文表达并不够明确,那么关税委员会作为起草者所给出的诠释便具有很重的分量,这是符合早已确定的立法原则的。整个第317条款旨在仅仅针对外国歧视美国贸易而不给予最惠国待遇的情况——尤其当它不是按最惠国待遇的要求有条件地作出相互安排时——然而,“差别”一词既意味着对美国贸易有意违背最惠国待遇的差别,也意味着并未违背最惠国待遇的差别,而“歧视”一词仅仅包括后一种含义。根据这两种看法,在整个条款中参议院均以“歧视”一词代替了所有在原始法案中出现的“差别”。帝国内部优惠以往被普遍看作是符合最惠国义务的,要照这种解释就不应实施第317条(e)款。不过很显然,关税委员会并不想设置很多限制;此外,参议院所说的差别待遇和歧视待遇二者之间在含义上是否有这样的差异也非常令人怀疑。如果参议院的解释能够成立,则第317条(e)款也就失去了意义。

② 加拿大,爱德华七世法律第3辑第5章,第6—7辑第5章。

③ 关于菲律宾优惠出口关税的计算,参见美国关税委员会,《殖民地的关税政策》,第592页及以下各页。

第十一章　外国反倾销立法（Ⅰ） 192

1904 年加拿大颁行第一个适用于所有通常形式倾销的一般法律。不久另外一些国家也仿而效之，同加拿大一样，它们也都是英国的自治领。但直到 1921 年，才有较重要的国家进行了反倾销立法。在这一年中，有四个国家包括大不列颠、美国和两个英属自治领颁行了新的综合反倾销法，此外还有两个国家修订其现行反倾销法，扩大了它们的适用范围。在对受补贴的进口品征收抵消税以外，又针对倾销实行立法，这还是相当新的现象。目前，反倾销法已在大不列颠及其五个自治领和美国生效，日本则有一项可以起反倾销作用的措施在生效。加拿大最初的反倾销法在大多数这类立法中都被当作典范来模仿，不过比起加拿大的反倾销法来，有些反倾销法在形式上及实施方式上还是有很大差别的。在本章及随后两章中，将对这些关于倾销的法律一一进行详细介绍。再接下去的一章将对这些法律进行比较和分析，以便找出起草具体条款时或许在起决定作用的那些原则。

加拿大的反倾销法

加拿大 1904 年颁行的反倾销法是由自由党政府提出并使之 193

生效的，很大程度上是为了缓和加拿大制造商咄咄逼人的诉求运动，他们要求必须征收更高的进口关税以保护本国工业免受倾销损害。[①] 自由党在理论上是提倡自由贸易的政党，但它基本上没有履行降低关税的诺言，而且现在已经准备听取众多追随者尤其是农民的诉求——后者的诉求已经引起“农民起义”，一个独立的农民党已经形成并在迅速壮大。另一方面，制造商又是两党竞选资金的重要来源，近年来已能明显控制关税立法的趋向。面对这种窘境，政府从反倾销法的实施中找到了巧妙的解脱方法，给予制造商所声称需要的特别保护，同时又不必提高普通关税税率而引起农民的对抗。财政部长费尔丁（W. S. Fielding）在提出这项议案时声称，以普遍且永久提高关税壁垒的办法来应付特殊和短暂的倾销事件并不科学，恰当的做法是他所提议的，即对倾销品征收特别关税。[②]

反倾销条款于 1907 年曾作过修订，但并未对原先条文作出多少实质性改动。该条款修改后如下：

> 1.[*]在某种或某类出口到加拿大的商品在加拿大亦有制造或生产的情况下，倘若给予加拿大进口商的出口价格或实际销售价格低于相同商品在出口国向加拿大出口当时其国内
> 194 通常和正常销售过程中的公平市场价格，则对进口到加拿大

① 参见爱德华·波里特（Edward Porritt），《加拿大保护贸易制度 60 年》，第 406 页。

② 加拿大：《众议院辩论》，1904 年 6 月 7 日，第 4,365 辑。

* 原文如此，似应为 1。——译者

的商品将在已有关税之外再征收一项特别关税（或倾销税），税额等于出口品销售价格与国内消费公平市场价格之间的差额；即使此类商品不属应税商品，也将征收、缴纳和支付这种特别关税（或倾销税）。

规定任何情况下所指特别关税均不应超过从价税的15%；

规定下述商品应免征这类特别关税，即：

(a)已另行规定所征关税相当于50%从价税的商品；

(b)在加拿大应征收货物税的商品；

(c)在联合王国加工的精糖；

(d)用新西兰大麻、龙舌兰或牵牛科纤维、西沙尔草和印度麻捻制的以及用两种或两种以上这些纤维混合捻制的单股且长度不超过每磅600英尺的打包绳或收获物打包绳。

规定对享受英联邦特惠税的进口品，在为征收特别税而估价其市场价值时将不把货物税计算在内。

2.本条款“出口价格”或“销售价格”应是指并包括出口商所出货物价格，但不包括在向加拿大直接出口地装船后的所有费用。

3.无论何时，如果内阁总理根据关税部长的报告认为，按该部分条款规定应缴纳的特别税因寄售货物装船前未曾销售而被规避，则内阁总理可以在任何案例或任何情况下授权采取必要的行动，对这些商品或这些商品的任何部分征收特别税，并且就按这些商品装运加拿大之前已经出售给加拿大进口商的情况来同等征收。

4.如果进口品未缴纳足额特别关税，则应修正海关报单，并根据关税稽征人员的要求缴纳不足部分。

5.关税部长可以制定这类必要的规章来实施和强化实施本部分条款。

6.如果关税部长认为有关商品在加拿大并不大量制造或
195 销售，并且在相似情况下以相同条件向所有购买者进行销售，此时考虑到关税税收和贸易惯例，这类规章可以规定对任何商品或任何等级的商品暂时免征特别关税。

7.当商品的公平市场价格和对进口商上述销售价格之间的差额仅占其公平市场价格很小比例时，这类规章也可以规定对任何商品免征特别关税。[①]

在1904年的法律中，普通关税应税商品适用倾销税的范围是有限制的，金属杆是一个例外。[②] 但是，现在所有进口品，无论是普通关税下的应税商品还是自由商品，只要是加拿大也生产的某种类或某等级商品都适用于倾销税。在原先的法律中，可以征收最高倾销税的有：少数指定产品征收15%的从价税；所有其他产品征收普通关税的一半，实际上通常最高等于15%或再低一些的从价税。现在适用于所有商品的最高倾销税均为15%的从价税。过去普通关税下征收50%从价税因而可以免征倾销税的商品，现

① 《加拿大法规集》，1907年，爱德华七世法规第6—7集，第1—2卷，第134页。

② 加拿大金属杆生产商对美国倾销损害的抱怨尤其多也尤其强烈。这可以解释他们在反倾销法中所受到的特殊待遇。参见爱德华·波里特，见本书第176页注1，第406页。

在也要强制征收,这在原先的法律中是要由关税部长来决定的。不过,该条款并不重要,因为在加拿大关税法中迄今尚无征收50%从价税的事例,而且仅在很少的事例中从量税高到相当于正常条件下50%或更高的从价税。对打包绳和在联合王国加工的精糖免征倾销税以及对享受英联邦特惠税的商品进行市场价值估价时不计其货物税等条款都是新制定的。所作的其他修改基本上只是词语方面的修改。

财政部长费尔丁先生解释说,把倾销税限定为15%的从价税 196
符合对在加拿大倾销商品的出口价格与其在出口国公平市场价格之间差额的估计,这一差额平均达到15%。[①] 该限定可以用更为合理的理由来加以辩护。对面临倾销竞争的加拿大厂商来说,所要关心的并不是出口到加拿大的倾销品在外国市场价格水平上平均降价多少,而是在加拿大市场上同当地产品进行竞争的产品的实际出口价格。授权对加拿大没有大规模生产并且不以同等条件销售给所有买主的商品暂时免征倾销税的条款,被解释成有意要保护加拿大消费者,防止加拿大某个垄断者实现垄断,并防止例如因加拿大发生一次罢工而可能出现的紧急短缺。[②]

---

① 加拿大:《众议院辩论》,1904年,第4,367辑。

② 同上注,第5,737—5,738辑。该条款于1909年生效。加拿大生产马口铁,但规模小,总量上不能满足加拿大的需求。美国钢铁公司在其首要出口市场加拿大倾销马口铁;1908年倾销税适用于该公司的马口铁。这引起了加拿大马口铁用户的强烈抱怨,以致在1909年根据该条款的授权发布了关税税则,对马口铁撤销征收倾销税。参见唐纳尔德(W. J. A. Donald),《加拿大的钢铁工业》,第185页;《(下院)关于美国钢铁公司调查委员会听证会》,1912年,第23－24页;邓巴(D. E. Dunbar),《马口铁工业》,第112页及以下各页。

对打包绳免征倾销税,目的是不危及加拿大打包绳根据1897
197 年美国关税法的一项条款能够持续自由地出口到美国去,该条款规定只对来自允许美国打包绳免税进口的国家的这种产品免征关税。加拿大当局想当然地认为——按后来情况的发展,显然是误认为——倾销税应被视为美国关税法所指意义上的一种关税。[①]给予英国产品优惠待遇的两项条款写入该法,无疑是承认本书所界定的一条原则:即只要能够把假倾销同本义上的倾销区别开来就不应给予处罚。关于在大不列颠加工的精糖,原糖在英国是要征收进口关税的,但精糖出口时则实行退税。没有什么理由可以害怕英国会利用退税制来隐瞒出口补贴。[②] 在大不列颠不征收货物税的商品在加拿大也是不征收货物税的,因而无论什么情况下也都免于征收加拿大倾销税。但是,在估算特惠税制下进口的商品的市场价值时不应计入货物税,这一条款对于大英帝国中对加拿大非税商品要征收货物税的那些国家来说可能有过一定程度的重要意义。对加拿大来说,假定英联邦国家不会利用退还货物税来隐瞒出口补贴应是比较谨慎的。

该法律特别规定要把**出口日**外国市场价格与实际出口价格的比较作为裁定倾销存在与否的基础。1904年海关一项管理办法还规定,在国外购买货物但要在将来装运的情况下,购买日与出口日期间出口货物的加拿大价格上涨不应作为征收倾销税的基础。[③]

① 加拿大:《众议院辩论》,1906—1907,第1,207辑。

② 不过,可另参见本书英文版第165页注。

③ 卢特(J. W. Root),《殖民地关税》,利物浦,1906年,第225页。

在外国国内价格与出口价格有差异但数额并不足道的情况 198
下，为了消除进口商与海关当局之间就价差发生的争议，加拿大颁布的一项海关管理办法规定，除非外国国内价与出口价价差超过前者5%而要“特殊情况另行决定之外”，倾销税将不适用于普通关税下的应税商品。倘若价差超过5%，则在征收倾销税时要以价差全额来计算。[①] 后来颁布的一项管理办法又规定，在为实施反倾销条款而确定进口品的外国市场价格时，不应计入外国的货物税，这样也就把此前给予特惠税制下进口商品的优惠也扩大给予了外国进口品。[②]

出口国国内消费的“公平市场价格”是在普通“信用”基础上估算的，但如果是发票也可以对出口价格打一个相当于现金2.5%的善意折扣。如果商品在国内通常以30天期限销售但可给予本国买主相当于现金10%的折扣，那么，售给加拿大买主的现金价格比其国内信用价格低10%即为应征收倾销税的商品。

1921年，关税法做了修改，在确定出口国“公平市场价格”的
方法上又有变化，目的是为了让用来确定普通关税的从价税也可 199
用于确定倾销税。这一修改使关税法关于“公平市场价格”的定义因下述补充而有变化：

(1)这种价格绝不应低于当时或当地的批发价格。

---

① 加拿大，关税部：《海关备忘录》第1293号B，1904年8月10日。

② 同上注，《海关备忘录》第2307号B，1919年4月15日。可以相信，来自英联邦国家但不享受特惠税的进口品——没有为此制定专门的条款——实际上也就不被排除在这种特许之外。

> (2)规定新产品或未曾使用过的产品其价格绝不应低于相似产品在直接向加拿大装运那天的实际生产成本再加上合理的利润;关税与国内税收部部长将是具体情况下构成合理利润因素的唯一裁定者。[①]

按加拿大财政部长在提议修订时所作的解释,这一修订的目的在于“为征收关税必须对以非迫卖价格出售的货物按外国市场当时的行情进行估价,但要考虑外国市场正常的标准价格以及生产成本和相应的合理利润。”[②]第一款大意是说,用来确定关税基础的“公平市场价格”绝不应低于当时或当地,也即出口日和直接出口国的批发价格。该款显然只是对原条款的解释,而不是要取代其通常情况下的效力。第二款大意是说,为征收关税所须确定的“公平市场价格”不得低于装船日的实际生产价格,显然它使1904年的关税法失去了效力,后者规定在价格上涨伴随生产成本上升的情况下,购买日与装船日期间价格的上涨不应作为确定倾销税的基础。不过在加拿大,行政管理要比美国更宽泛,受法律条
200 款的约束也不那么严格。第二款也使以低于生产成本价格进口的货物适用于倾销税,即便对国内买主的售价同样低。然而,尽管该条款由于赋予海关当局在确认特定情况下是否存在倾销时拥有更大裁决权而变得重要起来,但除极端情况外,确定外国生产成本的难度却可能使该条款难以生效。

① 经修订的加拿大法规,1906年文本,第40部分,第48章,1921年6月4日修订。

② 加拿大:《众议院辩论》,1921年5月9日。

在确定出口国国内市场价格时不允许退还进口关税,仅仅有限度地允许因信贷条件差异而导致的出口价与国内价之间可能存在的价差,并且经1921年修订后,即使国内售价同样低,低于生产成本的出口销售也要适用于倾销税。除了这些个别规定外,把加拿大反倾销法连同为实施该法而颁布的海关规章一起来看,它在技术上符合反倾销正确立法的要求方面还是令人满意的。它明确界定涵盖了所有公开或隐蔽的本义上的倾销;并且,除了所提到的个别规定外,它也只针对本义上的倾销在实施。

要不是在最近那次修订后海关当局自己觉得必须弄清外国生产成本的话,加拿大反倾销法并没有对加拿大海关当局施加十分繁重的管理负担。倾销税管理所需要的全部且大量信息也是普通关税下从价税管理所需要的信息。普通关税下要缴纳从量税的货 201
物以及允许自由进口的货物,因征收倾销税而必须确定出口国的“公平市场价格”并且核对发票上所报的出口价格。但是,加拿大关税中含有少量的从量税;加拿大大规模生产并因此处于倾销条款保护之下的大多数产品都是从价税的应税产品,或者虽然不必应税但通常并不进口的产品。加拿大关税部在海外,主要是在美国,派驻了少量官员帮助确定进口品的外国市场价格。不过,在加拿大用外国市场价格作为关税征收基础的情况下,这些官员即便为保证对从价税的征收进行有效管理起见也是必要的,而且美国出于这样的目的还聘用了他们,尽管并非为了处罚倾销。在根据现有信息核对出口商与进口商准确发票报价有困难的情况下(要求发票分别报出实际出口价格和出口国国内消费的公平市场价格),这些海关官员就会访问出口商并要求允许核查其账本。如果

出口商予以拒绝——他很少会这么做——则立即对其产品征收倾销税。[①] 海关专员经常要为不满海关决定的加拿大进口商举行听证会。

加拿大反倾销法的实施总体上是温和的,没有引起很多摩擦,而且在达到核查加拿大市场上的倾销这一目的方面是有效的,受到了普遍赞赏。[②] 在美国钢铁公司通常以大大低于其国内每吨 28
202 美元的价格销售钢轨期间,该公司销往加拿大的价格为每吨26.60美元,因而充分利用了加拿大法律所允许的 5%的倾销幅度,但是也未超过在其他地方倾销的幅度。[③]

加拿大在反倾销法的有效管理方面一直具有特别令人称道的能力。加拿大大量进口的货物,特别是加拿大自己也生产的那些进口制成品,只是来自两个国家,即美国和英国。在英国实际保持自由贸易的时期,很少发生英国倾销的危险;而语言和商务方式的相似性,对美国情况的接近和熟悉又使加拿大海关官员能相对容易地发现美国市场上现行的国内消费价格。

不太能肯定的是,加拿大海关当局迄今是否成功地制止了欧

---

① 参见美国关税委员会,《关于倾销与不公平竞争情况的报告》,第 28、29 页。经常有人说,如果出口商拒绝加拿大海关官员核查其账本,则他的产品就会被拒绝进入加拿大,但并没有这样的事例。

② 同上注,第 29、30 页;及亚当·肖特(Adam Shortt),“加拿大关税的反倾销特色”,《经济学季刊》,第 20 卷(1906 年),第 257 页,他说,这项法律“显著有效地达到了它的目的。”

③ 《(众议院)美国钢铁公司调查委员会听证会》,1912 年,第 2,729 页。美国钢铁公司总裁法雷尔先生解释说,在美国和在加拿大的售价价差小于在美国和向其他地方出口价格间的价差,这是因为“加拿大的关税法使得在加拿大销售美国货物的价格不可能比国内售价低出 5%”。

洲大陆或日本出口商在加拿大进行倾销，或者能够加以制止但不必在调查这些国家的国内价格方面花费不相称的钱财和努力。不过，从这些国家进口到加拿大的货物数量很少，而且品种上一般并不与加拿大产品形成直接竞争。

倾销税形成了一小笔税入，1907 年至 1918 年平均每年约 75,000美元，亦即全部关税收入的 1‰，[①]但反倾销法从未有意被 203
当作税入的来源。虽然为实施该法律付出了巨大努力，但所征收到的小笔税入毕竟是有效实施这一法律制止倾销的明证。这笔税入的一部分无疑得自对某些加拿大人所购买的进口品的处罚，而他们并不知道要被征收倾销税。大概也很少会有这样的事情，即外国出口商发现在其产品要被征收倾销税的情况下继续向加拿大销售仍然有利可图。

在加拿大，毫无疑问普遍对倾销税的作用感到满意，目前也未遇到来自任何方面的重大反对。不过，偶尔还是有针对这一法律及其实施的批评。加拿大制造商协会就首先反对这一法律，因为它的援用使他们失去了寻求更高程度保护的最有力的依据；但是后来尤其当农民们越来越明显地反对提高任何关税时，他们也就顺从了这一法律。然而，加拿大某些工业，尤其是铁道公司和专用钢铁产品生产商还是抱怨倾销税使他们无法获得美国的低价原料。[②] 在这部法律生效一年或两年后，多伦多贸易局局长——该局很大程度上代表着进口利益，要求废除这一法律，理由是它不可

① 美国关税委员会，《关于倾销和不公平竞争情况的报告》，第 29 页。

② 参见爱德华·波利特(Edward Porritt)，《加拿大保护贸易制度 60 年》，第 409 页；唐纳德(W. J. A. Donald)，《加拿大的钢铁工业》，第 185 页。

能做到公平实施,会鼓励欺诈,因而对于诚实的进口商是不公平
204 的,而且对以最佳可获价格自由购买是莫须有的限制。[①] 大进口商,尤其百货商店,则抱怨说这部法律剥夺了加拿大消费者得到外国廉价货的好处。[②] 还有人抱怨海关当局实施该法律时的苛刻和不公平。一直有人指责说,海关官员常常根据不准确或已过时的价目表来确定外国市场价格;尽管加拿大进口商用外国制造商的保证书和出口市场商人的信件来证明发票价格就是出口国的公平市场价格,但他们有时还是会受到倾销处罚;并且,海关当局确定的价格由于依据过时的价目表或者因为对所报价格作出了不恰当的交易折扣而过高。[③]

新西兰1905年反倾销法

1905年,新西兰颁布实施农具制造、进口和销售法令,回应了本国和英国农具制造商的申诉,他们控告美国一家收割机托拉斯企图通过对新西兰买主有计划地削价销售来垄断新西兰市场。该法令建立了一个主要由官员组成的管理局;海关委员接到新西兰或英国制造商关于外国农具在新西兰大幅降价以及外国农具进口商正进行不公平竞争的申诉后,要把申诉提交给管理局以备调查并作出报告。根据管理局的处置决议,海关委员获得授权向新西兰或英国农具制造商提供他认为使制造商们能同外国农具进口商

---

① 《加拿大年鉴》,1906年,第584页。

② 美国关税委员会,《关于倾销和不公平竞争情况的报告》,第30页。

③ 参见《多伦多世界报》,"房宅为何昂贵",1919年5月23日。

展开竞争所必需的补助,但不超过 33%。[①] 如果新西兰或英国制造商同意把他们某些农具的价格至少降低 20%,管理局可以建议不给予补助,而海关委员可以根据这个决议,对不公平条件下进口的外国农具强制征收一项特别抵消税。该法令仅实施了一年,但 205
通过后续立法它继续生效到 1915 年 12 月 31 日。

这项法令是冲突策略中的一个精巧的折中方案。新西兰关税中,并没有对农具征收的进口关税,农民们也决意不要有这种关税。但是新西兰人,包括农民在内,一刻也不愿容忍某个外国托拉斯摧毁本国工业从而获得对新西兰价格的完全控制。补助方法使政府能够保护本国制造商抵制外国不公平竞争,同时又不会因此引起外国或新西兰农具销售给新西兰买主的价格上升。[②]

在该法令生效期间,既不曾提供过补助,也不曾征收过抵消税。管理局只在 1908 年有一次要处理针对美国一家康采恩的申诉。管理局报告说,该申诉并不合法,因为它所指控的削价是为了清理一家小公司购买后积压下来的原有存货,而不是要损害竞争者,因此决定不给予补助。[③]

把提供补助和受理调查的优惠权给予本国制造商也一样扩大给予英国制造商,是为了维护对英国贸易提供特惠待遇的总政策,该政策当时在新西兰被采纳不久,并获得该自治领公众几乎完全 206

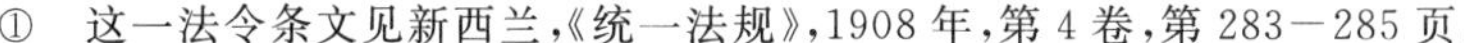

① 这一法令条文见新西兰,《统一法规》,1908 年,第 4 卷,第 283—285 页。

② 斯科尔菲尔德(G. H. Scholefield),《变化中的新西兰》,第 326 页及以下各页;《商务博物馆》(维也纳);第 21 卷(1906 年),第 149 页。

③ 斯科尔菲尔德,见上注,第 327 页,以及美国商务部公司局,《托拉斯法与不公平竞争》,1916 年,第 551 页注释。

一致的支持。[①] 把利用新西兰国库的优惠扩大给予国外制造商,有些情况下还提供大量补贴帮助他们抵御某个外国托拉斯的不公平竞争,这种做法是关税史上绝无仅有的慷慨行动,而且并未由于没有机会将其付诸实施而受到过分轻视。然而同样的优惠没有给予加拿大却有一定意义,加拿大农具制造商是美国托拉斯在新西兰市场上的主要竞争者。在加拿大也有一个十分类似于收割机托拉斯的公司,有人怀疑它并不完全独立于美国的托拉斯,而且在其出口贸易中也常常进行倾销。

澳大利亚 1906 年反倾销立法

1906 年澳大利亚颁布实施一项法律,其首要目的是消除垄断,但也包含与倾销有关的条款。[②] 这一法律的倾销部分在许多方面,包括其术语和它所规定的处罚实施条款都极不寻常。倾销部分既冗长又复杂,似乎还不曾有过一个实施该法律的事例;对其条款作一个简约介绍也就足够了。

对该法所定义的倾销进行惩处的条款,主要旨在解决工业垄
207 断控制和不公平竞争一般问题的法律中的一部分;关于倾销的这部分条款则旨在处理进口中的不公平竞争,正如其他部分是要处

① 参见美国关税委员会,《殖民地的关税政策》,第 768 页。

② 澳大利亚工业保护法,1906 年 10 月。与倾销有关部分的条文见载于美国关税委员会,《关于倾销和不公平竞争情况的报告》,第 39 页及以下各页。另参见美国商务部公司局,《托拉斯法与不公平竞争》,第 243 页及以下各页,第 551 页及以下各页对该法律的分析。这部法律已几经修改但仍在生效。

理国内贸易和出口贸易中的不公平竞争。该法律总体上超出了关税与海关立法范围；倾销部分根本上并不是一项关税条款。就倾销这部分条款的意图而言，除非举出反证，否则在下述情况下竞争将被视为“不公平”：(a)它直接导致对澳大利亚产品的竞争，使之不再生产或者亏本销售，除非在不恰当的劳动报酬下进行生产；或者(b)进口商或进口品的销售商所采取的手段被海关总审计员或高等法院法官认为“当时情况下不公平”；或者(c)竞争引起或可能引起澳大利亚工业中不恰当的劳动报酬；或者(d)竞争引起或可能引起澳大利亚工业实质瓦解或澳大利亚劳工失业；或者(e)进口品在海外从生产商那里购入，价格大大低于生产地的通常生产成本或购买地的市场价格；或者(f)商品由生产商自行进口到澳大利亚并且在澳大利亚销售，价格不足以使进口商在外国公平市场价格和包括关税在内的所有支出基础上获得公平利润。

因此这个关于进口品不公平竞争的定义不仅涵盖了本义上的倾销和低于生产成本的销售，而且还适用于通常的激烈竞争，倘若它使澳大利亚工业陷入困境的话。当该法律提交给澳大利亚议会时，批评者们指出，在不公平竞争如此繁多的定义下，几乎所有进口品都会受到处罚，因为它们会使澳大利亚相似产品的生产萎缩或停产，或者使澳大利亚产品亏本销售，除非在更低的劳动报酬下
进行生产。[①] 但是，许多对倾销这部分条款进行评论的人并没有 208
对该部分其他一些条款给予恰当考虑，这些条款可以大大修正对该定义的理解。例如有规定，如果受到影响的澳大利亚工业给予

① 参见澳大利亚联邦，《议会辩论》，1906 年 6 月 19 日，第 346 页。

其大多数雇员的报酬不恰当，或者使他们屈从不公平的劳动和雇佣条件，那么外国产品竞争就不应被视为不公平竞争。在确定竞争是否“不公平”时，还必须考虑到对澳大利亚工业的保护是否有利于联邦，以及澳大利亚工业在其管理、工序、设备和机器使用方面是否恰当有效和“跟上时势”。此外，在对使澳大利亚工业面临所说的不公平竞争的进口品采取任何措施以前，总审计员必须有理由相信有人正在进口商品，其目的是要通过在联邦内的销售或出清来摧垮或损害澳大利亚某个工业，也就是说，在采取行动前，必须存在该法律所定义的不公平竞争，同时在澳大利亚的进口商抱有不正当目的。因此，关于不公平竞争的特别并且不合情理的极端定义在其几乎所有意义上都被后来的法规所取消。

为了实施与倾销有关的条款，制定了一套复杂的程序。[①] 根据书面指控，并听取进口商申诉后，海关总审计员若有理由相信“不公平竞争”存在并且澳大利亚进口商确有不正当目的，那么他
209 就可以按程序向关税部长报告。后者可以向高等法院的法官提交有关情况以便进行调查和采取措施，并在官方公报上发布有关结果的公告。从发布公告之日到公布法官裁决期间，除非有部长所要求的保证书，否则将禁止受调查产品进口。如果法官认为恰当，他可以公布他的裁决，或者将问题或问题的某个环节提交给最高法院。法院的程序是非正式的，并不涉及一般判决规程或证据法规则，但最高法院法官的裁决是最终裁决，不得再申诉。如果裁定产品是以不正当目的进口，则该产品将按法官认为恰当的方式禁

① 参见《托拉斯法与不公平竞争》，第555页。

止或限制其进口。所有禁止进口的案件中，裁决必须立即提交给国会两院。在实施处罚的过程中必须执行如此复杂和漫长的程序，其障碍无疑非常严重，足以解释该法律为何完全不起作用，至今连一个应用该部分条款初始程序的案例都没有就证明了这一点。

南非联邦和纽芬兰的反倾销法

由南非联邦和纽芬兰分别制定的另外两个反倾销法严格仿效加拿大法，以致没有必要对它们作详细考察。1914 年制定的南非法[①]如下：

> 第 8 条　尽管在本法中有相反的情况，下述条款将适用于关税的计征、征收、收取和支付：
>
> （1）当输入联邦的货物亦为联邦制造或生产的品种时，如果给予联邦某个进口商的出口价格或实际销售价格低于相同 210
> 产品当时在对联邦出口的那个国家通常及正常行情下用于国内消费的实际现行价格（按本法所定义），则除另行规定的关税以外，还可以对进口到联邦的这些货物计征、征收、收取和支付一项特别关税（或称倾销税），税额等于这些货物上述出口销售价格和本法所定义的用于出口国国内消费的实际现行价格之间的差额；*规定*：该特别关税（或称倾销税）任何情况下不应超过从价税的 15%。

① 南非联邦，《法规》，1914 年，第 26 号法规，第 8 部分。

> (2)当联邦亦有制造或生产的任何品种货物在进口来源国获得某项补贴时,可以对输入联邦的这些货物计征、征收、收取和支付一项数额等于该项补贴的附加关税。
>
> (3)可以对其计征、征收、收取和支付第(1)款下的特别(或倾销)关税或者第(2)款下的附加关税的货物应由总督时常作出处置决定,并由他在公告中公布这些货物,同时公布他所作决定生效的起始日期;规定:这一日期不应早于公告发布后六个星期。

第一款条文与加拿大反倾销法中的主要条款几乎相同。[①] 作为确定倾销是否存在的基础的外国价格,其定义中用"实际现行价格"取代了"公平市场价格",这同这两个国家关税立法术语使用方面的差异还是一致的,而且含义上并没有什么变化。与加拿大范本相比,一个更重要的变化是南非法中用"可以"代替了加拿大法的"应当",这样在南非就把倾销税的实施交由总督处理实际上也就是交由内阁来处理,而不像加拿大是授权海关当局强制执行。此外,第三款要求总督的公告应在征收倾销税之前给予六个星期的通告期。实际上这一规定必然会把偶发或突发性倾销案件排除
211 在反倾销条款的实施对象之外,因为从发现有倾销到倾销税措施生效期间必然流逝的时间通常足以能完成一次突发性倾销。

南非法不包括各种限定性条款,减轻了加拿大法那种严厉性,唯一的例外是这两个法都把倾销税最高限定为从价税的15%。但是,南非法在实施中赋予总督处置权的完整规定使得在南非比

① 参见本书英文版第193页。

在加拿大具有更为自由的管理。应当指出,南非法包括了一个处置补贴抵消税的条款。在这个法中并未指出该条款是否像适用于官方补贴一样也适用于私人补贴,以及像适用于直接补贴一样也适用于间接补贴。对相同进口品是否可以同时适用倾销税和补贴抵消税也没有作出明确规定。①

1922年南非加强了它的反倾销立法,制定了一项条款,规定如果进口品在联邦的售价低于制造国批发价加上包装成本、装船费用和运到进口港的费用,并且联邦某个工业由于这种销售而受到威胁,则可以在普通关税之外再征收一项特别关税,其数额等于后一种价格与实际销售价格之间的价差。② 这一附加条款的宗旨是授权对下述进口品征收惩罚性关税,这些进口品名义上以外国完全离岸价销售,但交付给进口商时并未加上足以补偿从出口国到南非的全部装运成本,或者运来南非由出口商的代理商寄售或零售时,在扣除装运成本和其他费用后支付给出口商的价格仍然 212
低于出口国现行市场价格。

南非反倾销法的实施迄今可能只有一个事例。1921年发布了一项所规定的为期六周的通告,目的是要对进口的澳大利亚面粉征收倾销税。③

纽芬兰在1921年制定了一项反倾销法,它几乎就是加拿大1907年法的完全复制本。④ 与加拿大范本相比它有三个不同之

---

① 为指导实施反倾销法而颁布的规定见《联邦政府公告》,1920年3月12日。

② 《贸易部日志》,1922年7月13日,第51页;1922年7月27日,第107页。

③ 南非联邦,《第83号公告》,1921年。

④ 1921年8月12日法令,第6条。该法的条文见《贸易部日志》,1921年9月15日,第284、285页。

处:(1)纽芬兰法取消了加拿大对下述商品倾销税的豁免:(a)须缴纳从价税50%的普通关税商品,(b)在加拿大须缴纳货物税的商品,(c)在联合王国加工的精糖,以及(d)打包绳;(2)为征收倾销税而确定公平市场价格时忽略不计出口国货物税的条款在纽芬兰法中扩大适用于所有进口商品,而在加拿大法中这仅适用于特惠关税名义下进口的商品,并按实施规定扩大适用于外国商品;(3)在纽芬兰法中,最高倾销税定为从价税的25%,而不是加拿大法所规定的15%。

法国1908年的反倾销法提案

213 1908年负责建议修改现有关税立法的国民议会委员会提出在关税法中加入一项反倾销规定,该规定被认为基本类似于加拿大法,但在某些重要细节上有所不同。该提案未获赞成而被撤销,但其独创的特征和针对它的反对意见对于反倾销立法的广泛意义可以在此作一检验。

这一提案大体翻译如下:①

---

① 法国国民议会、关税委员会:《总报告》,1908年,第100页:"1892年1月12日法令附表A所规定并经现行法令修订的关税应当提高,数额为法国进口品的原产国或生产国给予出口商的直接或间接补贴额,因为此时,这些补贴或利益不论其性质如何都会扭曲正常行情并使相同产品在法国市场的价格低于它们出口时在原产国的平均现行价格。

一项由部长会议发布并在官方公告中公布的共和国总统令将对每个案件专门确定进口关税的提高幅度,其征收具有时效性并且随即强制缴纳。"

> （普通关税）税率应当提高，数额为法国进口产品的原产国或生产国给予出口商的直接或间接补贴额，倘若这些补贴或利益不论其性质如何都使得正常价格行情发生变化并使相同产品在法国市场的价格低于它们出口时在原产国的平均现行价格。
>
> 在每个案件中，一项由内阁发布并在官方公告中公布的共和国总统令将确定附加关税的税额，随即予以专向征收并要求立即缴纳。

表面上这项提案与补贴抵消税条款非常相像，但与后一类条款还是不同，它是要像适用于获得官方补贴的进口品一样也适用于获得私人补贴的进口品。此外，普通补贴抵消税处罚受补贴进口品是假定提供出口补贴必然引起倾销，而这一提案仅仅适用于 214
那样的情况，即由于提供出口补贴而导致的倾销已足以使**进口国**价格低于出口国平均价格。它在附加税仅适用于售价低于出口国现行价格的进口品这一基本特点上与加拿大法相像。然而，它与加拿大法所不同的是，它仅适用于出口补贴引起的倾销，所要征收的附加税税额是补贴的数额而不是出口国国内价格和出口价格之间的价差，并且附加税的征收不是委托海关官员执行，而是每一案件要根据总统和内阁的决定来处理。

关税委员会主席让·莫勒尔（Jean Morel）先生是该提案的发起人，他试图防止被说成“胆小鬼”（les esprits timorés），反对者会说该提案在实施中将证明是一种极端的保护主义手段。他指出，附加税的征收在任何情况下都只由内阁行使权力并且只在共和国

总统发表正式公告后才行使,这一规定足以保证谨慎与智慧将支配该法律的实施。[①] 不过,政府还是宣布该提案不适当。该提案要求确定进口货物在出口国出口当时的正常价格。在现有海关规则下,只对涉及从价税的进口品才必须确定价格,而这种税在法国关税中又属于特殊的税种。即使在从价税下,所要确定的价格也
215 是当地的和通关时的价格,而非出口地和出口时的价格。因此,实施这一提案就需要对法国海关的体制进行彻底改造。此外,要确定出口国的正常价格以及发现存在间接补贴会是很困难的事。

政府基于这些理由建议不予接受该提案,关税委员会随即也就撤回了这一提案,而未付诸表决。不过,作为替代办法,委员会还是建议在所有法国谈判的商业协定中加入 1906 年法国—瑞士协定中那样的反对出口补贴的相互保证。[②] 在最终于 1910 年颁布的经过修订的关税法中,作为替代,增添了一种普通的补贴抵消税。[③]

① 法国国民议会、关税委员会:《总报告》,1908 年,第 101 页。

② 同上注《补充总报告,第 26 号》,1909 年,第 11—13 页。

③ 制定一个一般反倾销法,现已在法国考虑之中(参见,《工业日报》,1923 年 3 月 31 日)。

第十二章　外国反倾销立法(Ⅱ) 216

英国 1921 年反倾销法

战时关于德国倾销威胁的讨论,对德国在战时和战后养精蓄锐与同盟国工业进行一场掠夺性竞争的担心,更重要的是 1914 年以来显著滋长的保护主义情绪,所有这些都对大不列颠兴起一股看来强烈而又广泛的思潮起了作用,这就是应当制定这样或那样形式的保护性立法,保护英国工业抵御外国倾销或不正常激烈竞争带来的损害。正是英国代表团在 1916 年同盟国巴黎会议上起草和提出了一项解决方案,并获得采纳;该方案呼吁同盟国战后采取联合行动,抵制德国"以倾销或其他不公平竞争方式发动的经济侵略",从而保护自己的利益。[①] 战后的商业与工业委员会建议制定反倾销法,它在大多数方面应参照加拿大法,但应有所不同,尤其是应规定一项较少臆断性的实施程序。该委员会力主在反倾销法之下应建立一个强有力的能胜任的机构,负责核查英国厂商要求强制征收倾销税和其他可征关税的所有申请,它应独立于任何

① 《众议院,议会辩论》,1916 年 8 月 2 日,第 340 辑。

217 政府部门，不承担任何行政责任，并直接向议会报告其调查的结果和处理意见。该委员会还建议把某些特殊案例中裁决征收倾销税的最后权力保留给议会，而不应授予任何政府机构或官员。[①] 其他战时调查委员会也做了类似的建议。[②]

1919年联合政府在议会及其选举声明中保证着手进行反倾销立法；1919年11月19日，劳埃德·乔治（Lloyd George）政府再次当选执政后在下院提出了一项议案，它包含其他一些关税提议，也包含了与倾销有关的条款。[③]

根据该议案的条文，反倾销条款将适用于下述情况，即货物大量且有计划地进口到联合王国，或者委托销售，或者被迫销售，其售价在扣除生产国的货物税和其他国内税后仍然低于相同商品相近数量在该国销售的价格，从而使联合王国相似产品的生产因此受到或可能受到不利的影响。在这样的情况下，商务部经授权可以发布命令，只要不是如下情形，货物就将不得进口：(a)进口商和外国出口商所报价值和价格与美国有关从价税管理所要求的价值和
218 价格十分相符，以及(b)"在[关税和货物税]专员们看来，所付这笔金额与货物的外国价格超过其进口价格的数额相等。"为了防止通过运货寄售来规避这些条款，该法案对寄售货物规定了一套

① 《最终报告》，1918年(Cd. 9035)，第45页。

② 参见大不列颠贸易部，《部门委员会报告》，均于1918年发布：《关于电气贸易》(Cd. 9092)，第12页；《关于工程贸易》(Cd. 9073)，第27页，第39页；《关于钢铁贸易》(Cd. 9071)，第28页；《关于海运与造船工业》(Cd. 9092)，第39页；《关于纺织品贸易》(Cd. 9070)，第124页。另参见大不列颠重建部，咨询委员会，第2部分，《关于反倾销立法的最终报告》，1919年(Cmd. 455)。

③ 该法案，"进出口商品管理法案"的条文见载于《贸易部日志》，1919年12月27日，第640页及以下各页。

详细的调查与申报程序。除了仅在紧急情况下发布并且只能生效21天的临时命令之外，商务部在发布公告前被要求将其命令呈交给一个咨询委员会，即贸易管理委员会，它由下院所任命的10名下院议员，2名商务部官员和1名财政部代表组成。该委员会可以根据其看法赞同或修改或拒绝草拟的命令。

该议案遭到了普遍反对，显然不受欢迎。更加繁杂的行政程序，要求提供货物发票或其他书面证明因而可能给进口贸易带来的困难，强烈反对由议会代替行政官员行使征税权力的情绪，这些都是致使该议案不受欢迎的原因。考虑到议会和来自公众的普遍反对，显然也考虑到内阁自身内部意见的分歧，政府撤回了议案，没有要求下院对它进行表决。

1920年3月，曾任商业与工业政策委员会主席的布鲁莱的巴尔福勋爵(Lord Balfour of Burleigh)向上院提出一项特别工业保护议案，其中包括反倾销部分，大体上承袭了该委员会最终报告曾建议的内容。这一议案建议，如果进口品对英国买主的售价“习惯性地”低于同种或同类商品在原产国正常商业过程中的售价，就应
授权商务部禁止其进口。[①] 这项法案在上院二读时被拒绝了。 219

1921年，经过议会两院激烈辩论后终于通过《工业保护法》，使之成为法律。该法律写入对“关键工业”产品和来自通货贬值国家的产品征收进口税的条款，也写入了详细的反倾销条款。[②] 该

① 参见格雷戈里(T. E. G. Gregory)，《关税：方法研究》，第225页。

② 乔治五世法典11—12，第47章。与“外汇倾销”和纯粹倾销有关的条款包含在该法的第2部分中。这部分规定了实施针对外汇倾销和真正倾销的条款的一般方法。该法律条文见载于《法律汇报》，1921年，第2部分，第260页及以下各页。

法律规定,根据按实施办法提交给商务部的申诉,如果商务部认为除食品或饮料外任何品种或种类的外国制成品以低于该法律所定义的生产成本的价格,在联合王国销售或寄售,并且使联合王国任何工业的就业因此受到或可能受到严重影响,则商务部可以委托为实施该部分法律而组成的委员会发起调查。生产成本定义为按英币现价计算的给予国内消费买主出厂批发价的95%,再减去包括在国内售价中的货物税或其他国内税。如果没有这样按批发价销售的用于国内消费的产品,则生产成本是指“如果此前该产品曾销售过,则以当时合理的价格(也要作类似扣减)来计,在确定合理
220 价格时还应考虑尽可能相似的产品在当时的批发价。”在把来自特定国家既定种类产品可能以倾销价进口的案件提交给委员会时,商务部还必须报告对来自这些国家的这些商品征收倾销税对次级工业亦即使用这些商品作原料进一步加工的工业可能产生的影响。商务部长从他指定其成员的一个常设专门小组中再选出五人组成一个委员会,他们主要都是些有商业或工业经验的人士。

如果该委员会报告说来自某个特定国家的既定种类商品进口情况确如商务部所发现的那样,并且还向商务部报告说他们认为联合王国相似产品制造业正以合理的效率和效益在进行生产,那么商务部在考虑到这种行为对二级工业的影响后,可以发布命令,对倾销品原产国的这类制成品征收倾销税。不过,又进一步规定,倘若命令同与外国达成的现有协定义务相冲突,以及将要发布命令时正值下院会期或将在一个月内进入会期,则不应发布此类命令,草拟的命令必须首先提交给下院,而且,无论下院是否对命令草案作出修改都要待其通过决议予以批准,否则不得发布这类命

令。根据下院作出的批准决议，商务部可以按这些命令获得批准时的形式予以发布。如果不在下院会期，则商务部可以发布其命令，无须等待下院批准，但这样的命令到议会下次会期时必须尽快提交给下院，而且命令生效不能超过一个月，除非下院作出决议宣布应当继续生效。下院可以对这类命令作出修改，但这些修改不应使此前按这些命令采取的任何措施失效。命令的有效期持续三年或特定情况下再短些；不过，这些命令可以再付诸表决，而且在对最初命令有上述所说的修改要求时还应当经常予以修改。 221

对在命令中指明了种类并在命令中已指明国家生产的商品，进口到联合王国时必须在其他应征关税之外再加征一笔相当于其价值 1/3 的特别税，该价值是按这些商品在进口地尚未完税时由进口商支付的价格来确定的。但是，倘若被要求缴税的人能够证明有关产品在联合王国销售的价格不低于法律所定义的生产成本，并使关税和货物税专员们感到满意，则将豁免缴税。倘若已经缴税的人能够证明有关产品在联合王国首次销售的价格不低于生产成本，或者他能证明“制造国市场条件发生了变化，不低于销售日该国相似产品生产成本额”，并使关税和货物税专员们感到满意，则他有权利要求退还多缴的税款。然而，除非寄售人声明申报日的生产成本，并得到英国驻生产地的领事或其他官员证明，否则仍不予豁免特别税。而这样的声明只要不被证明是通过欺骗得到的，就必须作为生产成本的真凭实据予以接受。当征收了倾销税的商品在联合王国是由进口商使用而非出售时，为征收特别税而要确定的销售价格在金额上应当与从出口商购买的价格加上运费、保险费以及这些商品已缴纳的其他关税的金额相等。 222

根据该法律该部分发布的命令并不适用于命令发布后 14 天内运离并售往大不列颠的商品。大法官指定一名仲裁人解决争端，确定商品价值或特定商品是否适用于根据该法律所发布的命令。该仲裁人不得是任何政府部门的官员，而他的决定是最后的、结论性的决定。

反倾销条款在形式上即是对低于生产成本销售的进口品征收惩罚性关税的条款。然而实际上，该法律与生产成本并不相干，它所针对的是在联合王国售价低于外国市场价格 5%以上的进口品，并不管这些价格是否低于生产成本。该法律中“生产成本”一词的用法很奇怪也不合逻辑，这只能解释为政府希望至少要在字面上履行选举前作出的诺言，即立法处罚以低于生产成本的价格销售进口品，但政府并不愿使自己陷入确定生产成本这样数额很难确定的措施中去，而这对实施这些措施实际上是必不可少的。该法律在提案和议案阶段受到批评，批评的理由是生产成本这样来定义就与生产成本毫无关系。[①] 这些通常对任何形式的反倾销立法都持厌恶态度的批评者，并没有看到原本针对低于生产成本销售进口品的法律也处罚了某些进口品，它们本可以避免仅仅适用于真正倾销[②]的关税。生产成本应被确定为相当于制造国批发
223 价的 95%，但这一条款被政府用最初相当于批发价 100%的条款代替了。这部分地是为了应付上述的批评，其设想是对厂商得自海外批发价的利润作出扣减能使之更接近于生产成本，虽然这样

① 参见《下议院，议会辩论》，1921 年 5 月 9 日，第 1,606、1,751 辑。亦可参见阿斯奎兹(Asquith)先生在《自由党专刊》1921 年 7 月号中一文，第 493 页。

② 亦即，以低于生产成本的价格把商品销售给国内买主同时也用于出口。

的设想在特定情况下并不一定正确。

该法律是一个名副其实的反倾销法，但它受到种种规定和条件的限制，以致无法指望它具有什么实际意义。除前面已说明的复杂的倾销税征收程序外，以及除了该程序几乎每个阶段都向掌握征税的特定官员或人士赋予无限权力外，该法律中还有一些重要的乍一看并不都很明显的限定，实践中它们却从该法律范围内排除了许多真正的倾销事例。在有关程序启动前，必须有某个与外国倾销品相似产品的生产商提出起诉，实际上也只有这些人是起诉者，但他们很少掌握能够证明倾销正在发生所必需的信息。[①]有项特别条款规定，食品饮料和所有非制成品免征倾销税。在任何特定案例中，商务部启动程序前必须确信，并根据其他已有关税立法国家实施类似条款的经验断定倾销正严重影响（或看来会严重影响）英国某项工业的就业，而这种确信很难做到可靠。偶发性 224
倾销实际上就肯定不受下述条款的干预，即反倾销令发布后 14 天内从生产地装运的货物可以免征倾销税。在商务部对来自特定国家特定产品发布征收倾销税命令之前，委员会必须报告依它所见，受此类进口品影响的英国工业是否能以合理的效率和效益在进行生产。

即使在倾销发生，征收倾销税所有必需条件都得到满足的情况下，也仍有一些重大限制。倾销品在以倾销价装运前在出口国

①　政府在制定这一条款时可能已经受到战后贸易与工业政策委员会立场的影响，即加拿大海关当局很大程度上依赖加拿大制造商提供给他们的有在加拿大倾销嫌疑的信息。（《最终报告》，1918 年（Cd. 9035），第 45 页。）可以获得的证据表明，加拿大海关几乎完全依赖其自身的机构来发现倾销的存在。

的国内价格和给予英国买主的出口价格之间的价差必须十分显著,才可发布反倾销令。首先,在确定“生产成本”时,要从外国批发价中扣减5%。在大多数事例中,更重要的在于这样一个事实,即按该法律的意图,倾销不是出口销售价格低于出口国国内市场价格,而是在扣除运费、保险、进口商利润和普通关税后在联合王国的售价比外国批发价低5%以上的情况。就大宗产品、来自遥远国家的产品以及在大不列颠应征普通关税的产品而言,很难想象会有多少可以征收倾销税的案例。

不过,命令一经发布,倘若没有其他限制,那么对命令中特定国家生产的特定种类进口品一律征收高达33.5%统一从价税的反倾销条款就会严格地生效。如果外国一家康采恩进行倾销,其
225 程度足以导致发布一项反倾销令,则即使该康采恩停止了倾销,也要对其特定进口产品一律征收倾销税,直至该命令撤销。此外,来自命令中特定国家的所有这类进口品,即使以外国正常价格销售并且是由其他厂商而非倾销康采恩所生产,也会被征收倾销税。但是,有关条款也规定,当进口商能够证明并未发生该法律所定义的倾销时,便应补偿或退还倾销税,这些条款使得该法律在这方面的严格性更多地是表面的而非实际的。

为征收倾销税而规定的程序显然是经过精心设计的,倘若试图大规模严格征收倾销税,则看来必须把很大一部分政府服务用于程序的执行过程。该程序可简述如下:在最终下令征收倾销税时,通常必须(1)向商务部提交申诉书,(2)商务部进行调查,(3)向委员会提交一份参考材料,(4)该委员会作出报告,(5)商务部起草命令,(6)将命令提交给下议院,(7)由下议院议决通过,(8)由商务部发布

该命令,(9)由关税与货物税专员执行命令。在特定货物的价格或命令的适用性方面,可能会同进口商产生争议,这些争议必须提交给由大法官指定的仲裁员。关税与货物税专员必须对要求退还或补偿税收的呼吁作出处理,而这方面所规定的程序也十分复杂。

非常清楚的是,政府方面对该法律这部分条款毫无热情可言,对这部分条款的范围有意进行限制,主要目的只是为了在形式上履行选举时的承诺。联合政府中的自由贸易派从劳埃德·乔治 226
(Lloyd George)那里得到保证,说为执行该法律而指定的委员会将主要由消费者组成。[①] 官方保证说该法律不是为突发性倾销而制定的。在该法律的议案阶段,一位大臣向下议院保证该法律将只针对"作为一国厂商蓄意策略的一部分,为毁灭或摧毁另一国某一工业而进行的销售",亦即是针对掠夺性倾销,[②]但该法案无论其最终文本或生效文本都没有对此类案例的处理作出规定。政府没有严格执行该法律这一部分条款,可以由政府答复质询时作出的通告来说明。政府说它不打算废除与工业保障法相抵触的任何协定条款,但若按该法律"外汇倾销"条款对来自通货贬值国家的进口品征收关税而可能同协定义务发生冲突时,才会考虑宣告协定无效。[③] 直到 1922 年 11 月 25 日,仅在两个案例中按该法律处 227
理真正反倾销的条款成立了调查委员会,一个是来自荷兰的玻璃

① 威德伍德·本(Wedgwood Benn),"工业保障法:根据第 2 部分发布的命令",《经济》杂志,第 23 卷(1922 年 9 月),第 409 页。另参见《曼彻斯特卫士报》,1921 年 5 月 7 日。

② 联合政府卫生大臣阿尔弗雷德·孟德(Alfred Mond)先生发言,《下院,议会辩论》,1921 年 5 月 9 日,第 1,598 辑。

③ 《下院,议会辩论》,1921 年 7 月 6 日,第 395 辑。

瓶,另一个是来自美国的硫化纤维,但在这两个案例中,申诉人都未能使之真正立案。① 在任何案例中要想突破复杂的行政管理障碍该有多么困难,这可以由按外汇倾销条款提出申诉的人的经验来说明,按这些条款申诉的程序同按真正倾销条款申诉的程序是一样的。截至 1922 年 7 月 31 日,要求征税的 123 项申诉中,仅有 4 项得到商务部批准并提交给下议院。② 到 1922 年年底,仅有两个案例按外汇倾销条款发布了征税令。虽然工业保障法反倾销部分的条款今天仍在生效,但已无多大意义。然而,大不列颠的政治形势最近发生了变化,一个完全由保守党组成并实行贸易保护的政府取代了包括自由派在内的联合政府,这可能导致修改这些条款,提高其严厉性并且在实施中去除某些行政障碍。

澳大利亚 1921 年反倾销法

澳大利亚于 1921 年颁行一部综合反倾销法,显然它并未废除前面一章中讨论过的此前 1906 年法律中的反倾销条款,而是对后者的补充。③ 1921 年的关税局法设立了一个由三人组成的关税局,它独立于关税部,其总的职责是研究关税立法对澳大利亚工业的影响,在它认为需要时可建议对此类关税进行调整。"工业保

① 《经济学家》(伦敦),第 95 期(1922 年 11 月 25 日),第 967 页。

② 威德伍德·本(Wedgwood Benn),"工业保障法:根据第 2 部分发布的命令",《经济》杂志,第 23 卷(1922 年 9 月),第 408 页,引用阿斯奎兹先生的数字。

③ (工业保护)关税法,1921 年 12 月 16 日。该法的条文见载于《贸易部日志》,1922 年 2 月 16 日,第 189—191 页。

护”或反倾销法的执行由该局负责。工业保护法的第 4 节规定，如果关税局进行调查并作出报告后，关税部部长确认某种澳大利亚也有生产的外国商品是以低于装运时出口国该商品公平市场价格的出口价向澳大利亚进口商销售，并且因此给澳大利亚某一工业
造成损害，那么他可以在官方公报上发布通告，详细说明这种商品 228
的情况。除发布通告外，还要对这些商品征收“倾销税”，税额在每个案例中都要等于装运时的公平市场价格和出口价格之间的价差。不过也有一些限制性条款。根据该法律的目的，货物税不包括在外国公平市场价格内。如果货物在装运前 6 个月内在国外购买，并且其外国市场价格在运输期间上升，那么根据本节条款的目的所要确定的公平市场价格就应是购买日的公平市场价格。[①] 该法律还授权在下述情况中免于适用该部分条款：(a)在澳大利亚没有大规模生产，而且以相同条件销售给所有购买者的商品；(b)公平市场价格和出口价格之间的价差不超过 5%的商品；或者，在关税局作出报告后，关税部部长确认豁免征税并不会损害澳大利亚工业，而且上述价差不超过 10%的商品；(c)样品。

第 5 节规定，如果商品正以低于“合理价格”的出口价销售给澳大利亚进口商——“合理价格”被定义为“反映商品生产成本的价格，加上 5%的装运费”——则可以按上述“倾销税”相同的程序对这些商品征税，即“低于成本倾销税”，税额在每个案例中都要等于装运时的合理价格与出口价格之间的价差。在缺乏令人满意的

---

① “这一条款是为处理进口商无法立即获得船位把所购货物装运到澳大利亚的情况而加入的。”(澳大利亚，关税局:《关于反倾销条款的备忘录，1922 年》，重印载于《贸易部日志》，1922 年 9 月 14 日，第 299 页。)

生产成本证明时,关税部部长在关税局作出报告后可以根据这一节条款的目的全权确定该成本。

第 6 节是关于防止通过寄售来规避前面各部分的条款。当货
229 物装运到澳大利亚寄售并正由寄售商以低于“合理售价”的价格在澳大利亚销售时,部长有权依照“倾销税”所要求的程序对此类商品征收“寄售倾销税”,税额在每个案例中都要等于寄售品在澳大利亚的批发价和某个合理销售价之间的价差。这个合理销售价被定义为:(a)公平市场价格,或者以生产成本再加该成本的 5%来代替公平市场价格,加上(b)运费、保险、卸货及其他费用、普通关税以及所有这些项目总额的 5%。

第 7 节授权依照惯常程序对装运到澳大利亚的某种或某类澳大利亚也生产的商品征收公平市场价格 5%的“运费倾销税”,这些商品的运费率低于装运日通行的运费率,但并不论引起低运费的原因是由于装载了压舱货,还是由于打了装运回扣或是其他特别的折扣。关税部对可能征收这类关税的情况做了如下说明:

> ……任何国家若对装运提供间接补贴,例如对船运邮件按磅提供特别高的费率补贴,则可能实施本节条款。
>
> 我们已经注意到一种情况,即货物在当地铁路运输时,若是用属于该国的船只装运便降低内陆运费率,但用其他国家船只装运就要收取较高运费。在前一种情况下,按第 7 节条款将征收倾销税。[①]

① 同本书第 107 页注 1。

第 8 至第 11 节包括一些复杂的条款，这些条款与倾销本身没有直接关系，但对来自通货贬值国家的进口品规定要征收“外汇倾 230
销税”。第 12 节规定，任何情况下依据第 4 至第 11 节所征收的关税无论分开计还是合计都不得超过普通关税下货物价值的 15%。[①] 第 13 至第 17 节包括倾销税征收管理方面的条款，其中最重要的是授予总督——实际上是内阁——制定必要的管理规则的职责，以及授予关税部长在征收倾销税前发布通告时拥有完全的裁量权，确定每个特定案例中应当征收并且按他认为适当的方式征收这类关税的货物。例如，他可以确定任何品种或种类的货物，或者任何特定船次的货物，或者任何特定出口商出口的货物。他可以将其通告的实施限定于公告发布日后进口消费的货物，或者追溯适用于已经进口的货物。

除该法令中有关外汇倾销——这在加拿大是反倾销法之外另有立法的内容——的条款以外，澳大利亚法在其意图上同加拿大现今生效的反倾销法非常相近，虽然在形式上和用语上不尽如此。关于倾销的定义，确定倾销税数额的方法，限定倾销税最高为 15%，为实施反倾销法而确定的公平市场价格不包括外国货物税的规定，除特殊情况外使用装运日而非购买日价格的规定，把倾销税适用范围扩大到低于生产成本销售的进口品，对寄售货物的特别处置，等等，所有这些方面都同加拿大的相应条款非常相似。除 231
“运输倾销税”——在加拿大法中没有相应的内容——这一特别之

① 在澳大利亚的关税手续中，为征收普通从价关税所定的价值是按出口国公平市场价格再加 10%来计算的。

处外，澳大利亚法不同于加拿大范本的方面重要的仅在于：倾销税的管理方法，尤其是政府若干部门之间管理职责的分配；在对进口品征收倾销税之前发布通告的要求；授权实施该法律的官员在特定案例中可以决定是否应当征收倾销税。[①]

新西兰 1921 年反倾销法

新西兰于 1921 年颁行反倾销法，这是其关税法总修订本的一部分；该法律在某些方面紧紧仿效加拿大法，但在另外一些方面给反倾销立法带来新的特点。[②] 该法律对下列三类进口品要征收倾销税：(1)进口到新西兰的某种或某类新西兰也有生产的，并且销售给进口商的离岸价格低于出口国现行国内价格的货物；(2)进口到新西兰的并且关税部长认为其价格低于原产国或出口国出口时的生产成本及合理利润的货物；(3)进口到新西兰的某种或某类新西兰也有生产的货物，或者从一个非英帝国国家进口到新西兰的某种或某类在英帝国其他某个成员也有生产的货物，但关税部长
232 确认这些货物得到特别的优惠——不论是铁路及船运费、补贴、特殊奖励、折扣还是其他形式的优惠，并且由于这些优惠而给新西兰或其他英帝国成员工业造成了损害。在所有上述情况下，将强制

① 1922 年，依据第 4 节发布了一项通告，事关美国一家康采恩出口到澳大利亚的一种特殊类型的毫米尺寸的橡胶轮箍。制造商已停止生产这种轮箍。在美国，通常销售的这种轮箍仅以英寸为尺寸，并且只对出口订单和毫米尺寸的产品提供 15%的特别折扣。

② 关税修正法，1921 年 12 月 22 日，第 2 节。该法律文本见载于《贸易部日志》，1922 年 2 月 9 日，增刊号。

征收倾销税,“除非关税部长另外特别指示,为公众利益起见不征收这一关税。”

这些条款的头两条紧紧仿效现行的加拿大法。第3条是加拿大法中没有相应规定的条款,它包括了南非反倾销法中的补贴抵消税和澳大利亚反倾销法中的运费倾销税。但是,在授权处罚来自任何外国(亦即非英帝国国家)受补贴进口品方面,即使新西兰并不生产这些商品,但只要给它们提供的补贴对英帝国任何成员工业具有损害影响便会受到处罚,新西兰显得更加关心帝国其他成员的经济福利。把这种抵消税的保护范围扩大到帝国其他成员的工业是基于下述理由:(1)这种税将使获得补贴的非英帝国出口商和英帝国未获得补贴的出口商二者对新西兰出口的贸易条件得到平衡,或者(2)即使受到补贴损害的英帝国工业不向新西兰出口产品,对非英帝国工业受补贴产品进行处罚也将迫使其放弃补贴。应当注意到,与前两项条款不同的是,补贴抵消税条款规定,除非补贴对新西兰或英帝国其他某个成员的一项工业带来“不利或损害影响”,否则不应征收这一关税。

在所有以低于国内售价或低于生产成本或受补贴产品出口到新西兰销售的事例中,还有留待关税部长作出最后裁决的情况: 233
(1)每个案例中可能存在的外国国内价格超过外国出口价格的数额,或外国生产成本超过外国出口价格的数额,或补贴的数额,以及(2)每个案例中所要征收的惩罚性关税的税率,但也规定这种税不得超过外国国内价格和出口价格的差额,或外国生产成本和出口价格的差额,或者补贴或奖励的数额。对实施这些条款制定必要规则的权力授予了总督,实际上也就是授予了内阁。

不管怎样,在征税时很难确定货物价值的情况下,或者货物装运过来像是要进行寄售或以正常销售之外其他方式销售以便规避倾销税的情况下,同加拿大法一样,关税部长获得授权对外国市场价格、出口价格或生产成本作出裁决,以他认为适当的方式确定所征税额并按此征税。[①] 该法律授权发布条令,可以对某种或某类货物免征倾销税,这些货物在新西兰或英帝国其他某个成员(1)生产数量不大,或者(2)在相似情况下以相同条件销售给所有购买者。这一法律第2节的目的显然是要保护新西兰和英帝国其他成员的消费者免受垄断商的剥削或商品不正常短缺之苦,只要取消对倾销品进口新西兰的限制便可以达到这一目的。然而,不清楚的是,取消新西兰的进口限制究竟如何能够使英帝国其他成员受垄断商品或不正常短缺商品影响的消费者获得利益;如果这种做法能对新西兰以外地方的消费者产生影响,那么恰恰相反的是,可
234 以预期它会使特定商品在新西兰以外地方的供给更加短缺而不是更多。

这个法律对1913年关税法做了修改,即在确定出口国现行国内价格以便征收普通从价税和倾销税时,要求从其现行国内价格中扣除货物税和退还的关税。[②]

新西兰关税部宣布,在对任何特定等级进口品征收倾销税以前,都将作出有效期为三个月的通告。当英帝国其他成员工业受到进入新西兰的倾销的影响时,海关官员被告诫在没有向关税部

① 第11条第2款(5)和第23条。

② 经1921年关税修订法修订后的1913年关税法第114条(3)。

长进行专门汇报并且没有发布通告的情况下，不应征收倾销税，但也只有重要案件才应呈交给部长。当新西兰工业受到进入新西兰的倾销的影响时，若无下面这样的通告，也不应征收倾销税，“除非进口看来会立即并在一段时间里影响本国工业，例如(1)低于本地产水泥售出价的倾销进口水泥达 10,000 桶；(2)相似情况下进口花呢价值达 10,000 英镑。”[①]迄今为征收倾销税而发布通告的少数事例中，已经很明显的是，除非倾销进口品“因其数量巨大或其他原因”而可能损害新西兰某个已建工业，否则不会对其征收倾销税。[②]

可变关税条款 235

近期的关税立法中明显存在一种倾向，即在国内或外国出口国暂时或不正常形势改变本国工业相对于外国产品的竞争地位时，都授权海关或其他行政官员采取广泛的处置措施来确定对进口品所要征收的税率。这类措施并非本义上所说的反倾销法，但通常要求对征税命令中指定种类的所有进口品，按他们权力额外征收关税；不管这些商品是否由其出口商以倾销价在海外销售，只要倾销正在发生或被怀疑正在发生，这些商品就会被征税。即使法令全书中有真正的反倾销法，可变关税法也可能比反倾销法优先用来处罚倾销进口品，因为在突发情况下，前者的实施可能更为

① 新西兰，关税部，《海关通告》，1922 年 7 月 6 日。

② 参见《贸易部日志》，1922 年 10 月 12 日，第 415 页。

迅速,更富有弹性。所谓“外汇倾销”法,即规定要对来自货币大幅度贬值国家的进口品征收特别关税的法律——其通常理由是,这些国家的出口商承受得起用不贬值外币表示的异常低的售价——最近几年已经有许多国家在实施生效,并且在很大程度上归类到这里称之为可变关税法的法律。不过,本书不把这些法律考虑在内。这部分地是由于它们从法律上看过于多变和复杂,从渊源上看过于短暂,从它们所引起的问题的种种结果来看又过于宽泛,因而在一项仅仅关心倾销本身和基本针对倾销本身的法律的研究范围内无法给予它们充分的考虑。下面是对一些外国法律的扼要介绍,这些法律对外国商品异常廉价的原因不作特别规定就授予行
236 政官员广泛的权力,可以改变法定的进口关税税率,以便保护本国工业抵御暂时涌入的异常廉价的外国商品。

1920 年,日本修订了它的关税法,授权政府在普通关税之外对经过调查后政府认为正以不合理低价进口的进口品征收一项特别关税,但税额不应超过进口品的价格;并且声明日本的主要工业已因此受到威胁。① 这一法律的目的,被解释成是要制止倾销发生的可能性,尤其是要保护日本在战时发展起来的工业。这种法律显然是要对倾销采取比常规反倾销法更为灵活的处置手段,常

---

① “第五条:当日本原材料工业受到不合理低价商品进口或进口商品以不合理低价销售的威胁时,帝国法令授权政府经调查组调查后确认这些商品,并在一个确定的时期中对其征收规则税目之外的特别进口税,但不应超过商品本身的价格。

对于这样被认定的已经进口的并且已为某个商人或其代理商所有的商品,政府有权按上述条款对销售商或其代理商征收这类商品的额外关税。上述条款规定的额外关税应当像征收国内税那样予以征收。”(美国商务部,《贸易报告》,1920 年 4 月 26 日,以及《共同法杂志》,第 2 卷(1921 年),第 21 页。)

规的反倾销法要求每个案件中都必须确定倾销的存在，并对所要征收的附加关税税率做了严格的限定。为了防止采用这样的法律而不优先采用更加规范的反倾销法，有些国家从宪法上限制授予行政当局过分广泛的权力，而另一些则不愿这么做。

新西兰在其 1921 年的关税法中写入一项条款，由内阁法令授 237
权总督，在他认为现有关税或免除关税有悖于总体公共利益或某一特定工业、商业及职业的利益时，或者进口到新西兰的商品得到补贴、折扣、运费特许或其他形式的贸易优惠时，他可以根据特定情况决定取消、降低或提高任何商品的关税税率。① 新西兰 1921 年的关税法即是这样赋予政府两种选择手段用以处理倾销进口品和受补贴进口品问题。可以相信，就倾销而言，这一比较灵活的法律其实施将仅限于下述情况，即更合乎常规但受限制更多的反倾销及补贴抵消税法律不足以迅速有效地应付突发情形，或者靠技巧可以规避这些法律条款的时候。

加拿大于 1922 年修改了它的关税法，授权内阁总督可以根据

① 新西兰 1921 年关税修订法，第 12 节(1)：

如果且不论何时总督认为——

(1)现有的某项海关关税，或关税税率，或对任何商品免征关税会或者可能会在一定程度上对总体公共利益或特定工业、贸易、商业和职业产生损害、不公平或异常影响；或者

(2)贸易优惠(无论是铁路或装船运费、特殊补贴、折扣还是其他优惠)被准予、采取或提供给进口到新西兰的商品；或者

(3)任何国家对进口的新西兰商品超额征收应纳关税——则根据内阁法令，他可以暂停征收全部或部分的现有关税；或者根据同一个或补发的内阁法令，他可以按他认为正确的做法改而对任何商品征收这类关税，或者决定免征关税(《贸易部日志》，1922 年 2 月 9 日，附录)。

关税部长的报告，在某种加拿大也生产的自然产品正以有损加拿
大厂商利益的条件进口到加拿大时，准许关税部长不必考虑关税
238 法中的其他条款而对这些商品进行海关估价。[①] 这一条款的目的
是允许对进口的自然产品确定一个比出口国国内实际现行价格更
高的进口完税价格，从而可以合法地征收较高的普通关税乃至倾
销税，[②]尽管这些商品的价格并不低于外国国内价格，也不低于生
产成本。

---

① 关于修改关税法的法令，乔治五世法典 12—13，第 18 章：

“不论何时，如果内阁总督根据关税和税收部长的报告认为，某种或某类加拿大也生产的自然产品正以妨害或损害加拿大厂商利益的条件进口到加拿大，无论是销售还是寄售，则内阁总督在任何情况或任何案件中都可以授权关税部长对这些商品进行海关估价，不必考虑本法律其他条款；由此确定的价格将被作为商品的公平市场价格。”（《加拿大法规集》，1922 年，第 1—2 卷，第 75—76 页）

② 因为倘若给进口商品定下的价格高于外国国内的实际价格，则完税价格通常就会高于出口价格，并且因此会使这些商品适用倾销税。

第十三章 美国反倾销立法 239

美国制定过许多制止倾销的法规。在这些法规中，针对官方补贴的抵消税已经在前面讨论过了；其余法规可以分为两类：(1)把特殊类型的倾销视为不公平竞争现象，运用司法或准司法手段来解决；(2)把倾销视为外国与美国工业进行竞争这个一般问题的特殊方面，以征收进口附加税这种形式运用行政手段来解决。为了方便起见，在下面讨论这两类法规时，我们将按主题来进行，主要是因为这样讨论不太会背离年代顺序。

倾销和不公平竞争

1890年谢尔曼反托拉斯法（**The Sherman Antitrust Act 1890**）——国会在1890年通过了谢尔曼反托拉斯法案，以严厉的惩罚禁止任何限制州际贸易或对外贸易的契约或联盟，禁止任何垄断或企图垄断贸易的行为。在许多案例中，法院就是以存在不公平竞争为依据来裁定企图建立垄断、限制贸易以及诸如此类违反该法案的行为。对我们这里的研究目的来说，特别重要的是，法院根据这个法案已经禁止为了打击竞争对手而把价格降到现行价格水平之下，尤其是低于生产成本的行为。[①] 在一些案例中，“当地削价”被认为违反谢尔曼法而受到制止，[②]这种行为即是在美国
240 某地销售或供应销售某种商品，出于建立垄断、摧毁或损害他人的贸易业务或者阻碍他人进入同一行业等目的，所制定的当地售价在考虑了运输成本、产品等级和质量以及销售量等方面的差异之后，仍比在美国其他地区所定的价格低。抱有这种目的的当地削价正是国内贸易中类似于国际贸易掠夺性倾销的行为。如果谢尔曼法案适用于外国厂商的不公平行为，那么它也可以用来制止外国厂商为打击美国竞争者或建立垄断而在美国市场上进行的掠夺性倾销。然而最高法院作出一项决定，不同意美国用该法案对发生在其他国家的此类行为行使司法权，即便这些行为由美国公民所为或在美国共谋而在其他国家实施，但只要不违反所在国法律，就不予追究。法院拒绝使这个法律在境外生效，因为在该法律中没有明确的此类规定。[③] 但是如果某个外国出口商或其代理商要在美国以倾销价格向美国买主销售商品，企图打击美国厂商或在美国市场上建立垄断，也就是说，如果销售合同是在美国签订而不是在出口国签订，那么这种做法就可能被归入谢尔曼法案禁止之列，这与最高法院的决定是一致的。

1894年关税法第73节（**Section 73，Tariff Act of 1894**）——根

---

① 《托拉斯法与不公平竞争》，第478页及以下各页。

② 同上注，第479页。

③ 《美国香蕉公司诉联合水果公司案》US213，第347页：“在本国密谋而在另一管辖区域实施的行为，如果当地法律允许，就不能把这些行为同这一密谋混为一谈，不能把这些行为定为非法。”

据一个至今仍在生效的条款，1894 年威尔逊关税法案（The Wil-
son Tariff Act of 1894）旨在把针对贸易垄断的一种特殊保护手 241
段扩展到美国的进口贸易。该法案第 73 节规定，任何个人或公司，如果他们从事美国的商品进口贸易，并且共谋或联盟的目的是为了限制合法贸易，或者是为了抬高美国市场上任何进口商品或这种商品的本地制品的价格，则他们之间的共谋或联盟都是非法的。这将受到罚款、坐牢或两者并罚的严厉惩处。根据这个法案，进口商若以代理人或委托人身份同一个外国出口商或者其他美国进口商在美国达成协议，按倾销价格进口外国商品，以便排除外国厂商的美国竞争对手或者帮助某个外国厂商在美国市场上建立垄断，即便是针对其他外国厂商的垄断，那么他这种行为毫无疑问是非法的。然而，如果这样的协议是在外国达成，或者某个外国厂商带有掠夺目的在美国倾销，但没有美国代理商或进口商参与，则最高法院对“联合水果公司”案所做的裁决表明，威尔逊法案并不能提供解决办法[①]。因此，除了所规定的处罚方面有些无关紧要的差别之外，威尔逊法案第 73 节似乎并没有给谢尔曼法案补充什么新东西。无论如何，它已被证明没有实际意义。根据这个法案对进口商提起诉讼的案例仅有一个，即“巴西咖啡价格支持案”。在这个案件中，由于放弃了有非法嫌疑的做法而导致撤诉。[②] 通常

① 这个案件是在威尔逊法案通过后裁决的，但是最高法院的裁决并没有援引这个法案的条款。根据这个法案，不管执行共谋的具体行为发生在哪里，只要共谋本身在美国达成，那么即使在外行看来，涉嫌共谋的联合水果公司也已经违法。

② 这个案件并不是掠夺性倾销案，而是关于美国银行家与进口商联手并同圣保罗州合作控制巴西咖啡的进口，出资收购市场剩余的库存，目的是为了抬高美国市场上的咖啡价格。参见美国司法部长《年度报告》，1912 年第 19 页及以下各页；“咖啡价格支持”，第 63 届国会第 1 次会议，参议院文件第 36 号。

情况下,带有掠夺目的倾销出售的商品的进口商乃至外国出口商
242 的美国代理人,都很少会参与掠夺企图,而这种掠夺企图是根据该法案判定进口为非法的必要条件。掠夺性企图应该只同外国出口行为有关。即使进口商与外国出口商之间有合谋,政府也很难证实合谋的确存在,而这对能否按刑律来论处是不可或缺的。

1916年岁入法第800—801节(Sections 800—801, Revenue Act 1916)——大战爆发后,人们认为外国——尤其德国——出口贸易中盛行的不公平竞争手段,特别是掠夺性倾销的曝光,在美国引起人们普遍要求抵制这种不公平外国竞争,更有效地保护美国的工业。这种要求在某些场合被作为坚持全面提高普通进口关税的理由,在另一些场合则成为要求国会制定类似加拿大那样的反倾销法的理由。威尔逊政府虽然表示完全赞成要求适当保护从而抵制外国不公平竞争的愿望,但还是决定不应感情用事去修订现有的关税法,使之更加严厉。因此,威尔逊政府建议为解决不公平竞争问题而采取的任何措施应当与关税立法相分离,应把针对国内
243 贸易中不公平竞争所采取的限制措施扩大应用到进口贸易中来。①

国会采纳了政府的建议。1916 年岁入法在众议院通过时包

① 参见商务部长,莱德菲尔德(Redfield)先生的建议,《商务部报告》1915 年,第 43 页;《赋税委员会关于岁入法法案的报告》,第 64 届国会,第 1 次会议,《国会报告》第 922 号,第 9 页。另参见司法部司法部长助理萨默尔·J. 格拉汉姆(Samuel J. Graham)致《纽约时报》的信,1916 年 7 月 4 日:"任何反倾销法律并不是税收问题或者严格说来不是关税问题。这是宪法中商业条款下而不是赋税条款下行使的一种权力。它的目的应当是防止不公平竞争。正如我们在克莱顿法(Clayton Act)中对我们的人民所说的那样,他们不应沉湎于不公平竞争。因此我们也打算把这一点告诉外国人。"

含了这样一些条款：规定任何进口商经常且有计划地在美国销售进口品，其价格大大低于这些产品向美国出口当时在生产国主要市场上的实际市场价格，或者大大低于这些产品经常出口到其他国家市场时的价格，但要加上进口中所需要的各种成本，如果这样做的意图是要损害或摧垮美国某一产业，或是阻碍美国某一产业的建立，或者是要限制这些产品在美国的竞争，那么这种行为就是违法的。违反这些条款要被处以不超过5,000美元的罚款或不超过一年的监禁或者两者并罚。任何因这种行为而受到损害的人有权申诉并可要求得到3倍于所受损失的赔偿。参议院修改了众议院的法案，不仅要惩处进口商旨在损害美国产业或限制美国竞争而以倾销价销售的行为，还要处罚他抱有这种目的的进口行为。① 该法案经过这样的修改后颁布实施。1916年岁入法中的这个条款至今未被废止，因而仍在生效。 244

这个反倾销法规明确规定进口商在行动上和图谋上参与掠夺性倾销即属于违法，而不是仅仅根据限制竞争或建立垄断的行动来推定为非法。除此之外，该法规并没有给谢尔曼法案增加什么新内容。与1894年的威尔逊法案相比，该法规除了规定不必提供进口商与他人共谋的证据以外，也没有增加什么新的内容。还很明显，除惩罚措施外，该法规没有对1914年联邦贸易委员会法令第5条作出补充；后者在相关部分中仅仅宣布“贸易中的不公平竞争手段”为非法，“贸易”既包括州际贸易也包括对外贸易，而国内

① 《国会记录》，1916年9月5日，第13页，第789页。这个法案在修改时又增加了一个条款，以征收双倍的关税来惩罚进口贸易中的“种类齐备要求”(full line forcing)，即进口合同中规定进口者不应使用、购买或经营任何其他康采恩的同类商品。

贸易中类似的价格行为已被法院认定是“不公平的”。同 1894 年威尔逊法案第 73 节一样，该法规被证明全然没有效用，迄今还没有一个依据该法规立案诉讼的实例。[①] 它没有向任何政府机构赋予这方面专门的管理责任，而是授权司法部负责实施，但司法部却是一个没有任何专门便利条件发现掠夺性倾销的机构。作为一项刑律，它必须有严格的解释；但是，该法规关于进口商的进口价格或他的销售价格怎样才算“大大低于”外国市场价格，关于怎样才算构成了“经常且有计划的进口”等都很不明确，在如何才能证明损害或摧垮美国工业或建立垄断的企图这一难题上更是只字不提，这种不确定性不可避免地会使得对典型的掠夺性倾销案件的
245 裁决变得困难起来。[②] 同样道理，一个受到掠夺性倾销损害的美国制造商也会由于缺少办法获取有计划倾销和掠夺企图的证据而难以通过国内诉讼得到补偿。一个更为重要的影响该法规有效性的限制在于，若要进行处罚，就必须证明与倾销相关的掠夺企图存在于进口商一方。再重述一下前面已经提到的 1894 年威尔逊法案第 73 节，倾销品的进口商极少带有从中赢利之外的其他目的去进口或销售商品，掠夺企图即使有，通常也只限于外国出口商。除非能够找到某种办法可以将外国违法者纳入处罚范围，否则，反倾销刑事法规就不会起作用。[③]

1916 年法案的反倾销条款也同样受到批评，因为它将其惩罚范围限制在经常且有计划的掠夺性倾销，因而无法对偶然倾销进

① 参见福德内先生，《国会记录》，1919 年 12 月 9 日，第 331 页。

② 参见美国关税委员会，《关于倾销和外国不公平竞争情况的报告》，第 33 页。

③ 同上注，第 18 页。

行制裁，尽管这种倾销具有掠夺性质；也无法对其他类型的倾销进行制裁，尽管这些倾销不具有或不能证明具有掠夺企图但还是损害了美国的工业。[①] 不过，这些批评更多地是针对这些目标的狭隘性，而不是针对该法案在达到目标方面的有效性。因此，这个法案只涉及掠夺性倾销而未对偶然倾销作出惩罚其实是明智的。偶发性倾销并不能造成明显的竞争限制或贸易垄断。此外，根据美国关于不公平竞争的法律，也要求必须证明旨在限制贸易或攫取垄断控制的不公平做法是持续存在的。这种做法的单个事例或少 246
数零星事例是不足以定罪的。[②]

1922年福德内—麦克康伯关税法案第316节（**Section 316, Fordney-McCumber Tariff Act of 1922**）——1922年福德内—麦克康伯关税法案第316节，是第3个专门旨在限制进口贸易中不公平竞争的法规。参议院财政委员会已经用众议院通过的一项详尽的全面的反倾销法案取代了这节条款。该法案宣布，由货主、进口商、寄售商或他们的代理商在把货物进口到美国进行销售时采取不公平竞争手段和不公平行为，倘若其后果或倾向是为了摧垮或实质性地损害美国某一有效率并且经济地运作着的工业，或者是要阻止这样的工业建立，或者是要限制或垄断美国的贸易和商业，则他们的行为便是违法的。关税委员会受命根据有誓言保证的申诉或根据它自身的起诉权，按照规定的程序对涉嫌违反该条律的

① 见本书第222页注2，第33页；卡尔伯森（W. C. Culbertson），《战时与战后贸易政策》，纽约，1919年，第152页及以下各页。

② 参见埃默里（H. C. Emery），“反倾销法问题”，《第三次全国对外贸易大会报告》，1916年，第78页。

行为进行调查。如果有证据支持,则除了准许复审以及仅就调查中某个法律问题向美国关税上诉法院提出上诉等情况外,关税委员会的调查结果就是决定性的。关税上诉法院对于这样的上诉,可以命令关税委员会进一步举行听证,获取更多的证据,而关税委员会则可能根据有关事实修正调查结果,或作出新的调查结果。如果有“证据”支持,则除关税上诉法院仅就某个法律问题另行受理上诉外,新的调查结果应是决定性的。关税上诉法院的裁决是终审裁决,除非美国最高法院要求调取案卷重新审理。关税委员会的最终调查结果连同诉讼记录一同呈交给总统,如果总统确信
247 不公平竞争手段或行为被证实存在,他就会确定附加税的税率,该税率不超过对这些进口商品征收普通关税时所估价值的50%,但也不低于10%,“这将抵消此类手段或行为。”在一些极端的不公平竞争案件中,总统可根据他所认为的美国利益需要,下令禁止由违反该条律有关条款的任何人所进口的商品进入美国。

这个条律的形式大体上接受了关税委员会就1916年岁入法反倾销条款提出批评时向国会所作的建议。① 参议院该法案的提案人声称,这个法案涵盖面广,足以阻止任何种类和形式的不公平行为,因而能为美国工业提供比这个国家任何现有反倾销法律更加充分的保护。② 不过显而易见的是,除非倾销带有掠夺企图或

---

① 参见美国关税委员会,《关于倾销和外国不公平竞争情况的报告》,第33、34页;《第六号年度报告》,1922年,第3、4页。

② 参议院财政委员会,《多数党关于众议院的报告,第7456号》,第67届国会,第2次会议,《参议院报告,第595号》第3页。当该法案获得通过时,法律全书中除已有1894年威尔逊法第73节以及1916年岁入法反倾销条款外,还有作为紧急关税法的一部分于1921年颁行的那部出色的反倾销法。见本书英文版第258页及以下各页。

某种不公平行为，否则该条律并不能适用，因为在美国的法律条文或司法裁决中从未赋予过“不公平竞争”一词任何可以使该条律适用于普通非掠夺性倾销的意义。[①] 所以，作为反倾销措施这个条律的意义在于它针对掠夺性倾销所提供的额外保障。但它会比此前已经实施的法规提供更多更好的保护作用吗？

1894 年威尔逊关税法案第 73 节和 1916 年岁入法中的反倾
销条款被证明难以奏效，主要是因为它们都是提供司法救助的刑 248
事法规，因而必须有严格的解释，并且也是因为它们不能用来惩罚违法者，如果他是个在外国经营的外国人的话。导致这两个条律无效或许还因为它们没能指定某个政府机构执行监督法令实施这一特殊任务。第 316 节显然被官方机构看作是针对进口贸易中不公平竞争的行政救助而非司法救助，但所规定的执行程序至少在性质上只是准司法的。在没有对不公平竞争作出准确法律定义的情况下，却要求实施处罚前必须确认不公平竞争行为存在，这将为每个准备实施处罚的案件获得司法复审开辟道路。虽然初审时可以仅就某个法律问题向关税上诉法院提起上诉，但在实际中事情可能发展成这样，即如果法院下令关税委员会再次举行听证，则被立案调查的进口商就可以获得机会由法院对首次上诉中任何能够提出的法律问题按有关事实进行复审。关税委员会在复审时对有关事实作出的调查结果是决定性的，但也仅在“若得到有关证据支持”时才具有决定性，而法庭则理应会坚持拥有审查证据充分性的

① 下述情况除外：竞争法关于“公平”的定义有时即是以该法律的大致裁决结果为基础的，并不管是什么企图。

权力。[1] 此外，假如在该条律下发生一起重大案件，那么由总统来决定对不公平行为实施处罚这一重要规定还将引起一个立宪问题。

249 当然，这里的立宪问题在于，把确定附加税税率的权力赋予总统是否属于立法(司法?)权的无效委代。福德内—麦克康伯关税法案第315节和第317节也同样涉及这个问题。著名的菲尔德诉克拉克一案[2]被经常引证来为这些关税法规的合宪性进行辩护。在这个案件中，最高法院认定，1890年关税法第3条赋予总统有权对该法律特别规定的5种商品——当这些商品是从他认为对美国产品所征关税"相对不平等且不合理"的国家进口时——征收一定的关税并不涉及立法权的授予问题，因为什么商品应征税，以什么税率征税，或哪些国家的产品要征税等，该法律并没有把裁处权赋予总统。[3] 第316节试图取消赋予总统广泛的裁处权，其理由是，总统将决定"可以抵消这种[不公平]手段或行为"的处罚措施，但既然他的决定是最终决定，"抵消不公平手段或行为"这些字眼也就没有什么真正的限制，况且在绝大多数涉及不公平竞争行为的案件中，没有一种可行的方法能够确定哪怕大致确定什么样的处罚可以"抵消"这类行为。在法律设定的最大限度和最小限度内，总统实际上拥有完全的裁处权。不仅如此，在极端的案件中，

① 不过有理由假定，"有关"一词所指的含义是起草时无意的出错，因而不会影响该条款的释义。

② US143第649页。

③ 事实上，哈里森(Harrison)总统在选择处罚哪些国家时行使了很大的裁处权，但只对三个并没有能力采取报复措施可以给美国贸易造成实质损害的加勒比国家采取了行动。(参见美国关税委员会，《互惠与通商条约》，1919年第156页及以下各页。)

他可以禁止涉案商品的进口，而法律对什么是极端案件却没有作出任何说明。所以，正如最高法院对菲尔德诉克拉克一案所作的 250
解释那样，在 1890 年关税法第 3 节和福德内—麦克康伯法第 316 节之间没有任何特别的相似之处。[①] 但是，自菲尔德—克拉克一案以来，有关宪法禁止权力委代的司法解释明显变得更加宽松，这主要是因为，不那样的话，国会就无法有效行使其管理对外贸易和执行其他管理职能的绝对权力。[②] 不过，司法解释及其执行的必要性对该条律有效性的影响是否会比对 1894 年和 1916 年那两个抵制进口贸易不公平竞争的法规的影响要小一些，却是值得怀疑的。

虽然第 316 节确实把调查被控违反其条款的行为这一专门任务交给了一个政府机构即关税委员会，因而在这方面比 1894 年和 1916 年法规增加了一些内容，但是联邦贸易委员会法早已宣布贸易中的不公平竞争手段属于违法，并且把调查被控不公平竞争案

① 参见参议院蒙大拿州沃尔什(Walsh)参议员在对第 316 节进行辩论时所作的评论："我敢说，美国总统同这个机构的普通成员一样已经成了数学家；但是他将如何把进口商或商人在进口商品时犯下的罪过转变为一个关税税率，从而以他的关税税率来抵消如此罪行却是一个我也不知道该怎样解决的问题。我仅仅呼吁在表决时应注意到这个事实。

不过，他不仅可以征收这笔如此推测得来的关税，而且在极端的案件中他还可以宣布商品将被完全拒绝进入美国。要准确地说出什么是极端案件或温和案件或轻缓案件，我们只能去揣测。当然，这一法案给予总统权力去征收他认为合适的关税，或者当他认为合适就禁止所有商品进口。换句话说，赋予总统的裁决权……在第 316 节条款中是非常明白和无可争议的。"(《国会记录》，1922 年 8 月 11 日，第 12 页，第 274 页。)

② 参见例如巴特菲尔德诉斯特朗纳罕一案(Buttfield V. Stranahan)，US 192，第 470 页。

件和通过法院保证实施禁令的责任交给了关税委员会。作为调查机构,关税委员会比联邦贸易委员会更有优势,第316节所规定的程序以及处罚措施的准司法性质,比起联邦贸易委员会法在程序以及必须经由法院实施处罚的规定也更为高明,但是除了这两个
251 优点,第316节在已有的针对掠夺性倾销和主要发生在进口贸易中的不公平竞争的保护措施方面迄今并未明显作出实质贡献。①

关于第316节程序和处罚的结论既如此,也就可以说,除它考虑到了以往法规未曾涉及的行为以外,它给现有的法律体系并没有增添什么内容或只增添了少许的内容。第316节宣布,"由货主、进口商、寄售商或他们的代理商在把货物进口到美国或进行销售时采取不公平竞争手段和不公平行为,其后果或倾向是为了摧垮或实质性地损害美国某项有效且经济地运作着的工业,或者是要阻止这样的工业建立,或者是要限制或垄断美国的贸易和商业,"则属于违法行为,并规定了处罚措施。但联邦贸易委员会法早已宣布,贸易中的不公平竞争手段无限制或无条件地一律属于违法,并且将贸易定义为不仅包括进出口贸易还包括州际贸易。②

此前那些限制进口贸易中不公平竞争的法规并不起什么作用,因为它们不能直接或间接地扩大适用于发生在美国领土以外地方的不公平行为。如果第316节真能提供一种手段来处罚上述

---

① 1921年紧急关税法中的反倾销条款尚待考虑。审阅其条款还会进一步支持这一结论。

② 第4款。参见美国关税委员会,《第六号年度报告》,第4页,"第316节实际上是把联邦贸易委员会法针对州际贸易不公平竞争手段所规定的禁令同样扩大适用于进口贸易中的不公平竞争手段。"

行为，那么它就成功地弥补了美国法律中的一个空白，并具有一定 252
的潜在效用。但是法院已明确表示一项联邦法律要在境外运用，唯有其条文中写明这一点才可以。[①] 为了应对出口贸易中同样存在的这种情形，韦伯—波默莱恩法（the Webb—Pomerene Act）扩大了联邦贸易委员会法关于贸易中不公平竞争手段的禁止范围，因而它现在也适用于出口贸易中对美国竞争者造成不公平的竞争手段，尽管这些构成不公平竞争的行为发生在美国司法管辖范围之外。[②] 如果第 316 节要具有治外法权的话，那么它看来就必须在其自身条款中或者至少在国会就此进行的讨论中明确指出治外法权正是这个法案的意图所在。

参议院曾对第 316 节进行过敷衍草率的讨论，而众议院压根就没有讨论过。参议院的讨论几乎没有说明这个法规的意图，但确实又指出该法规只适用于进口商在美国的不公平行为。在最初的草案中，处罚仅适用于——或在参议院看来仅适用于——有不公平行为的"货主、进口商、寄售商或他们的代理商"所进口的全部商品。经一致同意，参议院修改了该法案的措辞，以便明确无辜的
进口商不会因为其他同类商品进口商犯有不公平行为而受到处 253

① 参见本书英文版第 240 页。另参见桑德伯格诉麦克唐纳一案（Sandberg v. McDonald），US248，第 185 页："立法是设定有治域的，并且不能超出立法权限的限制。"

② 第 4 款："对'不公平竞争手段'的禁止，以及为实施禁令而写入 1914 年 9 月 26 日通过的法案中的救助措施——该法案名为'为建立联邦贸易委员会，确定其权力和职责及其他目的的法案'——应当扩大适用于针对出口贸易竞争者在出口贸易中采取的不公平竞争手段，尽管这些构成不公平竞争手段的行为发生在美国司法管辖范围之外。"

罚。这一讨论清楚地表明，该法规只是针对进口商的不公平行为，并没有提及向美国出口商品的出口商的不公平行为。在修改该法规的过程中，参议院用下述措辞制定了处罚条款，规定附加税只适用于“违反该法案而**进口**的”商品，并且进口禁止措施也只适用于“**违反**该法案条款的**任何人所进口**”的商品。[①] 在该法规最终颁布时，这些改动都被收入其中。因此，该法规无法处罚向美国**出口**商品时的不公平行为。尽管这些商品的出口在销售之前，因而出口商也就是“货主”，该法规可以认定其不公平行为属于违法，但是处罚措施对他却鞭长莫及，因为这些处罚措施只适用于进口商。既然不公平的行为几乎总是出自出口商或销售商而非进口商或购买者，那么第 316 节看来也存在同样的缺陷，这一缺陷使以往美国针对进口贸易中的不公平竞争的法规失效，从而无法处罚外国出口商。然而关税委员会却解释说第 316 节对美国以外的不公平行为也赋予了司法权。“这些条款”，关税委员会宣称说，“使总统有可能制止不公平行为，哪怕是居住在美国管辖区域以外个人的不公平行为。”[②]除非把一个美国人向某个怀有不公平竞争目的的外国出口商购买商品的清白行为算作不公平行为，或者对不公平竞争法来说不公平行为由何人在何地所为这个问题不重要，因而该条律注重的是商品而不是人，否则难以使人弄明白该条例怎么能这
254 样来加以解释。况且，这个条例本身也看不出具有关税委员会所说的那种含义。

① 《国会记录》，1922 年 8 月 11 日，第 12 页，第 277 页及以下各页。

② 《第六号年度报告》，第 4 页。

美国参加国际联盟的工业产权保护(**American Participation in the International Union for the Protection of Industrial Property**)——建立一个有效控制不公平竞争的体制,以刑事处罚来惩治违法者,尤其他若是一个身在外国违法的外国人,这是很困难的事,在绝大多数情况下还是不可能的事。这就产生一个建议,即要解决国际经济关系中的不公平竞争问题应建立一个国际贸易法院,或者应达成国际协议,每个国家都承诺保证将其针对本国国民不公平竞争的相同保护措施应扩大适用于其他每个签约国的国民。[①] 在不公平竞争问题上建立这种国际控制已经取得极大的成功,[②]在这方面最重要的进展是1883年在巴黎建立了国际工业产权保护联盟,并在以后的会议特别是1911年华盛顿会议上进一步扩大了该联盟的权力。这个联盟主要涉及专利和商标权的保护,但也涉及与其有关的国际间不公平竞争这个一般问题。1911年在华盛顿修改并由包括美国在内21个国家代表签字的协定包括以下两个条款:

> 第2条　每个签约国的国民或公民,在发明专利、公用事业设备模型、工业设计或模型、商标、商号名称、原产地证明以
> 及制止不公平竞争方面,在所有其他本联盟成员国内应享有 255
> 所在国法律现在或今后给予该国国民的各种权益。因此,他

① 参见联邦贸易委员会,《年度报告》,1919年,第91页及以下各页,第388页;卡尔伯逊(W. S. Culbertson),《战时与战后贸易政策》,第12章,“一国控制在何处失败”。

② 参见《托拉斯法与不公平竞争》,第697—704页。

> 们只要遵守其他每个成员国国家法律对其本国公民所要求的手续和条件，就应享有和该国国民同样的保护，并在他们权利遭受侵害时得到同样的法律救助。被请求保护的国家不得要求本联盟成员国国民必须在该国有永久住所或营业所。
>
> 第10条—1　本联盟所有成员国同意保证给予联盟成员国有效保护，反对不公平竞争。

这些承诺中的“不公平竞争”一词如果完全能够采用美国的释义，那么签约国忠实执行该协定就能向包括美国在内每个签约国的公民提供有效保护，反对任何其他签约国公民进行的掠夺性倾销。但是，会议的正式报告表明，“不公平竞争”(unfair competition)是对会议所指行为的不确切的英文译法。“不诚实竞争”(dishonest competition)更准确地表达了各签约国承诺所要制止的那种行为。除美国外，即使有也仅有少数几个国家的民法或刑法禁止在国内贸易中企图限制或实际限制竞争或损害竞争者的价格歧视行为。这些已经立法禁止某些竞争方式的国家的法律几乎
256 无一例外地都局限于禁止会导致诈骗、说谎、欺骗、违约或其他一些道德上应受谴责的行为。① 华盛顿协定中的“不公平竞争”一词必须解释为只适用于上述这些行为。在该协定英文本用“不公平

① 外国有关不公平竞争的法律，参见《美国工业委员会报告》，1901年，第18号；大不列颠重建部，《托拉斯委员会报告》，1919年，第33页；《托拉斯法与不公平竞争》，第10章；美国国会图书馆，《德国法律和法律文献指南》，1922年，第94页及以下各页；弗朗西斯·沃尔克(Francis Walker)，“德国、英国、加拿大和美国走向联盟的政策”，《编年史》，第42卷，第185页。

竞争”(unfair competition)的地方，法文基本文本则是用“不诚实竞争”(concurrence déloyale)。“不公平竞争”被理解为“不诚实竞争”见于英国代表提交给会议的报告中，也就是根据他们的建议才增补了第 10 条—1，并强化了第 2 条。英国代表在其报告中只提到“不诚实竞争”，而且他们说明会议是从狭义上理解了这个用语。[①]

美国就采用了这个释义，1918 年通过韦伯—波默莱恩法时也做了说明。该法案允许经营出口贸易的美国人联合起来管制出口贸易，只要出口贸易中的不公平行为会损害**美国**竞争出口商或**美国**消费者的利益，便可予以制止。[②] 因此，不能认为国际工业产权保护联盟提供了制止国际贸易中掠夺性倾销的办法；虽然已有布鲁塞尔糖协定的先例，但看来不可能达成任何制止掠夺性倾销的
国际协议，除非绝大多数重要贸易国家也都规定国内贸易中的类 257
似行为属于违法。但是，对于那些的确不希望进行普通反倾销立法的国家来说，建立对国际商业定价行为的有效国际控制或者听任掠夺性倾销延续下去便是仅有的现实选择。

① 大不列颠，《议会文件》，第 5842 号(1911 年)。例如，“我们成功地得到一个新条款，使各签约国保证提供有效保护，反对不诚实竞争。”(第 95 页)“第 2 条——该条款……已经修改，以包括原来的效用，并限制不诚实竞争”(第 96 页)。

② 参见艾略特·琼斯(Eliot Jones)，《美国的托拉斯问题》，第 384 页；诺兹(W. S. Notz)和哈韦(R. S. Harvey)，《美国对外贸易》，第 241 页。另参见众议院委员会《关于韦伯法司法体系的报告》，1916 年(第 64 届国会，第 1 次会议，《众议院报告》第 1118 号)，第 3 页：“如果有也仅有少数其他国家强制其出口商遵守我国托拉斯法所规定的那种商业规范，那么我们又为什么要求我国的出口商遵守比其外国竞争者更高更严格的行为规范呢？换言之，通过这个法案，我们能使我们美国的出口商在国外相同条件下经受得住外国竞争对手的竞争。”

反倾销的行政措施

1913年提出的反倾销条款——1913 年安德伍德关税法案(**the Underwood Tariff Bill of 1913**)由众议院通过时,包含了这样一个条款:如果某种美国也有生产的外国商品出口到美国,其价格低于出口时出口国公平市场价格,则将对该商品征收附加关税。这种倾销税应等于出口价格与出口国国内消费的公平市场价格之间的差额,但又规定倾销税在任何情况下都不应超过从价税的15%,并且普通关税达到从价税 50%的商品应免征倾销税。财政部长为该条款的实施制定规则和管理条令。[①]

这个被提议的反倾销措施,甚至其条款的措辞都几乎完全是加拿大反倾销法的翻版,但有一个重要区别,即在加拿大的法律中,对处罚条款的严厉性进行修改或授权海关当局修改的限定条件大多都被省略了。安德伍德法案建议大大降低普通关税税率。众议院筹款委员会在报告这个法案时解释说,普通关税应定得足够低,从而使外国产品能同美国产品进行"正常价格下合理且公平的竞争",它还解释说,增加这个反倾销条款是为了保护美国工业免受外国不正常竞争而陷于混乱。[②] 根据该委员会的解释,反倾
258 销税应运用于普通关税的应税商品,[③]众议院两次试图把反倾销

① 提案文本见第 63 届国会,第 1 次会议,《众议院报告》Ⅱ,第 455 页。

② 同上注,第 53 页。

③ 从提案文本来看,这并不明显;众议院在这一点上有些混乱。

税的适用范围扩大到美国也生产的某类免税商品，但都未成功。[①]

参议院财政委员会从该法案中删去了这个反倾销条款，其理由是：既然要完全实施该条款，就不应限于应税商品；该条款以征收15%从价税来提高进口货物关税的方法，只能是一个"不友好政府"所为；现存法律中处罚商品价格低估行为的条款是"非常好的反倾销条款，据我们所知并且我们相信它们能很快阻止美国市场上的倾销，这些条款也没有使任何执行官员能够随意地（将其广泛实施）提高关税。"[②]在两院协商会议上众议院做了让步，当安德伍德关税法案成为法律时，其中已没有反倾销条款。

1921年反倾销法（**Antidumping Act 1921**）——1921年的紧急关税法包括一项标题为Ⅱ的重要反倾销措施，根据这个法令，该措施以"1921年反倾销法令"而为人所知。这项措施有一个漫长而复杂的立法过程，可以追溯到1919年的秋季，在这里我们只需介绍其最基本的概况。1919年一些反倾销立法提案被呈交到众议院，其中一项由众议院福德内（Fordney）递交的提案在1919年12月11日获得众议院通过。[③] 福德内先生声称，1916年岁入法中的反倾销条款缺乏效率并且不够全面，所以有必要进行这个立法。[④] 众议院通过的这个法案规定，对出口商以低于其国内市场价格销售，并且美国也生产或与美国产品竞争的所有进口商品要征收倾

① 《国会记录》，1913年5月6日，第1,235、1,366页。

② 第63届国会，第1次会议，《参议院报告》80号，第31页。关于最后一点理由，见下文268页。

③ 第66届国会，第2次会议，《众议院报告》，第10,918页。

④ 同上注，第479页。

259 销税，税额相当于外国国内价格和出口价格之间的差额。倾销税由财政部管理实施。

参议院财政委员会用另一个反倾销法取代了众议院的这些条款，该反倾销法规定，应当对以低于外国国内价格销往美国的商品征收倾销税，但只有在财政部长进行了调查，并由他宣告发现美国某个工业正在或有可能受到这种倾销的损害，或其建立受到倾销的阻碍之后才可征收。财政委员会少数派的一份报告反对采用上述两个建议，理由是这两个建议无论哪一个都要承担严重的管理困难和巨额费用，并且有可能完全或部分地破坏普通关税的免税清单，而进口商品价格的上涨会使生活费用长期高昂。[①]

这个时期，反倾销措施没有取得新进展，但在接下来的那次国会会期里，众议院 1919 年通过的那个反倾销法稍作修改后写进了紧急关税法案，并再次获得众议院通过。参议院财政委员会则再

260 次用它在上届会期提出的法案取代众议院的法案并也在参议院获得通过。[②] 在参众两院会议上，众议院接受了参议院的法案，[③]在紧急关税法最终被通过时包含了这个法案。

紧急关税法中的反倾销条款的实质内容如下：只要财政部长发现美国某个工业由于外国商品进口到美国而正在遭受或有可能遭受损害，或其建立受到阻碍，并且这类或这种商品正在或有可能

① 第 66 届国会，第 2 次会议，《参议院报告》，第 510 页。

② 在参议院，里德(Reed)参议员提出过一项修正意见，其大意是，如果美国出口商经常以倾销价在海外销售某些商品，则相似商品进口到美国就不应对其征税，但是这一意见以极为接近的票数被拒绝了。(《国会记录》，1921 年 5 月 11 日，第 1,296、1,306页。)

③ 第 67 届国会，第 1 次会议，《众议院报告》第 79 号，第 11 页。

在美国或其他地方以低于其公平价值的价格销售，他就可以公布有关的调查结果；对于财政部长公布了调查结果的所有某种或某类进口商品来说（倘若海关估价师还未向关税征收者作出估价报告），如果“购买价格”或“出口商售价”低于“外国市场价格”，则将在普通税以外——如果征收了的话——再征收相当于这个价格差额的特别的倾销税。

“外国市场价格”按照惯例被定义为该商品出口当时在出口国主要市场以通常批发数量销售给所有购买者的价格。不过，估价官员在对外国市场价格同出口商售价或购买价格进行比较时，被要求充分考虑到完全或部分地因销售量差异而引起的价格差异。还有一个规定，如果购买或达成购买协议早于出口，则外国市场价格应采用购买或达成购买协议那天的价格。

“购买价格”被定义为出口前销售给进口商的价格，如果售价中包括把商品运送到交货地而发生的各种费用，则要作出扣除，再 261
加上（1）出口国征收的出口税税额，如果它没有包括在售价中的话，（2）免交或退还的进口关税税额，以及出口国对出口到美国的商品所减免的国内税税额。

关于“出口商售价”和外国市场价格差额的规定旨在把外国商品寄售出口以后销售给美国购买者或销售给美国代理商等情况考虑在内。出口商售价被定义为：在出口之前或之后由出口商或替出口商在美国把商品销售给购买者的价格，并扣除（1）把商品运送到美国交货地所发生的各种费用，包括普通关税，如果征收了的话；（2）与在美国销售商品有关的各种佣金和费用；以及（3）出口国征收的出口税税额；再加上退还或减免的进口关税税额和对出口到美国的商品减免的国内税税额。对购买价格和出口商售价所作的定义,是从给予美国购买者的价格中剔除商品离开出口地后发生的与运输有关的所有费用,并建立了外国市场价格和美国出口商在工厂或在相当的出口地离岸价格之间的比较,以此作为决定倾销是否存在的基础,但也考虑到了由于外国对出口商品减免或退还进口关税或各种国内税,因而外国市场价格超过给予美国购买者的价格的情况。

所增加的条款规定:当外国市场价格难以确定时,就不采用该价格,而采用外国生产成本,包括合理的利润;坚持采用真实的而
262 不是一成不变或人为臆断的外国市场价格;对财政部已经作出裁决的某种商品,如果是由出口商通关则将其扣存在关栈内,目的在于倘若这些商品后来以低于外国市场价格的出口商价格销售或交货就可以保证倾销税的征收。海关估价师奉命保留他们提交给关税稽征人的估价报告,以此来协助反倾销法的实施管理(这样就有办法通过海关来清除这些商品);如果海关估价师有理由怀疑那些还没有作出过裁决的商品正在美国倾销,那么他们的报告将被保留到财政部长下达进一步指令或作出裁决。海关估价师也被要求保证对于实施该法律必不可少的价格信息的可靠性。对于被征收过倾销税的再出口商品,特别的倾销税将以同普通关税一样的形式予以退还。

这个法律几乎在各个方面都是起草反倾销法的典范,有许多地方比加拿大的反倾销法优越。[①] 在商品被征收倾销税之前要求

① 对法律出色起草的大量赞誉看来应归于参议院法律起草办公室主任约翰·E. 沃尔克(John. E. Walker)。参见《紧急关税与反倾销,美国参议院财政委员会关于众议院第 2435 号议案的听证会》,1921 年 4 月 18 日,第 9 页及以下各页。

作出公开裁决是一个显著优点。它使海关部门不必为获得倾销证据而检查大大小小每船货物。这使该法规成为一个预防性而非惩罚性的法规，因为公布的裁决结果可以告知所有有关方面，裁决中列出的进口商品将受到密切注意，检查倾销证据，如果发现倾销就将受到处罚，这样也就相当于一项禁止倾销的命令。在大多数情 263
况下，它很可能使偶然性倾销免受惩罚。将倾销税限于损害或可能损害美国某个工业的倾销，可以让高明的关税管理部门公开地不去干预下述性质的倾销，即它们对美国消费者的好处至少不会明显被美国工业实际或预期受到的损害所抵消。管理程序是简单的，而且完全委托给一个可能最适合承担这一任务的部门。倾销的定义已是尽可能准确的了，也已尽可能避免了含糊和不确定，并且使得所有类型的真实倾销受到处罚——如果它们损害或有可能损害美国某个工业的话，还使得所有类型的假性倾销能免受处罚。其中一些条款很大程度上可以保护进口商和外国出口商不受该法律不公正实施的伤害，例如要求在购买先于出口的情况下，倾销存在与否应通过对购买价同购买日而非出口日的外国市场价格进行比较来确定；又如有些条款考虑到了外国对出口品给予的各种税收减免，以及销量不同所造成的价格差异。这些条款是经过漫长的考虑后才写进去的，有些还是顶住关税专家的反对写进去的，他们不希望看到管理方面的便利以及针对外国低价而给予美国厂商的额外保护将浪费在他们认为是为取得平衡而付出的过分热情上。①

① 参见《反倾销立法，众议院赋税委员会关于众议院第 9,983 号议案和众议院第 10,071 号议案的听证会》，1919 年 10 月 22 日，第 15 页及以下各页；《紧急关税与反倾销，美国参议院财政委员会关于众议院第 2,435 号议案的听证会》，1921 年 4 月 18 日—22 日，第 69 页及以下各页。

然而在一些小细节上，这个反倾销法却有可批评之处。就条
264 款而言可以指出的有，加拿大反倾销法的有关条款限定了可以征收的倾销税最高数额并对那些已被征收很高进口关税的进口商品免征倾销税。[①] 出口国征收的出口税如果没有包括在价格中则应加到购买价格中去，这一条款是法案起草中的一个失误。有关出口税的条款其目的在于把价格不比外国市场价格高出出口税额的出口销售确认为倾销，这体现在确定出口商售价时要求从给予美国购买者的价格中扣除出口税税额。为了确定倾销的存在，该法律应该要求从购买价即对进口商的售价中扣除出口税而不是要求把它加到购买价中去。现在的情况是，出口销售价格低于外国市场价格加上两倍出口税的商品将免于征收倾销税。[②]

到 1922 年年底为止，财政部部长对大约二十种商品作出了裁决。这些裁决在措辞方面都是统一的，仅仅宣布从某个特定来源进口的一种特定商品以低于其公平价格的价格在美国或有可能在美国销售，正在或有可能因此损害美国的某项特定工业。在以“汉堡”牌（“Hamburgs”）闻名的棉刺绣品案件中，裁决就涉及由一家
265 在意大利或瑞士的康采恩所生产的这样的商品。[③] 关于加拿大产品的裁决有时指明是来自作为一个整体的加拿大的进口品，有时则指明是来自加拿大某个省的进口品。最重要的裁决事关从加拿

① 参见本书英文版第 194 页。另参见纽约商人协会，《与众议院第 10,918 号议案[反倾销法案]有关的建议》，1921 年，第 53 页及以下各页。（亦载于《众议院赋税委员会关于关税通则修订本的听证会》，1921 年，第 4,233 页。）

② 假定外国市场价格为 30 元，出口税为 10 元。以低于 40 元的价格出口销售应被视为倾销。但在该法律下，出口销售价格超过 20 元便不应征收倾销税。

③ 《财政部决议》，第 39,025 号。

大进口的面粉。到1923年4月1日为止，还没有根据已发布的裁决征收过倾销税。该法律的一个条款规定，被征收过倾销税的商品再出口时要予以退还倾销税，这一条款很可能导致这些商品在被征收了很重附加税的情况下再行出口，因而可能会损害这一条款作为对潜在倾销者的警告的有效性。在这个方面，加拿大反倾销法规定倾销税不予退还，[①]看来更为可取。

反倾销法的实施管理

美国对普通进口税的管理体系使得作为一个整体包含在紧急关税法中的反倾销法的实施十分便利。出口前销售给美国购买者的商品通关时必须有一张发票，详细注明这些商品的实际售价。如果这些商品不是购买装运，即是寄售或交由代理商随后销售，则发票必须注明商品的外国市场价格。此外，发票必须得到离出口地最近的美国领事馆官员的验证，如果该官员能查明外国市场价格，那么他就有责任在发票上将其注明。如果要对这些商品征收从价税，则从价税应根据外国市场价格和发票价格较高的一个来
计算。如果商品的报关价格低于其外国市场价格，那么将根据海 266
关当局的估价对其征收附加的价值低估税，海关最终估价每超过报关价1%，就征收1%的价值，但是低估税最高不超过75%。如果海关估价超过报关价达100%以上，则该批商品将被没收。如果出口商不能按要求把他的资料提交给财政部委任的官员检查，

① 《关税税率，1907》表B。

则财政部部长将依法禁止由该出口商生产、销售、装运或寄售的商品出口到美国。同样情况下，如果进口商拒绝将其资料提交检查，则财政部部长将依法禁止由该进口商或为该进口商进口的商品进入美国。为了进一步核查各种价格，财政部在外国派驻了一批专家，其职责是确定外国市场价格。[①]

这些为普通关税管理所作的规定看来也能使反倾销法的实施管理变得简单，所有征收倾销税所需要的信息看来也会因为事前对普通关税的估价而自动地获得。此外，对价值低估的处罚也可用来处罚试图通过尽量压低外国市场价格来隐藏倾销的行为。但是情况并没有这么简单。反倾销法的实施也产生一种刺激，即高估购买价格或发票价格，以此来隐瞒倾销，处罚价值低估的措施对此就鞭长莫及了。不过，普通从价关税和倾销税管理中的主要困

267 难却在于必须确定外国市场价格。海关官员们普遍认为，发票上提供的信息虽然已经得到美国领事的证明但并不可靠，他们还认为领事们很少甚至根本就不参与对发票价格和外国市场价格的确定。这样，财政部驻在出口国的特别机构就成了可靠信息的主要来源。但是美国在这方面面临的困难问题要远远多于加拿大，因为美国进口量更为巨大，关税更高，进口来源也更为广泛，而加拿大超过 90％的进口品都来自美国和英国这两个语言相同，商业模式也十分相近的国家。即便如此，加拿大也同美国一样，在国外（主要是在美国）派驻了大批的调查人员，而美国的驻外调查人员，

① 这是目前海关程序烦琐的一个原因。在一些重要细节上，这里所述的程序仅始自 1921 年紧急关税法以及 1922 年福德内—麦克康伯法获得通过以后。

即使是为保证普通进口从价税的征收也是远远不够的。[①]

反倾销法的实施，提高了确定那些普通进口从价税应税商品的购买价格和外国市场价格的重要性，不仅如此，还首次必不可少地要对下述商品的这两种价格作出准确估价，即普通从量税的应税商品以及美国也有生产但属免征普通关税的商品。这种额外管理负担的实质特点被关税委员会对1920年进口品的分析揭示得非常清楚，这项分析表明，在那一年的总进口中大约61%是免税
的，26.5%征收了从量税，**只有12%支付了从价税**。[②] 福德内—麦 268
克康伯关税法获得通过，以及大部分从量税都征自少数重要商品，特别是糖和烟草这一事实，在一定程度上可以修正从上述数据得出的结论。然而一个不争的事实是，如果要严格而全面地实施反倾销法就将大大增加海关工作的负担，而且首先就要求增加驻外调查的人员。

关于这一点应当指出的是，经常有人认为海关管理法中的价值低估条款本身就作为一种反倾销措施在起作用，这一看法是错误的。[③] 价值低估条款对报关价格低于其出口日外国市场价格的商品进行了处罚，即使确实不知道出口日外国市场价格的进口也

① 关于这些情况，参见《紧急关税法与反倾销，（参议院）听证会》，1921年4月18—21日，第36页及以下各页；《反倾销立法，（众议院）听证会》，1919年10月22日，第9页及以下各页。

② 美国关税委员会，《关于美国确定从价税税率的估价情况》，1921年，第38页。令人颇感惊奇的是，这可能是迄今发表的第一份这方面的研究。

③ 我自己也曾出过这个错，甚至还批评了《关税：方法研究》的作者格雷戈里（T. E. G. Gregory）教授，因为他没有犯同样的错误（《美国统计协会杂志》，第18卷（1922年），第130页）。我在这里特此公开道歉。

要受到处罚，这种情况一直持续到福德内—麦克康伯法对这些条款作出修改。现在它只处罚有意欺骗或诈骗海关的进口。对于以倾销价购买了外国商品的进口商来说，只要他将报关时的发票价格补足到外国市场价格，他就可以免受价值低估的处罚。价值低估条款所要处罚的并不是以倾销价购买外国商品，而是以倾销价向海关报关。

1922年福德内—麦克康伯关税法第303节（**Section 303, Ford-**
269 **ney-McCumber Tariff Act, 1922**）——1922 年福德内—麦克康伯关税法中的第 303 节是要对受补贴商品的进口征收抵销关税，初看起来，它同 1897 年、1909 年和 1913 年关税法中规定对获得出口国官方出口补贴的商品要征收抵消税的条款是一样的。但在各委员会陆续关于该法案的报告均未予以强调并且国会辩论时也未予以提及的情况下，这项条款以插入一些词语的方式被加以修改，使得有关处罚不仅适用于得到出口国出口补贴的商品，而且也适用于来自提供生产补贴的国家的进口商品和来自由任何“个人、合伙人、协会、卡特尔或公司”提供补贴的国家的进口商品。下面以并列方式对 1913 年和 1922 年两个法律中关于补贴抵消条款、条文作一比较。

1913年关税法第4条E款	1922年关税法第303节
任何时候任何国家、领属地、殖民地、省或其他政府下属政治实体对来自这些国家、领属地、省或其他政府下属政治实体的任何出口产品或商品直接或	任何时候任何国家、领属地、殖民地、省或其他政府下属政治实体、个人、合伙人、协会、卡特尔或公司对其制造或生产以及对在这些国家、领属地、殖

间接地支付或给予补贴或补助，	民地、省或其他政府下属政治实体制造或生产的任何出口产品或商品直接或间接地支付或给予补贴或补助，

并且这些产品或商品本法案规定应予交纳关税的，则这些产品或商品在进口到美国时，不论其是否直接来自生产国或其他地方，也不论这些产品或商品进口时的状态是否与生产国出口时相同或是进行了再加工而发生变化，在所有上述情况下，除根据本法 270
征收关税外还应另外征收或交纳一笔附加税，税额与所支付或给予的同笔补贴或补助的净额相等，所有这些补贴或补助的净额应由财政部长经常予以核查、确定并公布，他还应为这些产品和商品的鉴定以及这项附加税的评估和征收制定所需要的规章。

非官方的生产补贴即使有也非常罕见，而且总体上看来它也不是国际竞争中的一个重要因素。因此把补贴抵消税条款的适用范围扩大到私人补贴，其首要意义在于把私人补贴与出口补贴相联系。但是，只有当出口补贴引起受补贴商品的出口价格下降，进口国才有理由抱怨。不论是官方的还是非官方的出口补贴，其一般效果是会导致出口价格低于国内价格。其差额即为补贴额，换句话说，也就导致了倾销。然而出口补贴引起的倾销并不比非出口补贴引起的倾销更应加以反对和更有可能损害进口国的竞争工业。紧急关税法的反倾销条款对所有损害或有可能损害美国工业的倾销已经提供了足够的救助。福德内—麦克康伯法第 303 节要求财政部对那些获得非官方出口补贴的进口商品征收抵消税，而不管这些补贴是否由外国出口商承担，也不管这些补贴是否给美国工业造成了损害。这样,如果进口倾销商品接受了官方或非官方出口补贴,则它们可能会受到双重处罚,一个处罚是因为这些商品以低于外国国内价格销售给美国买主,另一个处罚则是因为它们获得了补贴。补贴抵消条款扩大适用于非官方补贴是不必要的甚至是不受欢迎的。因为它给海关增加额外负担,并有可能与反倾销法相冲突。

271 第 303 节就其现在形式而言,如果试图严格予以执行,或者对它的解释要同以往美国关税法中抵消税条款的解释相一致,则将不可避免地带来严重的管理困难。从财政部官员和法院迄今就以往关税法有关条款所作解释的字面意义来看,抵消税适用于来自对商品提供补贴的国家的进口商品,而不管特定的一批商品是否获得了补贴。[①] 就官方补贴而言,对该法律的这种解读并不会引起严重的执行困难(尽管在一些特殊的案件中执行起来很困难),因为在一个政治单位中通常只有一个官方补贴机构和一份统一的补贴率表。但是假定现法律适用于来自某个国家的进口品,该国某一工业中有十个厂商,其中九个获得了数额不等的补贴,而第十个并没有获得补贴,那么根据针对官方补贴的现有法规,即要对所有来自提供补贴国家的涉案商品都征收一笔相当于最高补贴额的抵消税,这种法规是否也同样适用于非官方补贴呢?再假定这十个厂商中只有一个获得了出口补贴,那么所有来自该国的涉案商品是否都应征收这种附加税呢?再假定补贴数额因出口市场不同

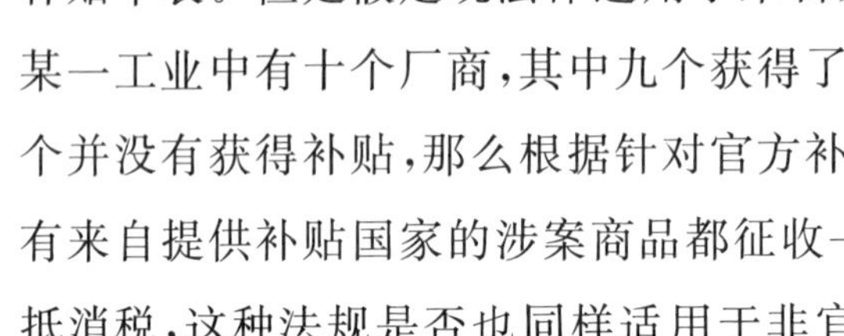

① 参见本书英文版第 173 页。然而,1894 年关税法中的补贴抵消税条款却是一个例外,因为它制定有一个特别条款,对没有获得过补贴的商品免征这种附加税,即使这些商品来自它们通常能获得补贴的国家。见本书英文版第 169 页。

而不同——这是非官方出口补贴常有的情况，法律本身又没有明确指出出口到美国的商品所获补贴应作为确定抵消税的依据，那 272
么出口商品不论出口到哪里所获得的最高补贴是否就应用作确定附加税的基础呢？海关又将如何确定累积补贴的数额呢？这种补贴随生产过程的阶段递进而逐次增加，并且在每个阶段还会受到频繁而复杂的调整。已经有人抱怨海关法院没有足够大的能力来承担这一工作。① 如果这种情况依然继续下去，第 303 节也就应该予以修正。

其他各种条款——美国 1922 年（福德内—麦克康伯）关税法第 322 节规定，对 1919 年 2 月 11 日之前从美国出口的汽车及零部件，无论是供美国使用还是供反对轴心国战争中的某个同盟国使用，只要是由美国销售或交付给外国政府的，都将按它们在美国的原来价值征收 90% 的从价税。这一条款的目的是为了保护美国制造商不受此前大幅减价出售给外国政府的过剩产品返销美国所带来的竞争。对这些产品征收美国原价 90% 的从价税很可能已超过它们在美国市场上的现价，毫无疑问也就等于绝对禁止它们再进口。以外国市场现行价格为基础的通常类型的反倾销法显然无法对这种进口起到足够的抑制作用，因为在许多情况下，它们出口到美国的价格要高于再出口国的国内消费价格。

曾有一项关于 1921 年紧急关税法的修正案，虽然没有获得通过，但它规定，如果飞机、零配件或附件的外国市场价格由于人为 273
或非正常原因造成过量积压而异常地低，那么出于实施反倾销条

① 《赋税委员会关税听证会》，1913 年，第 6,183 页。

款的目的,所采用的外国市场价格不应低于其生产成本。[①]

正如最近几年总体趋势所表明的那样,这些法规在扩大反倾销法适用范围和修改反倾销法有关条款等方面起了重要作用,其结果是,一方面向负责实施反倾销法的官员在执行这种特别关税时授予了更大的裁量权,同时也使特别关税覆盖到那些以非技术性原因引起而由非正常或人为原因造成的低价进行倾销的商品。

① “(d)如果估价官员根据财政部部长制定的规章能够满意地确定,飞机、飞机引擎、零配件及所需附件的外国市场价格并不完全或部分地以生产成本或一般贸易供求状况为基础,而是以人为或非正常原因造成或累积的异常过量积压为基础,则为本条款目的起见,这些飞机、飞机引擎、零配件或附件的外国市场价格不应低于其生产成本。”(《国会记录》,1927 年 5 月 11 日,第 1,295 页。)

第十四章　反倾销法的比较分析 274

已有七个国家制定了法律，明确规定对以倾销价销售的进口商品征收附加税。这些国家及其法律的最初制定时间如下：加拿大，1904 年；英属南非，1914 年；英国、澳大利亚、新西兰、纽芬兰、美国，1921 年。加拿大反倾销法在 1907 年做了修改，1921 年再次做了修改。英属南非的反倾销法在 1922 年进行了修改。因此，大量此类立法是在近两年中制定的，而且所有这些立法现在仍然有效。另一组目前也在生效的反倾销法包括 1906—1910 年澳大利亚工业保护法和美国的几个把掠夺性倾销作为不公平竞争问题来处理的法律。还有一些不明显属于上述两类的法律：1920 年日本的法律，规定对以不合理低价销售的外国产品征收附加税；1922 年加拿大的法律，授权在加拿大厂商利益受到损害性影响的情况下，可以对进口到加拿大的天然产品进行任意的估价，并征收关税；1921 年新西兰的法律授权总督在特定情况下，当现行关税条款实施后损害仍然存在，还可以改变任何一种进口商品的关税待遇。

为了有助于按本章意图来发现并概括出指导制定反倾销法具体条款的基本原则，这里将就每个主题对现行反倾销法所包含的 275
相关条款进行扼要的比较。属于上面段落分类中后两类的法律，

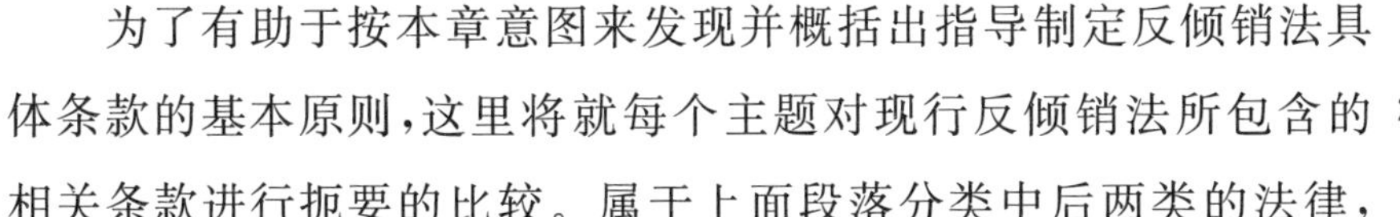

其条款相差如此之大以致无法进行详细比较;同更具一般性的第一类法律相比,后两类法律可以实施的范围极为有限;而且这些法律几乎不可能具有第一类法律那样的实际重要性。由于这些原因,本章将只是偶尔提到后两类法律的条款,而把注意力主要集中在第一类法律的条款上。

受处罚的进口行为类别

倘若考虑了用词上的细小差别——如果有差别的话——则除英国法以外,所有第一类法律都规定,假如进口品的出口离岸价格或同类价格低于出口国国内销售的现行公平市场价格,就要对这些进口品实施处罚。英国法律对倾销的处罚范围做了限制,规定处罚仅适用于外国进口商品在英国的到岸销售价格低于出口国公平市场价格的情况。所有第二类法律,只有在倾销涉及某种不正当行为或不正当企图时才适用。第三类法律授权特定官员对低价出售的进口品征收附加税,而不管这些低价是否是倾销价格。

如果说制定适当条款的目的是为了处罚隐性倾销和避免对假倾销进行处罚,则除英国法以外的第一类法律对倾销所下的定义与本书开篇所下的定义是一致的。英国法律并不处罚严格说来是以倾销价格在英国出售的进口商品,只要外国市场价格和外国出
276 口离岸价格的差额不超过各种成本,这些成本包括英国的普通关税和商品运销给英国买主时发生的费用。第一类法律,英国法再次除外,对出口价格低于外国市场价格的商品进行倾销处罚时,并不考虑某个特定出口商有可能以低于外国市场一般现行的价格在

其国内市场销售，或者有可能在其国内市场没有任何销售。严格说来，只有在外国出口商的出口价格与其国内价格存在差额时，倾销才算发生，但是假若倾销处罚只限于这种情况，那就为技术上规避倾销和倾销处罚打开方便之门，规避的办法是以人为低价在国内市场进行一些销售，或者限制在国内市场销售与出口品相同的商品。为防止后一种做法，英国法律制定了条款，规定如果出口商没有向国内买主销售与出口品相同的商品，那么就应当把他向英国买主销售的价格同他向国内买主销售尽可能相似商品的价格进行比较。

价格比较的日期

英国和美国的法律规定销售日应作为比较价格以便确定倾销存在与否的时间基础。第一类法律中的其他法律则规定应以出口日或装运日的价格作比较。加拿大的一项海关规则规定销售日与出口日之间外国市场价格的任何上涨都与倾销税无关，澳大利亚法律也包含一个类似的条款，该条款只限适用于自出口日起六个月内购买的商品。

为了处罚所有真正的倾销并避免处罚所有因国外市场价格在销售日和出口日之间变动而引起的假倾销，对价格进行比较以便确定倾销存在与否的唯一时间基础，因而也是既对进口商公平又 277
不削弱对国内厂商的保护以便反对真正倾销的唯一时间基础，就应当是销售日。如果以出口日作为时间基础，对于在一个价格上升的市场购买外国商品并在晚些时候交货的做法来说，就会受到特别的莫须有的威胁，因为外国市场价格在销售和装运期间上升将使外国商品被征收倾销税，尽管这些商品出口销售时的价格与当时出口国国内价格相同。如果外国市场价格在销售日和出口日之间下降，则用出口日作为确定倾销存在与否的时间基础就会使倾销按外国市场价格下跌的程度免受处罚。加拿大和澳大利亚的法律规定，如果外国市场价格在销售日和出口日之间上升，就使用销售日作为基础，这对进口商来说是令人满意的。从面对外国倾销需要有效保护的生产商的角度来说，在价格下降期间使用销售日作为基础是很重要的，因为在这个期间倾销最有可能盛行起来。

但是从管理角度来说，以出口日作为基础比销售日更可取。出口日是一个明确的容易查明的日期，而实际销售日只是交易双方记录下来的事，并且很容易保密。在价格上涨期间，如果出口商和倾销品进口商想要隐瞒倾销事实以图规避倾销处罚，那么向当局报告的销售日期早于实际日期将符合他们的利益。相反地，在价格下降时期，报告的销售日期晚于实际日期将符合他们的利益。
278 因此，大不列颠和美国采用销售日的方法也就包括必须发现实际销售日这个困难的管理问题。

实施倾销税前的最低宽容

大多数第一类法律都包括这样一些条款，只有在外国市场价格和出口价格之间的差额超过规定的比例或达到相当大的数额时，倾销税才适用。加拿大法律授权海关当局对出口销售价格低于外国市场价格不超过很小一个比例的外国商品可以免征倾销税，纽芬兰的法律也包含同样一个条款。根据规章，如果普通关税应税进口品的外国市场价格与其出口价格之间的差额不超过前一种价格的5%，加拿大海关当局就不对它们征收倾销税。澳大利亚法律许可制定规章，对下述进口品免征倾销税，即进口品的出口销售价格低于其外国市场价格，但差额不超过后一种价格的5%，或者，如果关税部报告说免征倾销税不会损害澳大利亚工业，则差额可以不超过后一种价格的10%。在英国法律中，仅在进口品的外国市场价格减去5%以后仍然超过销售给英国买主的价格时才能征收倾销税。南非和美国的法律没有这种规定。

在把掠夺性倾销当作不公平竞争的法律中，对于带有不正当企图以倾销价销售的进口品，按澳大利亚1906年工业保护法规 279
定，只有其出口销售价格“大大低于”其外国市场价格才会受到处罚；按美国1916年的法律，也只有这些商品进口并在美国销售的价格“显著低于”其外国市场价格才会受到处罚。

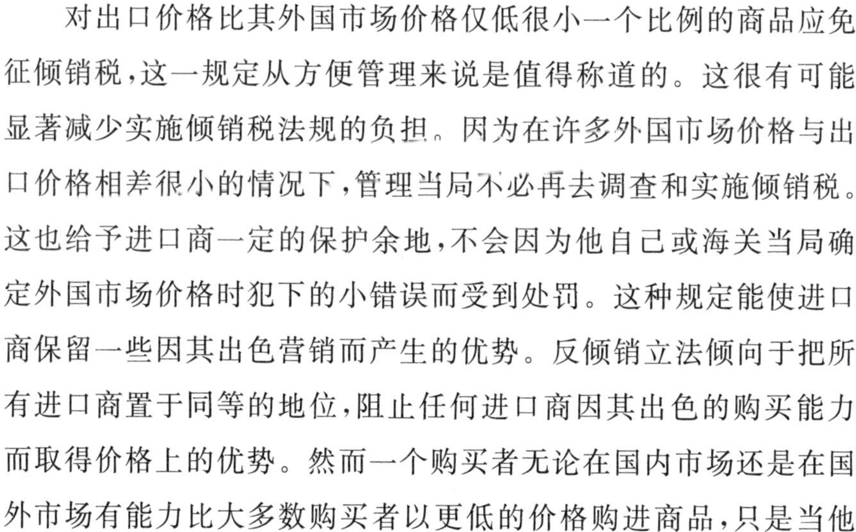

对出口价格比其外国市场价格仅低很小一个比例的商品应免征倾销税，这一规定从方便管理来说是值得称道的。这很有可能显著减少实施倾销税法规的负担。因为在许多外国市场价格与出口价格相差很小的情况下，管理当局不必再去调查和实施倾销税。这也给予进口商一定的保护余地，不会因为他自己或海关当局确定外国市场价格时犯下的小错误而受到处罚。这种规定能使进口商保留一些因其出色营销而产生的优势。反倾销立法倾向于把所有进口商置于同等的地位，阻止任何进口商因其出色的购买能力而取得价格上的优势。然而一个购买者无论在国内市场还是在国外市场有能力比大多数购买者以更低的价格购进商品，只是当他这种能力体现在国外购买时便要受到倾销处罚,这是毫无道理的。在实施倾销税之前容许外国市场现行价格与出口价格之间有一个小差额,这能使进口商可以在一定限制下尽量运用其购买技巧,不会因为要受附加税处罚而失去从购买技巧中得到的优势。

对外国退税的宽容

在第一类法律中,美国、澳大利亚、新西兰和英国的法律要求在确定倾销存在与否时应从外国市场价格中扣除外国货物税,而加拿大法律则授权海关官员可以作出这种扣除。加拿大已经颁布
280 有关这种扣除的海关条例。美国和新西兰法律同样要求在确定倾销时应从外国市场价格中扣除外国退还的进口税。南非和纽芬兰的法律没有规定在确定倾销时要扣除外国退还的货物税或进口税。

在比较外国市场价格和出口价格以确定倾销存在与否时,外国对出口商品退还或减免的所有税赋都应从外国市场价格中扣除。这些税赋的退还使外国出口商能够把他的出口价格定得比其国内价格低,差额相当于这些税的数额,但是仍然能从出口获得与在国内销售同样高的利润率。这些税赋的退还并不会使外国出口商在其本国市场以外同其他国家厂商的竞争中获得特殊的优势,仅仅使其在这种竞争中摆脱一个特殊的障碍。货物税和进口税之间并没有本质差别。第一类反倾销法中有五个都规定在确定倾销税时要把外国货物税从外国市场价格中扣除,但其中只有两个制定有类似条款,规定要扣除外国退还的进口税。这一事实大概可

以这样来解释，即海关当局在确定外国商品出口得到的进口税退
还数额时会遇到的困难，通常要比确定这些商品若在外国国内市
场销售所要征收的货物税数额时更大。当然，在规定了为确认倾
销存在与否而要从外国市场价格中扣除所退进口税额的情况下，
倘若再规定其条件是要根据请求作出这种扣除的外国出口商—— 281
或进口商——呈交的由出口国政府对特定一批货物实际退税数额
所开具的证明书，那么准确地确定外国退还的进口税数额这个问
题也就容易解决了。

对销售条件和销售方式差异的宽容

加拿大法律明确规定，对于外国国内价格和出口价格因为国内销售和出口销售信用条件不同而引起的差异应有一定的宽容；美国1921年反倾销法明确规定，在确定倾销存在与否时，要考虑到因为销售数量不同而引起的国内销售与出口销售间的价格差异。除英国法以外的第一类法律或多或少都明确要求，为确定倾销存在与否而对外国市场价格和外国出口价格进行比较时应以出口地的离岸价格为基础，从而防止通过把额外的出口包装费，运费以及出口商品其他运销费用包括在出口价格中的办法来隐瞒倾销。然而，总体说来，对于因销售条件和方式不同而引起外国市场价格和出口价格之间的差异的宽容，既没有在反倾销法中作出规定，也没有体现在负责实施这些法律的官员所作出的裁决中。

有很多方法可以隐瞒倾销从而使得仅仅比较外国市场价格和出口价格并不能揭露倾销的存在，也有很多比较价格的方法能够

在实际上并没有发生倾销的情况下使人觉得似乎存在着倾销，以至于倘若希望反倾销法能够防止通过隐瞒倾销来规避法律，同时
282 又希望让表面上是但实际上并不是以倾销价销售的进口品免受处罚，则要在反倾销法中明确无误地规定何种情况下应对进口品征收倾销税是不大可能的。最让人满意的处理该问题的办法毫无疑问是给予管理官员相当大的自由裁量权，以确定每个案件中是否存在倾销；倘若存在，其程度又有多大。虽然不能一概而论，但通常都把倾销解释为以低于外国市场价格的价格出口销售，而且在对价格进行比较时也都适当考虑到出口销售条件及方式与国内销售时不同而引起的价格差异，并作出合理的调整。如何仅按第一类法律条款的字面意义来执行这些条款，那么一旦出口与国内销售条件和方式不同而对出口价格所作的调整不充分或过度，就可能造成许多假倾销受到处罚而真倾销却得不到惩处的情况。

豁免商品倾销税的特别法律规定

所有三类法律都或明确或隐含地规定，只对在进口国也有生产的某种或某类商品征收倾销税。[①] 大多数法律都有进一步的限制性规定。英国的倾销税只适用于以倾销价进口的商品，并且这
283 一进口对英国某个具有合理效率和效益正在运作的工业的就业产生了严重影响，而且在实施倾销税之前，必须考虑到征收倾销税对

① 新西兰 1921 年的法律是个例外，该法律把处罚倾销的保护扩大给予因为非英帝国国家在新西兰倾销而受到损害的英帝国其他成员。

英国以这种进口品为原料作进一步制造的产业的影响;澳大利亚法律规定,只有当倾销可能损害澳大利亚某一工业时才可征收倾销税;美国法律只适用于那些以倾销价进口并会损害或可能损害美国某个工业,或阻止其建立的商品;新西兰法律允许对不会损害新西兰和英帝国其他成员任何工业的进口商品免征倾销税。第二类法律只适用于那些旨在损害国内某个工业或限制竞争或建立垄断的倾销。在第三类法律中,日本的法律规定附加税只适用于威胁到日本主要工业的进口商品,而加拿大1922年的法律只适用于对加拿大厂商利益有损害性影响的自然产品进口。加拿大、纽芬兰和澳大利亚的法律授权根据规章对进口国没有大量生产和销售,并在相同情况下以相同条件售卖给所有买主的某种或某类商品暂时免征倾销税。加拿大法律对已被征收普通关税相当于50%从价税的商品,对在加拿大应征收货物税的商品,对打包绳,对在英国精炼的糖,以及根据最近的修改,当加拿大糖价上涨到一定水平时对从任何国家进口的糖都免征倾销税。英国法律对食品和饮料不征收倾销税。澳大利亚法律则对样品予以豁免。

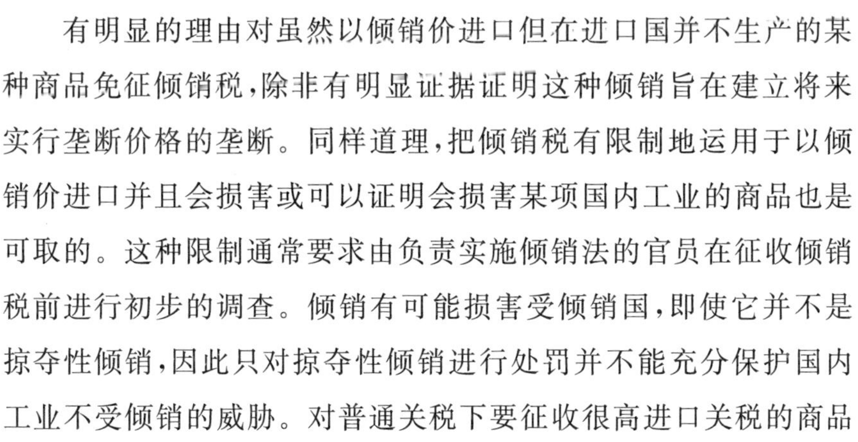

有明显的理由对虽然以倾销价进口但在进口国并不生产的某种商品免征倾销税,除非有明显证据证明这种倾销旨在建立将来 284
实行垄断价格的垄断。同样道理,把倾销税有限制地运用于以倾销价进口并且会损害或可以证明会损害某项国内工业的商品也是可取的。这种限制通常要求由负责实施倾销法的官员在征收倾销税前进行初步的调查。倾销有可能损害受倾销国,即使它并不是掠夺性倾销,因此只对掠夺性倾销进行处罚并不能充分保护国内工业不受倾销的威胁。对普通关税下要征收很高进口关税的商品

免征倾销税在逻辑上是说得通的,因为一个已受到普通关税巨大保护的工业没有正当的理由寻求进一步的保护。对进口国没有大规模生产且以相同条件出售给所有购买者的某种商品免征倾销税的规定,例如加拿大法律就包含了这一规定,也被照搬到纽芬兰、新西兰和澳大利亚的法律中,它有两个目的:对在进口国仅有少量生产因而其倾销通常不会严重损害该国工业的商品不必征收倾销税;防止反倾销法因为限制了进口而有助于国内某个康采恩利用其国内市场垄断。有几个反倾销法规定对一些特定商品免征倾销税,一般说来这可以用通常带有政治性质的特殊情况来解释,这些规定有助于某些进口利益集团或消费利益集团获得特殊的优惠待遇。

285 寄售

除英国法以外所有第一类法律都规定,如果商品出口后以交货价格销售,而该价格减去相当于出口地离岸价后表明倾销存在,则要征收倾销税。由于英国法律规定只要商品进口后出售给第一个英国购买者的价格不低于外国市场价格就不对其征收倾销税,所以也就不需要制定这样的条款。然而根据英国的法律,就会产生一个特殊的问题,即倘若进口品以大大低于外国市场的价格出售给英国进口商,但这个进口商并不用于再销售而是用来制造他的产品,那么又该如何对待这些进口品?英国法律规定在这种情况下,如果出售给英国进口商的价格,包括运费和其他运销成本,以及普通进口关税——倘若有的话,要比外国市场价格低,则应对这些商品征收倾销税。澳大利亚、美国和南非的法律——南非的法律经修订后于1922年实行——规定，如果出口商在某个外国以寄售方式销售，或通过在进口国的代理人销售，或用通常难以对外国市场价格和出口离岸价格进行直接比较的方法销售，则为实施反倾销法起见，应从销售价格中减去运费、保险费和装运到进口国并向购买者交货过程中发生的其他成本，由此得到离岸价格。加拿大、纽芬兰和新西兰的法律授权管理当局尽可能准确地确定相当的出口地离岸价格，以此防止用寄售和其他出口销售的方法来规避倾销税。

如果反倾销法没有对这些可能情况作出规定，那么外国出口
商可以很容易地通过下述办法来规避倾销税，即把货物运来并以 286
相当于外国市场的价格进行寄售或者交给代理商，并允许寄售商或代理商以扣除各种运输成本、普通税、佣金等之后仍低于外国市场的价格销售给进口国的购买者。已有报道这样来规避全额普通关税的案例，即虽然销售在进口前已经完成，但要求购买者从出口商在进口国的代理人那里取货并向其付款。这种方法使出口商能够以低于实际售价的价格出售其产品，从而减少应缴纳的从价税税额。用同样的手法，以高于实际售价的价格把货物销售给出口商在进口国的代理商就可以规避倾销税。所以，如果货物在销售前就装运，或者虽然销售先于出口但货物是由在进口国的代理商向顾客交货，那么确定倾销存在与否的恰当办法是用这种商品的外国市场价格同出售给进口国的与出口商没有商业联系的第一个购买者的价格进行比较，后一种价格要减去把货物从出口国转运到交货地并交付给这个购买者所需要的全部成本。

在确定倾销时还有一种更难处理的情况,即一国某个制造业康采恩在另一国设有分厂,并把半成品运送到该分厂进行加工或组装,以便在该分厂所在国进行销售。通过在其出口市场建立这样的分支机构,康采恩能够很容易地规避这些国家的倾销税。譬如,假定美国一家汽车制造业康采恩发现无法在加拿大以美国的完全价格出售其小汽车,并且加拿大反倾销法也禁止它在加拿大
287 进行倾销,因而该制造商在加拿大建立一家组装厂并以美国的完全价格将零部件出售给该工厂。加拿大这家分厂以事实上的倾销价销售所组装的小汽车。这种倾销至少在其表现极端时会受到加拿大反倾销法一个条款的连带处罚。该条款规定,如果某个外国康采恩在加拿大的分厂从其母厂获得全部或大部分原料并在加拿大以不能抵补该分厂全部账面成本的价格出售其产品,就应认为构成了倾销并应征以倾销税。加拿大有许多工厂是为美国产品进行加工或组装的分厂,可以想象存在以这种方法大肆规避加拿大反倾销法的情况或进行规避的可能性,也就值得加拿大实施这样的条款。对其他国家来说,这个问题很少会发展到足以要求通过特别立法来加以解决的程度。

确定倾销税率的方法

第一类法律都规定以征收附加税作为对倾销的处罚,但并没有一个法律规定绝对禁止倾销商品的进口。除英国和新西兰法律外,所有其他第一类法律都要求所征收的倾销税应当等于外国市场价格和出口价格之间的差额。英国法律规定对倾销商品要按进

口地未完税价格33%的统一税率征收附加税。新西兰法律规定由关税部长自行裁定应征倾销税的数额，但条件是该税额不得超过外国市场价格和出口价格之间的差额。加拿大、南非和澳大利亚的法律把附加税限制在外国市场价格的15%以内；而纽芬兰的法律则把附加税限制在外国市场价格的25%以内；新西兰和美国 288
的法律没有对附加税作出最高限制，而是自动地要求以附加税不超过外国市场价格和出口价格的差额为限制。

在其他两类法律中：美国1894年和1916年的法律规定由法院判处罚款或监禁；美国1922年的法律（福德内一麦克康伯法第316节）授权总统征收这种附加税，不低于外国市场价格的10%但也不超过50%，从而抵消与外国商品进口相关的不正当方法或行为，或在极端情况下完全禁止这些商品进口；澳大利亚1906年的法律授权法院对他们认为属于不正当的进口实行完全禁止或其他限制措施；日本1920年的法律授权政府对以不合理低价出售的进口品征收附加税，但规定附加税不得超过进口商品的价值；加拿大1922年的法律授权关税部长对损害加拿大厂商利益的进口自然产品进行关税估价而不必考虑加拿大其他法律中的估价规定，新西兰1921年的法律则授权总督在特殊情况下可以调整任何种类进口品的关税待遇，加拿大和新西兰的这两个法律有可能使得对进口品征收附加税事实上没有限制。

反倾销法应当规定反倾销税应相当于外国市场价格和出口价格的差额。这样的规定可以恰好抵消外国倾销的影响，在外国市场价格足够低但仍然能够以外国市场完全价格出口销售的情况下也不致于进一步限制进口。本国厂商只能要求反倾销法能够抵消 289

外国竞争者在本国厂商的市场上销售时所拥有的优势，而这种优势是通过把出口价格降到其国内市场现行价格水平以下的办法获得的，当然需要适当考虑到其国内销售与出口销售在销售条件方面的差异。除可能发生掠夺性倾销的情况以外，反倾销法不应该超出上述要求。除非倾销受到掠夺动机的驱使，否则绝对禁止倾销商品进口以及所征倾销税超过外国市场价格和出口价格之间差额的做法在经济上是站不住脚的。让负责海关管理和其他法律实施的官员按这些法律来决定征收什么税或进行什么处罚通常是不可取的，除非这种决定仅仅是法律中某个一般原则运用于特定的案例。要不然，进口商将遭受武断、不公平和苛刻的处罚；尤其当这些官员具有保护主义和增加国库收入的偏向时更是如此。既然以倾销价进口的外国商品可能给国内工业带来的损害至少部分地会被这些外国商品的消费者得利所抵消，既然出口价格低于外国市场价格的差额越大，消费者从倾销商品进口的得利越有可能抵消国内厂商的损失，那么把可征收的倾销税限制在倾销商品外国市场价格的某个适度比例内，这样的条款是一个反倾销法律可取的规定，在那些国内厂商已经获得针对外国竞争的高额普通关税保护的国家里尤其如此。

倾销税实施前的通告

南非的法律要求在对任何特定种类商品征收倾销税前至少六
290 个星期公布通告。英国的法律规定在征收倾销税之前必须发布一
项命令，明确将被征收倾销税的那些商品，但对命令发布日起十四

天内交付给寄售点的货物免征倾销税。新西兰为解释反倾销法而发布的一个海关通告说，只要可行就应在对任何特定种类商品征收倾销税之前发布为期三个月的通告，除非情况紧急，否则没有先予通告就不应征收倾销税。澳大利亚和美国的法律要求在倾销税实施前应该发布一项命令，指明将被征收倾销税的商品。英国和澳大利亚的法律要求在倾销命令发布前必须由一个独立于关税部的机构提交一份建议实施倾销税的报告。这个报告是要在命令发布之前警告有关方面正在考虑实施倾销税。加拿大和纽芬兰的法律并不要求在征收倾销税之前发布通告，并规定倾销条款的实施办法与普通关税一样。

倘若倾销进口因为种种理由而可取，那么在对特定商品征收倾销税之前更应要求发布一项通告。这一要求实际上是要对偶发性倾销豁免倾销税，这种倾销对国内工业的威胁很少大到会抵消消费者获得的利益，并不值得为查明和处罚有关案件所要遇到的管理成本和困难。发布一项通告告知随后或在指定的一个时期后将对某种商品征收倾销税——如果是以倾销价进口的话，这将提醒这些商品的进口商，若他不想使自己的采购遭受严厉处罚就必须事先弄清这些商品的外国市场价格。如果不发布这样的通告，291
一个并不知道他所进口的商品是别人以倾销价销售给他的进口商，就会因为便利了倾销品进入本国而受到处罚，尽管他是无辜的。如果该进口商收到通告，他自然期望知道通告所指明的商品的实际外国市场价格。此外，反倾销法的基本目的在于制止倾销而不是对进口倾销品征收附加税。在发生持续倾销的情况下，如果发布将要征收倾销税的通告能使这种倾销行为终止，那么反倾

销法也就达到其目的了。在现有的反倾销法中,要求在征收倾销税之前发布通告的规定只包括在那些要由负责管理的官员决定是否征收倾销税的法律中,只有美国 1921 年的法律是个例外。在由海关官员决定实施反倾销税的情况下,为征收倾销税而发布通告的做法显得尤为可取。

反倾销法律中的生产成本规定

经 1921 年修订后的加拿大法律规定,在确定普通税和倾销税时,外国市场价格绝不能低于相似产品的实际生产成本加上合理的利润,因而对以低于生产成本的价格出口到加拿大的商品要征收倾销税,即使这些商品在其出口国也以同样低的价格销售给国
292 内消费者。新西兰的法律规定,对以这里所定义的倾销价格销售的商品要征收倾销税,对以低于原产国或出口国生产成本并包括合理利润在内的价格出售给新西兰买主的商品也要征收倾销税。澳大利亚法律中的一个条款规定,对于出口销售给澳大利进口商的价格比生产成本加 5%利润再加装运成本还要低的商品应当征收“低于成本倾销税”。英国的法律名义上规定要通过对进口品在英国第一次销售的价格与外国生产成本的比较来决定倾销是否存在,但是在该法律中生产成本被定义为外国工厂批发价再减去 5%。美国的法律规定,在外国市场价格无法弄清或不存在外国市场价格的情况下,在决定倾销是否存在时应以生产成本加合理利润来代替外国市场价格。纽芬兰和英属南非的法律没有提到生产成本。

根据已经阐述的理论依据，比起对以可能低于也可能不低于生产成本的倾销价销售的进口商品进行处罚来，更应该对以低于生产成本价格销售的进口商品进行处罚。但是，法律上要求准确全面地确定外国成本而产生的管理问题几乎是难以克服的。即使是在规模很小仅生产一种或一类产品的工业提出起诉的相对简单的案例中，即使能够完全获得该工业业主所掌握的全部账本记录和信息，要准确无误地确定生产成本也几乎不可能。准确无误地确定生产成本尽管并非至关重要，但对于统一公正地确定倾销税却是必需的。更重要的是，对于一个无法获得秘密记录的外国政府官员来说，要作出准确判断是不可能的。这就产生了一些问题：必须区分实际工资支付和利润分配；确定一个适当的折旧率；借入资本和投资资本各自的利息成本是否要计算在内，以及产量的不同组成部分的生产成本变化等。在某个工业用相同的机器设备生产不同种类和不同等级产品的情况下，要准确确定生产成本是不可能的。在这种情况下所能做到的，以及在正常商业活动中所能做到的是根据理论假定，对肯定会引起争议的有关问题作出评估，例如哪些项目应包括在成本中，从指导定价策略和未来生产的角度来看最令人满意的把共同成本分摊给不同产品的根据是什么，等等。尽管海关官员在每个案例中都可以发现外国厂商根据自身目的所确定的外国产品的生产成本数据，但是绝不应该相信这些数据可以用来作为确定进口税时令人满意的基础，不管是普通关税还是根据外国生产成本和出口价格之间差额所征收的附加税。对生产的会计成本进行估价，目的在于对一个既定工业不同部门的效率进行比较提供基础，或者用来指导未来生产的方向，或者帮

助确定售价,或者为其他的目的服务。从会计角度来看,为某个目的进行成本估价时可能令人满意的基础,在为另一个目的服务时却可能难以令人满意。综合关税法的实施有赖于准确确定外国或本国的生产成本,虽然这项管理是一个难以实现的梦想,哪怕部分地实现也不可能。

294 对低于生产成本销售的进口品实施处罚的条款,其实际运用范围仅限于出口价格和生产成本之间的差额大到已经很容易判定成本超过了价格的情况,尽管这一差额难以确定。然而这些条款把实施条款以及确定所要征收的附加税数额的机会留给了负责管理的官员,由他们去做出裁定。强制海关官员在每次出口价格低于生产成本的案件中都要对进口商品进行处罚,征收相当于生产成本超过出口价格数额的附加税,这种规定不应予以广泛实施,否则将导致粗鲁、武断和不公正的管理。

行政管理方法

加拿大、纽芬兰和美国的法律基本上都具有强制性。这些法律总体上都要求海关官员对在法律规定应予征收倾销税的情况下进口的商品都必须一律征收这种关税。这个规定仅有的例外是加拿大和纽芬兰法律中的几个条款,它们允许根据下述海关规则免征倾销税:(a)某种或某类进口品在这些国家没有大量生产或销售,并在相似情况下以相同条件销售给所有购买者的,以及(b)出口销往这些国家的外国商品,其价格低于外国市场价格不超过一个较小的比例。除新西兰法律以外,其他第一类法律的特点是具有弹性或者可以自行裁量；这些法律仅仅授权对在所指出情况下进口的外国商品征收倾销税，至于对在这些情况下进口的商品是 295
否应当征以倾销税则完全由负责实施法律的官员来决定。新西兰法律使用可作斟酌的动词“可以”而不用带有强制性的动词“应该”，但是这个法律中有一个条款规定在所有该法律规定可以征收倾销税的案件中都应当予以征税，“部长考虑到征收倾销税并不符合公众利益而可能另行作出特别指示的情况除外。”

大多数第一类法律都把全部或主要管理任务指派给负责普通关税法管理的政府部门。美国法律的管理完全由财政部负责，而财政部也是普通关税的管理部门。在加拿大、新西兰和纽芬兰，反倾销法由这些国家各自的关税部管理，但是有以下的小差别：在加拿大和纽芬兰，法律规定，为防止规避倾销税而对寄售采取特殊处理的条款只能由总督亦即内阁下达命令才能予以实施；在新西兰，总督实际上也就是内阁有权制定管理条例。澳大利亚的法律授权关税部长实施倾销税，但必须在关税局这个独立机构提出报告和建议之后才能实施，并授权总督制定必要的管理条例。英国反倾销法的实施要求有贸易部、贸易部从专门人士中任命的主要由非政府官员组成的特别委员会、议会以及关税和货物税专员共同参与，在商品价格问题上发生分歧时要由大法官任命的仲裁员作出裁决。第二类法律的管理通常由法院或某些准司法机构来执行。296
加拿大1922年关于自然产品进口损害加拿大厂商利益问题的法律要求由关税部长负责实施；日本1920年的法律规定对以不合理低价进口或销售的外国商品征收倾销税，该法律由海关当局实施，但必须根据调查机构调查之后发布的政府命令来实施。

每个国家都必须根据宪法要求以及特有的立法与管理传统来选择强制性的或有弹性的反倾销法律,这种选择还应根据该国工业实际面临或被认为面临的外国倾销威胁的程度而定。一般说来在其他条件相同的情况下,可以期望有弹性的反倾销法在实施时会比强制性的反倾销法更温和些。对有弹性的法律来说将出现一种趋势,即要么被完全抛弃不用,要么被封存起来仅在极端倾销案件中才予启用。这些结论得到补贴抵消税立法史和反倾销立法史的大量佐证,近年来的发展也证明了这些结论。许多补贴抵消法律,除美国的具有强制性外,都是有弹性的,这些法律除被用于反对严重威胁到国内工业的受补贴食糖的进口外,还从未被运用过。加拿大 1907 年法律中的反倾销条款和美国 1921 年法律中的反倾销条款(但仅限于我们已关注过的法律),两者都是强制性的,经常被单独实施。根据所有其他反倾销法,包括明确把倾销作为不公平竞争的那些反倾销法所发布的实施命令是很少的,真正实施倾销处罚的例子可能根本就没有过。如果反倾销法的目标是要针对
297 外国倾销提供一种防卫手段,并且仅在外国倾销严重威胁到本国某个工业或某些工业时才加以运用,那么有弹性的反倾销法显然比强制性的反倾销法更加可取。如果反倾销法是用来制止所有的倾销,或者所有在某些明确定义的情况下发生的倾销,那么强制性的反倾销法看来是必要的。对于那些对众多商品不征收进口税或者所征普通税主要不是从价税的国家来说,有弹性的反倾销法更为可取。对这些国家来说,发现并对每一起倾销案件都进行处罚所要承受的管理负担会比倾销威胁通常造成的负担程度更大,一个规定仅在极端倾销案件中才要征收附加税的有弹性的法规是应

付这种情况的最好方法。

从方便管理和经济性的角度来看，一般应指定一个部门，而且最好是管理普通关税的部门来实施反倾销法。要求对倾销给国内工业造成的影响进行调查是实施倾销税的第一步，不过，把调查任务分派给另一个能更好承担这一任务的政府部门或机构可能比较合适。把管理任务分派给许多部门，如英国法律所规定的那样，则必定会增加执法的管理负担或者降低严格执法的可能性。

298 第十五章　条约义务与反倾销措施

对受补贴进口品征收附加税从而抵消外国补贴影响的措施，在1894年到1903年期间引起补贴国的颇多抗议，其理由是这种附加税违背了征收国所作的条约承诺。虽然在一般反倾销措施和针对外国私人补贴的抵消措施中尚未发生类似的情况，但是所包含的原则却基本相同；在由这些抗议引发的基本问题尚未有明确的法律解决途径的情况下，可以想见，随着反倾销立法程度和重要性的提高，它与条约义务的一致性问题也将成为外交争议的一个焦点。

补贴抵消税与最惠国义务的一致性

针对补贴抵消税的抗议，其依据的主要理由是此类关税同给予最惠国待遇的义务不相一致。许多年来，已有林林总总的通商条约包含有最惠国条款。这一条款形式多样，适用于许多类型的国际经济关系。它的主要目的是要消除一国对待其他国家经济利
299 益时的歧视行为。无论其形式如何，最惠国条款主要是一种承诺，在该条款所涵盖的商务范围内给予缔约国同给予任何其他国家一样有利的待遇。下面是两个适用于关税事务承诺的例子，第一个

比第二个用语更为明确具体：

> 对进口到美国的任何多米尼加共和国的种植品、矿产品、制成品或渔产品不应征收更高的或其他的关税，对进口到多米尼加共和国的美国的任何种植品、矿产品、制成品或渔产品亦不应征收更高的或其他的关税，即不高于或不多于对任何其他国家相同种植品、矿产品、制成品或渔产品目前或将要征收的关税。①
>
> 缔约国同意，在所有有关通商和航运的事务中，实际已经给予或今后可能给予任何其他国家的国民或公民的……任何特权、优惠或豁免都应立即并且无条件地延展给予另一缔约方的国民或公民；这样规定的目的是使每个国家贸易和航运各方面在最惠国基础上得到另一国的待遇。②

这两种形式都是"无条件"的。而在美国几乎一成不变所采用的"有条件"条款中，缔约国每一方可以获得另一方可能给予第三国的优惠，但只有在给予对方同等补偿的情况下才能获得。就这里所要讨论的问题而言，有条件承诺和无条件承诺之间的区别并不重要。这个问题是：对来自提供官方出口补贴国家的进口品征收附加税是否同给予该国关税方面最惠国待遇的条约义务相一致呢？

---

① 美国—多米尼加共和国，1867 年 10 月 24 日，第 9 条。

② 大不列颠—巴拉圭，1884 年 10 月 16 日，第 2 条。

如果从字面上来解释最惠国承诺,尤其在上述第一种形式下,
300 回答看来必然是否定的。承诺对来自缔约国进口品所征关税不高于或不多于对来自任何其他国家相同产品所征的关税,这似乎已经足够明确也足够肯定地使得任何宣称征收较高关税并不违背承诺的说法站不住脚。然而,许多国家还是坚持有权对来自提供补贴国家的进口品征收附加税,尽管后面这些国家按条约享有最惠国待遇,而且一些法官也承认这种要求是正当的。应当如何来解释条约的条文和实践同最惠国承诺字面释义之间这种显而易见的冲突呢?

与一项法律的条文一样,一个条约的条文可能并没有准确反映其条款的精神或意图。"政府间的条约应当像其他法律与合同那样来加以解释。所有人类语言都会有这种不可避免的欠缺和模糊性,因而任何文件仅从其字面来解释则很少能够达义。"[①]但是,如果一项条约的条文不能明确清楚地体现其用意,那么对其含义最适当的进一步解释就是该条约的谈判者和执行者所作出的解释。坚持认为抵消税与最惠国义务相一致的人并不能从这些解释中得到任何支持。最惠国承诺和出口补贴都要比第一次补贴抵消措施早出现至少两个世纪。第一次有人提出抵消税并不违背最惠国承诺是在 19 世纪 60 年代,但在 1888 年以前还没有一个政府无
301 保留地哪怕是暂时地采取这一立场。迟至 19 世纪 90 年代才有首次实施补贴抵消税,主要就是由于人们普遍认为这类关税是违背

① 亨利·威顿(Hanry Wheaton),《国际法要义》,第 6 版,波士顿,1855 年,第 355 页。

最惠国义务的。如果对受补贴进口品征收附加税同最惠国义务相一致，那么这种一致性的发现也来得太晚了点，并没有说服力。

从最惠国承诺条文来看，尤其从上述列举的第一种形式中的条文来看，很显然，如果最惠国承诺是要用来对提供补贴的国家和不提供补贴的国家实施差别待遇，并且如果没有证据（即在最惠国条款成为通商条约共同特征期间对它的一般解释）能够支持这种说法，那么就需要对这种承诺作出非常精巧的解释。就美国而言，最高法院的两项裁决排除了困难，得以在“不应征收更高或其他关税”这一承诺形式下把最惠国承诺解释为允许征收抵消税。在巴特拉姆诉罗伯逊（Bartram v. Robertson）[1]一案中，法院认为，即使美国对某个条约国作出最惠国待遇一般承诺并且还作出不征收较高关税的特别承诺，美国根据最惠国待遇一般承诺对来自该条约国的进口品征收较高关税的权力也不应受到损害。在威特内诉罗伯逊（Whitney v. Robertson）[2]一案中，法院认为，即使条约中仅有特别承诺，也不能对美国构成同最惠国待遇一般承诺下不一样的义务。这几个案件都没有直接涉及补贴抵消税问题，但对美国来说，这些裁决为“不征收更高或其他关税”的承诺确立了同最惠国待遇一般承诺下一样的立法意义。法院裁决所依据的必然是美国作出这些承诺时的意图，这也是法院认为应当作为美国传统 302
政策的依据。在最惠国条款的解释方面，美国是否曾有传统且一致的政策是令人质疑的。参加条约谈判的美方人员是否总是被告

① 122 U.S.（1887 年），第 116 页。

② 124 U. S.（1888 年），第 190 页。

知这些政策就更令人质疑。[①] 或许在外行人看来,当条约双方在传统政策和解释方面存在冲突,并且当一项国际条约的签订格式适合外国的却不适合美国的解释方式时,拒绝考虑外国的解释方式则是一个国际交往体制存在缺陷的深刻表现,在这个交往体制下,每个国家都主张完全有权利从自身立场出发来解释它向别国承诺的协定义务,而且也没有更高的权威机构来裁定这些彼此冲突的权利要求孰是孰非。

最高法院的裁决当然是美国外交官员要或应当要作为一种约束来接受的。所以每当美国外交官坚持认为无条件地不征收更高关税的承诺仅是指在由他们所确定的某些情况下不予征收,此时他们不会感到尴尬。但是,外国并不必把美国最高法院的裁决当作它们在国际法中美国义务之下所享有的权利的权威定义,而且外国法官们也从未完全信服过这些裁决的逻辑性。[②] 此外,这些裁决作为国际法先例的强制力已经因为美国政府后来在至少两个场合下不遵守这些裁决而大大受到损害,那两次如果遵守裁决就
303 会违背当时美国的通商政策。在这些场合下,美国坚持认为它享有通商条约中“不征收更高或其他关税”条款平等待遇的权利,其实在当时,即便按照美国对同样条约中最惠国待遇一般承诺所作的解释,美国也不应享有这种待遇的权利。[③]

① 关于“不征收更高关税”这一承诺的解释,参见本书英文版,第 303 页。

② 参见托马斯·巴克莱(Thomas Barclay),“通商条约中‘最惠国’条款的意义”,《耶鲁法学杂志》,第 17 卷,第 30 页。

③ 国务卿格雷欣(Gresham)先生致俄罗斯部长(1895 年),《外交关系》,1895 年,第 2 期,第 1,119 页;国务卿海(Hay)先生致海地部长(1901 年),同上,1901 年,第 278、279 页。

历 史 先 例

“不征收更高或其他关税”的承诺看来更难以使抵消税同条约义务相一致，而一直寻求确立两者一致性的政府官员们已经发现，即使以不那么准确清晰的方式来表达最惠国承诺，要提出有说服力的理由也是相当困难的。自从第一次引入并实施抵消税以来，实施这种关税的国家最有法律效力的辩护就是指控其他国家也这么做。已经对受补贴进口品征收抵消税的国家，或者声称有权这么做的国家如此之多，以致抵消税是否与最惠国待遇相一致的问题在某种程度上已是一个不必再谈的问题。对有关先例的研究大体上必须包括对糖补贴问题的历史研究和对美国实施补贴抵消税的研究，因为这两个阶段是抵消税法律问题引起外交争议的几乎仅有的大事例。在评估这些先例的重要性时应当考虑到这样一个事实，即最惠国条约和出口补贴至少共存了二百年后才有人 304
提出针对受补贴进口品的特别措施与最惠国义务是否一致的问题。

1902 年英国、德国、法国、奥匈帝国、意大利、比利时、荷兰、西班牙、瑞典签订了《布鲁塞尔糖协定》，1907 年延长时俄国亦加入。该协定允许签约国对受补贴食糖征收抵消税或禁止其进口。所有这些国家在它们加入糖协定时都签订有大量正在生效的最惠国条约，因而它们接受协定的处罚条款意味着下述三者必居其一：(1)它们承认抵消税与最惠国义务的一致性；或者(2)它们假定所有食糖生产国最终都将加入协定，因而协定一旦生效也就不存在对来自非签约国受补贴食糖实施抵消税的情况;[①]或者(3)它们深思熟虑决定在面临困境时放弃受补贴食糖方面的最惠国义务,或某些含有这种义务的义务。如果第一种情况起主导作用,并不会对非签约国根据最惠国条约所确定的权利构成束缚,但它确立了一个重要的先例。如果第二种考虑最为重要,那么协定的签订对现在所讨论的问题也就没有什么关系或者毫不相干,尽管协定运作的方式可能还是有所影响。如果第三种考虑在采纳处罚条款方面起首要决定作用的话,它将支持而不是削弱抵消税在法律意义上与
305 最惠国义务不相一致的说法。[②] 检验最终达成《布鲁塞尔糖协定》的谈判历史能够证明下述结论是正确的:第二种及第三种考虑在引导接受协定的处罚条款上起了首要作用;并且尽管签约国对协定的合法性做了一个形式上的论断,但有理由怀疑这个论断是否是充满诚意地作出的。

食糖补贴最早是在 19 世纪中叶成为一个重要国际问题的。在食糖补贴问题的早期阶段,英国和其他一些反对补贴制的国家公开承认征收补贴抵消税是违背最惠国义务的。[③] 由英国、法国、比利时和荷兰签订并批准但从未生效过的 1864 年《食糖协定》规定,每个签约国在其认为适当的情况下都可以对从非签约国进口

① 签约国以接受协定条款的方式事实上放弃了要求根据最惠国条约对其受补贴食糖给予非歧视待遇的权利。

② 尽管考虑到下述事实而应给予宽容:严重违反或屡次违反一项法律或契约会损害其强制力,换言之,即使法律没有被正式废除也可能失效。

③ 参见威廉·考夫曼(Wilhelm Kaufmann),《世界糖业》,第 287 页。

的受补贴精糖征收这种附加税。[①] 显然不能认为这是在认定此类附加税与最惠国义务具有一致性。因为签约国并没有承担征收此类关税的义务，而且倘若此类关税与条约义务相悖，任何签约国理论上都可以通过废除或争取修改条约来重新获得征收此类关税的 306
权利。[②]

未被批准的 1888 年《食糖协定》允许每个签约国可以通过禁止进口或征收抵消税来阻止另一国受到补贴的食糖进入国门。协定还规定，其他条约中的最惠国条款不应被用作借口来规避反对食糖补贴的有关条款的实施结果，即使对于一度加入后来又退出该协定的国家也应如此。[③]维舍(Visser)在对后一个条款以及该条款被采纳前所举行的谈判进行解释时认为，这表明协定的目的在于只对违背不提供补贴承诺的签约国实施处罚条款。因此，维舍得出结论，1888 年的协定并不意味承认抵消税与最惠国义务的一致性。[④] 无论这一解释正确与否，出席会议的国家中有六个——即俄罗斯、比利时、丹麦、瑞典、法国和荷兰——都坚持认为抵消税 307
与其条约义务相悖，只有四国——英国、德国、西班牙和奥地

① 第 19 条。“缔约国有权共同商议接纳其他国家政府加入本条约的办法。倘若上述国家对出口精糖给予补贴，则缔约国可以对来自上述国家的进口精糖征收附加税。”(见本书第 276 页注 3，第 569 页。)

② 参见维舍(M. L. E. Visser)，“通商条约中的‘最惠国’条款”，《国际法和比较法杂志》，第 2 系列，第 4 卷，第 166 页注释。

③ 第 7 条。“……确定不得要求以其他条约中的最惠国待遇条款利益来逃避本条款第二段的实施结果，即便是万一要求退出本协定的签约国”。威廉·考夫曼(Wilhelm Kaufmann)，见本书第 276 页注 3，第 573 页。

④ 维舍，“通商条约中的‘最惠国’条款”，《国际法和比较法杂志》，第 2 系列，第 4 卷，第 118、169 页。

利——支持相反的观点。[1]英国政府同年晚些时候事实上放弃了本国代表在会议上所持的立场，声称它不会认可协定的处罚条款，除非先予终止或修改其最惠国条款。[2] 不仅如此，事实上世界所有甜菜糖利益方和五分之四以上的蔗糖利益方都出席了这次会议，[3]人们期望所有对食糖补贴问题感兴趣的各方都会加入这一协定，从而放弃它们在最惠国条约下所享有的抗议对其食糖实施处罚条款的权利。协定未获批准很大程度上是因为某些国家认为处罚条款会同它们的条约义务相抵触，从而拒绝加入协定，以及因为另一些国家声称只有当所有产糖国都同意加入该协定它们才会加入。[4]

所以1902年《布鲁塞尔糖协定》的所有签字国都同意，处罚条款并不违背它们对非签约国承担的条约义务。由于没有一个签约国在加入协定后又修改或终止与非签约国所达成的最惠国条款，因而1902年的协定无可置疑地确立了一个支持抵消税与最惠国义务相一致的重要先例。但是，正如维舍在论及早期食糖会议结
308 局时所指出的那样，协定采取的立场主要出于经济上的考虑而非

---

① 维舍，“通商条约中的‘最惠国’条款”，《国际法和比较法杂志》，第2系列，第4卷，第167页。但另参见威廉·考夫曼（见本书第276页注3，第141页），他把五个国家，包括所列举的四国以及俄罗斯，列举为支持抵消税与最惠国义务相一致的国家，持否定态度的只有比利时、丹麦、荷兰和法国四国。但根据考夫曼自己的证据，俄罗斯只是同意抵消税是正当的，并且声明，如果协定得到批准，它将利用协定生效前的延展期使其通商条约与协定中的处罚条款取得一致（见本书第277页注4，第304、305页）。

② 同上注，第295页。

③ 《外交关系》，1888年，第1期，第689页。

④ 参见考夫曼，《世界糖业》，第575、576页。

法律上的考虑。[①] 食糖补贴问题对出口国和进口国双方都变得日益严重，正是由于这个原因以及出于权宜之计而非新的原则争议，才使得那些一直否定抵消税与最惠国义务相一致的签约国撤回了它们原先的立场。

以英国为例，在抵消税与最惠国义务一致性这一纯法律问题上所采取的立场显然主要取决于当时执政党对抵消税在经济政治上的可取性的看法。对抵消税的支持几乎都来自主张保护的保守党，而坚定主张自由贸易的自由党则总体上反对抵消税，认为它不符合自由贸易原则，或者至少相当于提高了普通进口关税。此外，保守党比自由党更倾向于赞同为了殖民地利益而修改英国的贸易政策，而且在后来一些年中的食糖补贴问题上，英国反对补贴更多地是考虑到补贴对甘蔗种植殖民地的损害，而非补贴对英国加工厂商的损害。因此，发现支持抵消税与最惠国义务一致性的英国官方声明都是在保守党执政时发表，也就毫不令人吃惊。到了1897年，西印度皇家委员会——后来成为阿斯奎兹(Asquith)政府外交大臣的爱德华·格雷(Edward Grey)是该委员会的成员之一——出于西印度公司利益的考虑建议反对对受补贴食糖征收抵消税，认为这会给最惠国条款的解释带来问题，有可能减弱其效力，因而是不明智的。[②] 309

直到1899年印度在英国殖民地国务大臣约瑟夫·张伯伦(Joseph Chamberlain)坚持下实施一项抵消税规定，英国政府才

① 参见维舍(M. L. E. Visser)，“通商条约中的‘最惠国’条款”，《国际法和比较法杂志》，第2系列，第4卷，第171页。

② 大不列颠，《西印度皇家委员会报告》，1897年(C. 8655)，第12、13、72、74页。

明确并且无条件地采取了抵消税不违背最惠国义务的立场,以此回应了俄国针对印度关税的抗议。张伯伦当时已是帝国特惠制的信奉者,正转而支持直接的关税保护。他迫切要求印度政府实施抵消税措施,目的是希望帮助毛里求斯食糖生产商在印度市场与受到补贴的欧洲甜菜糖进行竞争。张伯伦当时已是保守党(名称叫自由联盟)内阁成员之一,而在早年他却是一个自由党人,是自由贸易的笃信者。他在抵消税与最惠国义务一致性问题上的观点已经轻易地随其政治及经济派别的改变而改变了。因为在1881年他还是自由党内阁商务部部长时,他曾认为抵消税有悖于最惠国义务,他当时宣称:"除补贴外,政府有许多办法可以鼓励或打击特定的行业。这些办法迄今没有一个被认为是要寻求由政府来进行报复,但是这些办法也同食糖补贴一样遭到了反对。"①

310 1902年保守党当政时,英国签署了《布鲁塞尔糖协定》。1907年自由党人重新执政,当时正将讨论协定的续订问题,而自由党是凭借包括承诺退出协定的政纲得以执政的。为了响应食糖生产殖民地的呼吁,这一承诺并未履行,但英国在1907年还是撤回了在协定处罚条款项下承担的所有义务。在阿斯奎兹内阁执政的最后几年里,它把最惠国待遇义务不适用于针对其他国家受补贴商品所采取的措施这一条款引入包含最惠国承诺的新条约中,这进一步表明自由党并不真的认为抵消税与最惠国义务具有一致性。②

---

① 《下院,议会辩论》所引用,1899年6月15日,第1,219卷。

② 参见1912年英国—洪都拉斯条约,第6条。《英国与外国官方文件》,第106卷,第788页;以及1914年8月12日英国—葡萄牙条约,第7条[爱德华·赫兹莱(Edward Hertslet)爵士,《通商条约》,第27卷,第1,022页]。

没有一个《布鲁塞尔糖协定》的成员国曾对除糖以外任何其他
商品实施过补贴抵消税，这说明该协定在抵消税与最惠国义务关
系的问题上所采取的立场是在特殊并且特别紧迫的经济环境下的
产物，并不见得是成员国法律意义上的真实态度。[①] 此外，在协定
可以被列举为具有重要法律意义的先例之前，其中两个条款仍需
要仔细推敲。按照1902年协定的"附加税"条款，签约国有义务不
仅要限制进口获得官方补贴的食糖，而且还应对来自某些国家的
食糖采取类似的限制，这些国家对外国糖所征税收高于对国产糖 311
所征的税收且超过了规定的适当数额。1907年俄国加入该协定，
所作的特别让步是其出口到成员国的受补贴食糖只能在特定数量
范围内才可免予征收抵消税。把布鲁塞尔协定某个阶段对最惠国
义务的解释引证为权威解释是不行的，其他阶段的解释因有错误
就认为其无足轻重而加以拒绝也是不行的。

尽管最惠国义务是要赋予平等待遇，但附加税条款还是想证明进口关税差别待遇是正当的，这要看出口国是否一方面实行高关税，另一方面实行低关税或无关税，这种做法在大多数实行高关税的国家看来肯定是违背最惠国原则的。美国在某种程度上确实是在类似基础上行事的。很明显，根据1890年麦克金莱(McKinley)关税法第三部分，美国和外国彼此对对方产品征收总体上相

① 参加1902年《布鲁塞尔糖协定》的一些国家后来与俄国签订了若干通商条约，条约中的最惠国条款特意规定补贴不应成为实施差别待遇的借口，因而实际上摒弃了协定处罚条款有效性所依据的原则。参见法比安·蒂博(Fabien Thibault)，"《布鲁塞尔糖协定》与通商条约间的冲突"，《政治经济学杂志》，第23卷(1909年)，第509页及以下各页。

对高的关税,形成了实施或不实施特别关税的基础,[①]而在后来的关税法尤其是1922年福德内—麦克康伯(Fordney-McCumber)关税法中,[②]或有关税(contingent duties)的实施要取决于进口来源国是否对美国的相似产品征收关税。

美国近年关税法中的应急关税问题并没有引起法官们的注
312 意,如果遇到过其他国家的抗议,这些抗议也没有被公开。1894年关税法关于盐的应急关税引起德国的一场正式抗议。[③] 1890年关税法中的特别关税或惩罚关税招致三个国家——均为拉丁美洲小国——的强烈抗议,它们的产品被征收了特别关税。虽然这些抗议被国务院相当傲慢地处理了,但后来还是由关税委员会在国会认可了这些抗议的正当性。[④]《布鲁塞尔糖协定》中的附加税条款看来是唯一一个这样的事例,即除美国以外的所有国家都宣称根据最惠国承诺保持进口关税平等的义务要取决于其他签约国的关税税负状况。如果美国愿意——但毫无疑问它不会愿意——接受这种解释并适用于自己的出口,则会使美国作为重要一方或许还是主要一方的最惠国条约失去有效保证反对外国差别待遇的作用。

① 参见美国关税委员会,《互惠与通商条约》,第155页及以下各页。

② 见1922年关税法第369、371、1,536、1,541、1,543、1,548、1,585段。

③ 美国关税委员会,《互惠与通商条约》,第428页。

④ 赋税委员会关于1894年《关税法案的报告》,该法案在取消惩罚关税上规定:"根据本部分条款,已经发布总统公告对上述提到的五种商品征收报复性关税……若它们来自某些国家。这些公告自然已导致……外交通信,表面公正地声称这种差别待遇违背我们庄严的条约义务。"(第53届国会,第2次会议,《众议院报告》第234号,第11页)另参见美国关税委员会,《互惠与通商条约》,第40、421、422页。

1907 年的《布鲁塞尔糖协定》准予对俄国出口的有补贴的食糖特别免除抵消税，这种做法无论怎么解释也与最惠国待遇原则不符，因而进一步削弱了协定在恰当解释最惠国条约义务方面作为一个权威先例的效力。

自 1890 年以来，美国已对一些有补贴的进口商品实施了抵消 313
税，并且一直主张这种做法并不违背其最惠国义务，只有一个例外。1894 年，国务卿格雷欣(Gresham)告诉克利夫兰(Cleveland)总统说，德国抗议美国对其食糖征收抵消税违背了德美条约的最惠国承诺，而德国的立场是有道理的。克利夫兰总统因此要求国会取消 1894 年关税法中的抵消税，[1]但国会没有这样做。除了这个例外，美国政府从未改变其认为抵消税与最惠国义务相一致的立场。

最高法院对唐斯诉美国(Downs v. United States)一案所作的裁决，在有关抵消税与最惠国义务一致性的讨论中不时被引证用来说明美国支持二者一致的立场。[2] 但是，这一裁决并没有触及条约义务问题，而且自身还局限于对当时两个有争议问题的审查，即：俄国的货物税体制是否实际上导致了对出口食糖的补贴？国会代表财政部长来确定外国有否补贴及补贴数额，并对受补贴进口品征收数额相当于补贴额的抵消税是否符合宪法？1832 年签订的一项最惠国条约当时仍在美俄之间生效，但没有证据表明它属于法院事务范围。此外尽管法院认为抵消税违背条约义务，

① 《外交关系》，1894 年，第 ix、236 页。

② 参见霍恩贝克(S. K. Hornbeck)，“通商条约中的最惠国条款”，《威斯康星大学简报》，第 6 卷(1910 年)，第 73 页；美国关税委员会，《互惠与通商条约》，第 434 页。

也无权宣布抵消税无效,因为抵消税条款是条约约定的结果,要受多边法律的制约。

314 德国、奥匈帝国、丹麦和俄国都以抵消税与最惠国待遇不一致为由提出过抗议,但均告无效。俄国一度通过对美国产品征收差别关税来报复美国的抵消税,德国则以禁止美国肉牛进口作为报复。[①] 1888 年食糖会议上支持抵消税与最惠国义务一致的四个国家中有两个后来改变了它们的立场,这对说明抵消税的效力值得怀疑是有重要意义的。

以上简述了赞成对来自按条约享有最惠国待遇国家的商品征收抵消税的事例,这可以算是先例,但不能视之为很重要的事例。迄今还没有哪个案例在这一问题上作出过具有评判性或仲裁性的决定。没有一个国家无例外地坚持抵消税的合法性。尽管许多国家赞成实施这种关税,但它们仍承认抵消税是违反最惠国义务的。更没有一个国家在其产品被另一国征收抵消税时正式表示说这种税并不违背它享有的最惠国待遇权利。

抵消税合法性的官方争论

对政府官员支持抵消税合法性的理由作一番审视会发现他们
315 在这方面并没有提出符合他们利益的有说服力的论据。

美国官方为抵消税和最惠国义务一致性进行辩护时所提出的

① 参见美国关税委员会,《互惠与通商条约》,第 160、221 页。

论据始终遵循着司法部长奥尔尼(Olney)1894年所谈见解的思路。[1] 奥尔尼认为，抵消税不应被视为造成违背最惠国义务的差别待遇的原因，因为：(1)“条款允许一国保留给予‘本国商人、船只和货物’优惠所必需的国内法规”以及(2)一些外国政府尤其德国和英国便坚持这种解释。条款允许针对外国竞争向本国利益方提供保护，但不允许任何会对不同外国造成差别待遇的形式。如果该项条款不适用于进口关税，它也就没有什么意义，因为就它所涉及的国际商务待遇而言，该条款的主要目的在于制止歧视性的进口关税。如果美国在某个互惠条约中承诺给予德国最惠国待遇，那么德国方面除给予美国相同的待遇外并不必承担其他义务。如果德国通过向其出口商提供补贴的方式来抵消美国关税对美国生产者的保护作用，这种做法本身并不足以使美国无须履行不得歧视德国产品而优待其他国家产品的义务。如果给予德国和其他外国产品的平等待遇同针对外国竞争而给予美国生产者的保护不相容，那么可供选择办法就是终止要求美国不得偏离平等待遇的条约。规定只在与国内工业保护政策不相冲突的情况下才会履行的最惠国承诺，至少在字面上就已没有什么意义。[2] 奥尔尼呼吁其 316

① 第53届国会，第3次会议，《参议院杂录文件》第52辑，第6页。

② 可能有一定说服力的说法是，同保护政策发生的冲突不如为执行这一政策而采取的措施所遭遇到的冲突那么多，同某个补贴国保持最惠国关系的国家可以推行其保护政策而不违背其条约义务，而且也不会让这一政策被外国补贴所抵消，每当外国支付补贴，它只需提高其普通关税即可。但是，正如前面已指出的，普通进口关税在应付受补贴或倾销进口品威胁时并不是令人满意的手段，因为对一部分进口品征收关税便得对所有类似进口品都征税。补贴抵消税有很好的经济上的理由。这里所说的反对抵消税的全部理由在于它们同最惠国义务的一致性，是极为令人质疑的。

他当权者接受该条款这种解释的做法并不能使每个人都信服。他特别提到了1888年食糖会议上英国和德国的立场,但英国政府同年在会议之后没多久便完全改变了英国代表在会议上所采取的立场,而奥尔尼发表备忘录的原因部分地也是由于德国抗议说美国的抵消税违背了条约义务。

英国外交部在俄国对印度抵消税的合法性——这些是《布鲁塞尔糖协定》处罚条款所期望的税——提出抗议时辩解说,针对补贴国食糖的差别待遇是这些国家意志行为导致的结果,所以尽管负有最惠国义务,英国仍有理由为抵消外国生产者得自补贴的人为优势而保护自己的工业。在这样的事例中,产品被征收抵消税的国家面对抵消税可以有一种补救办法,那就是停止补贴。[①]如果
317 在这里充分运用两相情愿(volenti non fit injuria)的准则,那么毫无疑问就有一个支持抵消税合法性的有力论据。但正如俄国在答复时所指出的,如果俄国的出口补贴使得英国因此就不履行给予俄国进口品平等待遇的义务,那么同样道理,俄国政府给予其生产者的并且权力范围内可以不给予的任何好处,例如高效勤俭的政

① 索尔兹伯里侯爵(Marquess of Salisbury)1899年7月15日致俄国部长:"当这种性质的人为优势是由作为最惠国条约一方的外国政府以直接立法行动造成时,英王陛下政府认为,如果可作权宜之计的话,也应允许另一签约方调整被人为扰乱了的贸易平衡。在这种情况下,补救办法掌握在提供补贴的国家手中,或者说由于其立法行动导致了人为刺激,则停止这种刺激才会使相应的抵制措施被撤销。"(英国,《商务一号报告》,1903年[Cd. 1401],第3页。)

兰斯顿侯爵(Marquess of Lansdowne)1902年11月20日致俄国部长:"确切的事实在于,废除形成俄国制度基础的条件是在俄国立法机构权力范围之内的事……该制度使得俄国政府不再有理由抱怨任何其他政府为使其国内市场免受低于成本价格销售的商品侵入所作的努力,尽管签订有最惠国条款。"(英国,《商务一号报告》,1903年,第19页)

府、低税率、政府铁路的低费率、政府船只的低装运费率等，也可用来作为不给予俄国产品平等待遇的理由基础。这种解释会破坏最惠国条款作为反歧视保证的有效性，因为总能找到一些特殊事例，外国工业从其政府的法律行动中获得利益。[①]

俄国本可以进一步指出，外国通过立法中止履行给予本国平 318
等待遇的义务（尽管该义务有效），从而“人为”干预贸易平衡，这种论据只能是那些本身没有采取保护关税来人为干预贸易平衡的国家才可以引用。当英国坚持自由贸易时，这一论据就可以为其所用，但实行保护主义的国家却不行。

英国拒绝了俄国把解释争议提交公平仲裁的提议，进而提出终止与俄国达成的最惠国条约。[②] 俄国则通过对印度茶叶征收差别关税来报复印度的抵消税。

法官们的见解

同各国政府一样，国际法的论者们在抵消税与最惠国义务一致性问题上的看法分歧也很大。大多数欧洲法官否认二者的一致

① 英国，《商务一号报告》，1903 年，第 16 页及以下各页。参见乔费里诉里格斯案（Geofry v. Riggs），133 U. S.（1890 年），第 258 页：“条约应能不拘于字面地加以解释，从而可以落实缔约方保证彼此间平等互惠的表面意愿，这是制定条约的一个总的原则。由于它们是独立国家之间的契约，因而在制定条约时，词语应当用其通常含义，像各国的全国法律那样为人们所理解，而不应采用任何地方法律所赋予的人为的或特殊的含义，除非明显有意使用这种有限制的含义。该法院一直认为，如果一项条约可以有两种解释，一种限制了根据条约可伸张的权利，而另一种却有利于权利伸张，此时后一种解释更为人们愿意采用。”（着重号是我所加。）

② 英国，《商务一号报告》，1903 年，第 19 页。

性,美国法官则持一种不明朗的态度。在美国著名的法律论者中,霍恩贝克(S. K. Hornbeck)看来是仅有的支持抵消税与最惠国义务一致性的人,但即使他也并非无条件地支持;[①]海德(C. C. Hyde)采取了相反的立场;[②]其他人则限于陈述美国的官方立场,这或许可以证明他们接受了二者一致的论断,认为这一论断在法
319 律上是合理的。

为了支持与最惠国义务相联系的抵消税的合理性,人们认为在相同条件下允许所有某一种类商品进口是歧视了“不支付补贴的国家和所支付补贴少于最高补贴的国家,却有利于支付最高补贴的国家,而这是违背条款精神的。”[③]抵消税的征收应当有利于享有最惠国待遇并且不提供补贴的国家的生产者,而非本国的生产者,在这一点上英国和美国官方所持论据是不同的。接受上述论断会得出这样的结论,一国必须而不是可以征收抵消税,并且还可以说,这些抵消税必须能使所有享受最惠国待遇的外国尽可能

① 国际法的确立还没有到能用来肯定或否定该一致性的地步;无论表面上怎样,比较可行和公正的解释会成为法律。目前,经济利益,公平问题以及国际见解(以《布鲁塞尔糖协定》为证)的倾向都肯定有利于美国和英国所持的态度。(《通商条约中的最惠国条款》,第75页。另参见此处所引段落前的那个段落。)

霍恩贝克列举赫罗德(Herod)认为抵消税“既公平又合法”的话。但是赫罗德只是肯定了抵消税本身在国际法中的经济价值与合法性。他并没有涉及这里所讨论的抵消税与最惠国义务的一致性问题[参见赫罗德(J. R. Herod),《优惠国待遇》,纽约,1901年,第120页及以下各页]。

② “关于条约的释义”,《美国国际法杂志》,第3卷(1909年),第59页。

③ 霍恩贝克(S. K. Hornbeck),《通商条约中的最惠国条款》,第74页。另参见穆尔(J. B. Moore),《国际法文摘》,华盛顿,1906年,第5卷,第282页,对1880年8月21日《观察家》相似观点的引述;以及威廉·考夫曼(Wilhelm Kaufmann),《世界糖业》,第280页。

都处于彼此相同的地位，就像没有补贴一样。根据这一推理，英国的限制行动采取了绝对禁止受补贴食糖进口的形式，美国按照1890年和1894年关税法中的反补贴条款所采取的行动则是仅仅处罚进口的受补贴食糖，并对这类食糖征收统一的附加税；按照后来与抵消税有关的关税法，只有此类受补贴商品仍然是普通关税的应税商品。自1903年以来，除美国以外，实际上全世界都允许受补贴商品（仅食糖除外），同未获补贴的商品一样可以进口，这种做法对最惠国承诺下的义务缺少严格考量。 320

然而，认为一国是根据其最惠国承诺才被迫或容许通过对外国产品实行差别关税待遇来弥合可比较情况下外国之间的差异，无论这些差异由“人为”原因或“自然”原因造成，这种见解并没有历史基础。最惠国承诺允许对各国进行分类，允许以承诺中并未明确规定的理由对各国贸易实行差别待遇，如果这种解释一旦成立，那么就会使最惠国条款的效力被逐渐侵蚀殆尽。可以用来对各国进行分类的标准无穷无尽，而根据各国是否提供补贴来进行分类，许多划分标准同样会引起争议。例如德国在抗议美国根据1894年关税法征收抵消税时就争辩说，美国完全可以正当地声明德国某个特定行业的制造商纳税少于其他国家的制造商，“因而为了实现所谓的公平，就对进口到美国某个港口的德国有关产品征收歧视性关税。”[①]一旦在最惠国条款许可下可以根据各国不同政治条件而对其实行差别待遇，那么又为什么不可以按各国不同经

① 《外交关系》，1894年，第234页。国务卿格雷欣（Gresham）承认德国人的论据是有说服力的。

济条件实行差别待遇,而不论经济条件差异是否由政治条件所引起?正如美国海关上诉法院法官马里恩·德费里(Marion De Vries)所指出的,“经济条件和其他条件之间并没有法律原则上的
321 差异”,他进而提出一个不违背最惠国原则的建议,以恰当的间接证明法体现了下述推理,即:对不同国家按不同税率征收进口关税,税率的调整应使美国和各个外国的生产成本差异相等![①]

还应当考虑到,如果最惠国承诺允许或要求通过征收差别关税来平衡外国出口贸易比较优势差异的话,那么这也并不意味着征收数额与外国补贴相等的抵消税就能够实现这种差异的平衡。补贴的提供可以用来抵消补贴国生产者因自然原因或法律规定造成的劣势,如果这些生产者要想能够出口其产品,则补贴对于他们来说可能还是必需的。

一国所作的最惠国承诺要求该国仅“在相似情况下”提供平等待遇,一国提供补贴而另一国不提供补贴就会使情况不同,人们根据这一理由为抵消税与最惠国义务的一致性进行了辩护。但是细节情况从来不会完全一样,因而这种解释总会为背离平等待遇的做法提供某种借口。如果最惠国承诺写入一项条约为的是仅仅适用于在相似情况下进口的商品,那么理应期望这一承诺把这一点写得清楚明白而无可争议。少数条约确实写入了“在相似情况下”
322 或类似的词语,对最惠国承诺的适用情况做了明确的限制。[②] 然

① 《关于普通关税修订的证词》,众议院赋税委员会,1921年,第4,308、4,330页。

② 例如1888年11月27日英国—墨西哥条约,第3条;1857年11月19日阿根廷—德国条约,第3条;1893年12月21日奥地利—匈牙利—罗马尼亚条约,第3条。这些条约中写入有关的限制只是为了明确说明,履行最惠国待遇的承诺并不是要放弃对直接和间接进口商品分别实行差别待遇的权利。

而，并没有任何解释性原则或先例可以用来把这种限制强加给某个并未明确显示这种限制意图的条约承诺。

法国法官法比安·蒂博(Fabien Thibault)指出了为维护补贴抵消税与最惠国义务一致性而提出的各种论据中可能最为精妙的东西。[①] 他说，得到别国最惠国待遇承诺的国家，如果它对装运到那个国家去的商品提供出口补贴，那么它即使没有违背也是在规避承诺的精神实质，因为它破坏了最惠国承诺所要维护的平等性。他的创见性贡献并不在于这一论断，该论断此前时常有人提出过，而在于他指出提供补贴实质上违背最惠国义务**这是一个常理**。他说，这种一般看法反映为许多含有最惠国条款的通商条约也都包含一个禁止提供出口补贴的附加条款。[②] 有些条约并不含有补贴条款，他解释说，只有同那些被认为可能有意规避最惠国承诺精神的国家缔结的条约才需要写入这一条款。换句话说，如果一国受到信任能够体面地履行其条约义务而不规避义务，那么也就没有 323
必要加上解释性条款作为防止规避义务的保障。因此，出口补贴本身就违背严格释义上的最惠国契约，所以应当受到抵消税的处罚而不容提供补贴的国家有任何理由提出抗议。[③]

这个论断是精妙的，但其可信性却随事实检验而消失。蒂博举出一些证据，想要说明各国只是在同可以相信不会逃避义务的

① “《布鲁塞尔糖协定》与通商条约间的冲突”，《政治经济学杂志》，第23卷(1909年)，第503页及以下各页。

② 关于条约中的补贴条款的讨论，参见本书英文版第166页及以下各页。

③ 不过蒂博也承认，《布鲁塞尔糖协定》中的附加税条款并不适合于成员国对非成员国的最惠国义务。

国家打交道时才会忽略最惠国待遇条约中的补贴条款,但是这些证据实际上只能表明,在所列举的那一两个事例中,要求作出不实行补贴的是那些过去惯常提供补贴的国家,而不是那些没有补贴制度的国家。在包括美国、英国、俄国等一些重要国家所签订的通商条约中并没有补贴条款。① 那么是不是可以说这些国家确信,他们与之进行最惠国条约谈判的国家没有一个会提供出口补贴因而背离其承诺精神呢?有必要对包含补贴条款的条约和没有补贴条款的条约进行粗略的比较,从而说明补贴条款的取舍并无原则可循,并且不能用某种简单程式来加以解释。没有什么证据能够支持这样一种揣度,即在实行补贴的国家看来,补贴条款只是对最惠国承诺起解释或预防作用的附加物,而不是独立的另一个承诺。

324 倘若面对补贴祸害只能要么承认没有补救办法,要么根据相反的条约义务坚持有权征收抵消税,那么,由于补贴在经济上令人反对,并且一国出于经济原因完全可以采取措施保护其国内生产者应对外国的补贴竞争,或者采取差别待遇政策以有利于没有获得补贴的进口品,因而把最惠国承诺解释为允许征收抵消税的要求就有重要意义。但是,通商条约中的最惠国承诺是可以由任何一方终止的。想要确保免除条约已成为某种负担的条约义务,其办法并不在于违反条约而在于终止该条约,或经双方同意对条约进行修改,删去令人不满意的内容。解决这个问题的恰当办法,可以像英国近期签订的条约那样在最惠国承诺中包括这样一个条款,即从该承诺的义务中免除针对补贴的措施,或者像罗马尼亚的

① 参见本书英文版第 166 页注释。

一项条约那样，包括一个特意声明抵消税与最惠国承诺二者一致的条款。[①]

关于补贴的论战一直有令人遗憾的地方——1904 年德国—瑞士条约是个例外——在可以利用来反对抵消税的条约中，没有 325
一个包含要把解释方面的争议提交公正仲裁的条款，而且在声称有权征收抵消税的国家中也没有一个同意将问题提交仲裁。[②] 随着许多通商条约都包含有仲裁条款，关于抵消税合法性的争论反复出现可能有助于产生对该问题明确的法律判定，这是更公正合理的决定，而不是某些政府官员出于成功执行政府政策的考虑而作出的特定见解。人们期望各国完全可以采取有效措施来抑制补贴制度，但更重要的是最惠国条款作为消除歧视性立法的手段，其价值不应由于解释方面的问题受到破坏。

德国与瑞士的面粉关税论战

最近由于对抵消税和条约义务关系的解释相冲突而导致的外交争论提出了一个问题，它与前面讨论过的问题有所不同。瑞士

① 比利时—罗马尼亚，1906 年 5 月 28 日，第 4 条："确认本条约所规定的最惠国待遇条款……不排除……征收附加税以抵销出口补贴或生产补贴。"(《貂》(Martens, N. R. G.)，第 35 卷，第 267 页。)

② 参见托马斯·巴克莱爵士(Sir Thomas Barclay)建议国际法协会采纳的决议案："鉴于最惠国条款的不同解释引起缔约国贸易关系不稳定，建议任何认为自己因不同解释而受到侵害的国家应有权向海牙法院举报有关缔约方，并且所指海牙法院就所有此类事件作出的裁决都应无条件地予以接受。"(《耶鲁法学杂志》，第 17 卷(1907 年)，第 32 页。)

在其 1902 年关税修正案中制定了一项条款,授权政府在外国实行出口补贴来抵消瑞士进口关税效应的情况下可以采取它认为适当的措施。1904 年瑞士和德国签订了一项条约,除互相承诺给予最惠国待遇外,还特别规定了两国各自的产品进入到另一国时所应缴纳的关税税率。根据 1906 年 5 月 1 日的一项法律,德国建立了出口面粉退税制,瑞士面粉场主们声称,退税超过了德国对磨制既
326 定数量更高等级面粉所需小麦数量的应征进口关税,因而实际上构成了高额出口补贴。1907 年,瑞士面粉场主们要求瑞士政府对德国面粉实施关税法中那条授权对补贴商品征收抵消税的条款。瑞士政府通知德国政府它正考虑对德国面粉实施抵消税。德国政府回复说瑞士受对德条约的限制不得对德国面粉征收每百公斤高于 2.50 法郎的关税,瑞士应当严格遵守条约。瑞士随即回复说条约规定,应任何一方的要求可以把条款解释方面的冲突提交仲裁,并要求将现有争议提交仲裁。然而德国害怕不利的仲裁结果会导致其他国家提出类似抗议,并会损害作为其鼓励农民政策重要方面的退税制度的有效性,因而拒绝了瑞士的要求。瑞士过于弱小,无法不顾德国的警告而开征抵消税,或者坚持将争议提交仲裁。①

这场争议不仅涉及抵消税与最惠国义务是否一致的问题,而且还涉及条约对进口关税的"约束"与抵消税效力的关系问题。如果一国始终可以按最惠国义务对受补贴的进口品征收抵消税,那么该国是否还有条约允许的权利对涉案产品不征收高于特定数额

① 关于这一争议的记叙,见西格门·谢尔德(Sigmund Schilder),"德国—瑞士的面粉争端",《商务博物馆》第 24 卷,(1909 年),第 29 页及以下各页。

的关税呢？德国人拒绝承认瑞士有权对德国面粉征收抵消税并不 327
能作为有多大影响的否定性先例。德国的拒绝部分是基于它声称其退税制度并未隐瞒补贴。此外，德国和瑞士之间政治军事实力相差悬殊，无疑使德国在决定其态度时轻视法律方面的影响。因此，抵消税与最惠国义务的问题必须视为尚未得到解决的问题，并且由于条约对关税率作出约束已是普遍现象，出口补贴大范围再次流行会使这一问题具有重大实际意义。

一般反倾销税与最惠国义务的一致性

反倾销税与条约义务的一致性问题，无论是最惠国一类的条约义务还是规定了最高特别关税税率的关税类条约义务，还从来没有成为外交争议的主题。俄国在1903年确信不得不需要修改它与德国签订的最惠国条约，以便有权对德国获得私人出口补贴或者以倾销价出口销售的产品征收附加税。[①] 1921年英国工业保障法规定，不得在任何与条约义务有冲突的情况下征收倾销税，但英国政府的立场很明显，即倾销税本身无可置疑并不同最惠国义务相冲突，“外汇倾销”条款就是这样。[②] 加拿大的倾销税是唯一在1921年以前征收的倾销税，并且这些税几乎仅对来自美国的进口品征收，而美国迄今还未与加拿大签订最惠国条约。自1921年 328
以来，美国财政部对来自享有最惠国待遇的一些国家的进口商品

① 威廉·考夫曼，《世界糖业》第341页注释，第545页注释。

② 《下院，议会辩论》，1921年6月6日，第395栏；1921年7月13日第1,315栏；1921年8月10日，第557栏。

发出了反倾销令,但并不见外国针对这些命令提出官方抗议的报道。不过,美国也没有根据这些命令真的征了税。

同抵消税与官方补贴的情况相比,倾销税与最惠国义务的一致性所引起的争议要少一些。倾销税通常适用于以倾销价销售的进口商品,而不论其来源国。所以,实施倾销税不存在对各国进行分类的问题,只要不分国家对商品进行甄别即可。在许多事例中,某一种类的倾销品和非倾销品会来自同一个国家,因此,如果以外国正常价格或倾销价销售对进口品的划分恰好符合对国家的分类,这只能是偶然的,并不是实施反倾销条款的意图或必然方式。

如果反倾销法要求或允许指明商品的原产国或出口国,而且倾销税只适用于来自反倾销令指明国家的以倾销价进口的某一种类商品,那么不仅仅要按它们是否以倾销价销售来进行划分,而且还要按倾销商品的原产国或出口国对它们进行划分。例如,根据
329 美国 1921 年的反倾销法,只有当倾销商品是财政部长发布的命令中所指明的某种并且来自**某个国家进口**的商品时,才能对其征收倾销税。当反倾销法以这种方式来实施时,被反倾销令指明的国家有充分的理由抗议条约给予它们平等待遇的权利遭到了侵害。如果答复说反倾销令指明了倾销进口商品的所有来源国,因而这种差别待遇只是形式上的而非实际的歧视,这样的回答是不够的,因为只要存在来自未指明国家的倾销商品进口,形式上的歧视就会变成事实上的歧视。此外,在这种情况下也不能把两相情愿(volenti non fit injuria)的准则当作借口来为国家分类进行辩护。条约是在政府间签订的,而政府通常不对公民的倾销行为负责。为了严格认真地对待条约义务并避免外交争端危险,看来最好是

制订出一项方便管理的措施，使得根据反倾销法颁布的命令适用于所指明的进口商品，而不管其原产地或出口地在哪里。

主要参考文献

AFTALION, ALBERT

"Les Kartells dans la Région du Nord de la France"(《法国北部地区的卡特尔》), *Revue Économique Internationale*, I (1908), 107—165, II (1911), 274—308.

ALFASSA, M. MAURICE

"L'Impérialisme Économique en Grand-Bretagne"(《大不列颠的经济帝国主义》), *Bulletin de la Sociétéd'Encouragement pour l'Industrie Nationale*, CXII (1909), 152—162, 377—398.

ASHLEY, W. J.

The Tariff Problem(《关税问题》), 3d ed. London, 1911.

BEETON, MAYSON M.

The Truth about the Foreign Sugar Bounties (《外国食糖补贴真相》), London, 1898.

BENN, WEDGWOOD

"The Safeguarding of Industries Act: Orders under Part II" (《工业保障法:第二部分的条例》), *Economic Journal*, XXXII(1922), 408—414.

BERGLUND, ABRAHAM

"The Ferroalloy Industries and Tariff Legislation"(《钢铁工业与关税立法》), *Political Science Quarterly* XXXVI (1921), 245—273.

CABIATI, A., JANNACCONE, P., LORIA, A., RIDOLFI, R. (A Symposium on Dumping)(关于倾销问题的专题讨论会 I), *Riforma Sociale*, XXV(1914), 193—291.

CANADA

Report of the Broad of Inquiry into the Cost of Living（生活费用调查委员会报告），1915，I，750—759.

CHOMLEY，C. H.

Protection in Canada and Australasia（《加拿大和澳大利亚的保护贸易制度》），London，1904.

COSOIU，MIHAIL N.

Die belgische Handelspolitik der letzten 40 Jahre（《近四十年来比利时的贸易政策》），Stuttgart，1914.

CROHN-WOLFGANG，H. F.

"Zur Frage des 'dumping'"（《关于"倾销"问题》），*Jahrbücher für Nationalöknomie und Statistik*，3d Ser. LVII I(1919)，177—180.

CULBERTSON，W. C.

Commercial Policy in War Time and After（《战时及战后的贸易政策》），New York，1919.

"The Making of Tariffs"（《关税的制定》），*Yale Review*，XII(1923)，255—274.

CURTISS，G，B.

Protection and Prosperity（《保护与繁荣》），New York，1896.

DE LAVISON，A.

La Protection par les Primes（《补贴引起的保护贸易》），Paris，1900.

DE LEENER，G.

L' Organisation Syndicale des Chefs d' Industrie（《主要工业中的辛迪加组织》），Brussels，1909.

DE ROUSIERS，PAUL

Les Syndicats Industriels de Producteurs en France et à l'Etranger（《法国及外国的工业生产者辛迪加》），2d ed. Paris，1912.

DIEPENHORST，F.

Die handelspolitische Bedeutung der Ausfuhrunterstützungen der Kartelle（《卡特尔出口补贴在经济政策上的意义》），Leipzig，1908.

DIETZEL H.

"Depression und 'Exportdusel'"(《萧条与"出口机遇"》),*Nation* (Berlin),1902,No. II.

"Free Trade and the Labour Market"(《自由贸易与劳动市场》),*Economic Journal*,XV (1905),I—II.

DONALD,W. J. A.

The Canadian Iron and Steel Industry (《加拿大的钢铁工业》),Boston,1915.

ELLIOTT,O. L.

The Tariff Controversy in the United States,1789—1833 (《1789—1833年美国关税论战》),Palo Alto,1892.

EMERY,H. C.

"The Problem of Anti-Dumping Legislation" (《反倾销立法问题》),*Report of Third National Foreign Trade Convention*,1916.

FEER,EDUARD

Die Ausfuhrpolitik der deutschen Eisenkartelle und ihre Wirkungen in der Schweiz (《德国钢铁卡特尔的出口策略及其对瑞士的影响》),Zürich,1918.

FELD,WILHELM

"Anti-Dumping,Prämienklausel und Ausgleichzölle"(《反倾销,补贴条款和抵销关税》),*Archiv für Sozialwissenschaft und Sozialpolitik*,XLIV (1917—18),456—486.

FISK,G. M.

International Commercial Policies (《国际贸易政策》),New York,1907.

FONTANO-RUSSO,L.

Traité de Politique Commerciale (《贸易政策协定》),translated from the Italian,Paris,1908.

FRANCE

Chambre des Députés,Commission des Douanes. *Rapport Général* (《总报告》),1908.

FUCHS,C .J.

The Trade Policy of Great Britain and Her Colonies since 1860(《1860年以来大不列颠及其殖民地的贸易政策》),London,1905.

GLOWACKI,MARYAN

Die Ausfuhrunterstützungspolitik der Kartelle (《卡特尔的出口补贴策略》),Posen,1909.

GOETTLING,W.

"Anti-Dumping,Japan"(《日本,反倾销》),*Trans-Pacific*,October,1920,43—48.

GOTHEIN,GEORG

"La Réglementation Internationale des Droits de Douane sur les Fers"(《铁制品海关法的国际管理》),*Revue Économique Internationale*,II (1904),483—527.

GREAT BRITAN

Report of the Commissioner... to Inquire into... the State of the Population in the Mining Districts(《矿区人口状况调查特派员报告》),1854.

Commission on the Depression of Trade and Industry,1886,*Second Report*,*Minutes of Evidence*.(《第二号报告,证词备忘录》),Part I (C. 4715),*Final Report*(《最终报告》)(C.4893).

Board of Trade:*Report on British and Foreign Trade and Industrial Combinations*(《关于英国和外国的贸易与工业联合体的报告》),1903 (Cd.1761).

Report of H. M. Representatives Abroad on Bounties(《英王陛下海外代表关于补贴的报告》),1904 (Cd.1946).

Board of Trade:*Report of the Committee on the Iron and Steel Trades after the War*(《战后钢铁贸易委员会报告》),1918 (Cd.9071).

Committee on Commercial and Industrial Policy after the War:*Final Report*(《最终报告》),1918 (Cd.9035).

Trading with the Enemy Committee:*Report* (《报告》),1918 (Cd. 9059).

Board of Trade: *Summary Statement of Legislative Provisions for the Prevention of Dumping* (《为防止倾销制定法令的简要声明》), 1919 (Cd. 265).

Ministry of Reconstruction: *Report of Committee on Trusts* (《托拉斯委员会报告》), 1919, (Cd. 9236).

Ministry of Reconstruction: *Final Report on Anti-Dumping Legislation* (《关于反倾销立法的最终报告》), 1919, (Cd. 455).

GREGORY, T. E. G.

Tariffs: a Study in Method (《关税:方法研究》), London, 1921.

GRIFFIN, C. S.

"The Sugar Industry and Legislation in Europe" (《欧洲的制糖工业与立法》), *Quarterly Journal of Economics*, XVII (1902), 1—43.

GRILLI, CARLO

"Il protezionismo dopo la Guerra" (《战后贸易保护主义》), *Rivista Internazionale*, XC (1920), 289—296; XCI (1920), 12—32, 252—283.

GRUNZEL, JOSEF

Economic Protectionism (《经济保护主义》), London, 1916.

HAMILTON, ALEXANDER

Report on the Subject of Manufactures (《关于制造业的报告》), 1791, in F. W. Taussig (editor), *State Papers and Speeches on the Tariff* (《关于关税的政府报告及发言》), Cambridge, 1893.

HAUSER, HENRI

Germany's Commercial Grip on the World (《德国对世界贸易的控制》) (translated from the French), New York, 1917.

HERINGA, A.

Free Trade and Protectionism in Holland (《荷兰的自由贸易与贸易保护主义》), London, 1914.

HINCKES, R. T.

Seven Years of the Sugar Convention, 1903—1910 (《1903—1910 年:糖业协定七年》), London, 1910.

HIRST, F. W.

Monopolies, Trusts and Kartells (《垄断、托拉斯与卡特尔》), New York, 1906.

HOBSON, J. A.

International Trade: an Application of Ecomomic Theory(《国际贸易：经济学理论的应用》), London, 1904.

HOLT, BYRON W.

Home and Foreign Price of American-made Goods(《美国制成品的国内价格与国外价格》), 1906 (New York Tariff Reform Club pamphlet reprinted in *Congressional Record*, XL [1906], 8204—8033.)

HORNBECK, S. K.

"The Most-Favored-Nation Clause in Commercial Treaties"(《通商条约中的最惠国待遇条款》), *Bulletin of the University of Wisconsin*, VI (1910), No. 2.

HUFNAGEL, G. E.

"Fighting Dumping in Holland" (《荷兰同倾销作斗争》), *Commercial Holland*, December, 1919, 53—56; February, 1920, 42—44.

HYDE, C. C.

"Concerning the Interpretation of Treaties"(《关于协定的解释》), *American Journal of International Law*, III(1909), 46—61.

KAUFMAN, WILHELM

Welt-Zuckerindustrie und Internationales und Koloniales Recht (《世界糖业和国际及殖民地法规》), Berlin, 1904.

LEVY, HERMANN

Monopoly and Competition(《垄断与竞争》), London, 1911.

LIEFMANN, ROBERT

Cartells et Trusts(《卡特尔与托拉斯》), (Translated from 2d German edition.) Paris, 1914.

MARSHALL, ALFRED

"Fiscal Policy of International Trade" (《国际贸易中的财政政策》),

Great Britain: *House of Commons Papers*, 321 (1908).

Industry and Trade(《工业与贸易》), London, 1919.

MARTINEAU, GEORGE

"The Brussels Sugar Convention"(《布鲁塞尔糖协定》), *Economic Journal*, XIV (1904), 34—46.

MCLAREN, A. D.

Peaceful Penetration(《和平渗透》), New York, 1917.

MÉNY, MARC

Le Dumping(《倾销》), Paris, 1909.

MEREDITH, H. O.

Protection in France(《法国的保护贸易制度》), London, 1904.

MORGENROTH, WILLI

Die Exportpolitik der Kartelle(《卡特尔的出口策略》), Leipzig, 1907.

NOTZ, WILLIAM

"International Private Agreements in the Form of Cartels, Syndicates, and Other Combinations"(《卡特尔、辛迪加和其他联盟形式的国际私人协议》), *Journal of Political Ecomomy*, XXVIII (1920), 658—679.

NOTZ, WILLIAM, and HARVEY, R. S.

American Foreign Trade(《美国的对外贸易》), Indianapolis, 1921.

PAGE, T. W.

"Difficulties of Tariff Revision" (《关税修订之难点》), *Journal of the American Bankers' Association*, XIII (1921), 653—656.

PARSONS, J. G.

Protection's Favors to Foreigners(《保护贸易制度带给外国人的好处》), 1909. Printed as government document, 61st Cong., 1st Sess., Sen. Doc. 54.

PESL, LUDWIG DAN

Das Dumping, Preis-Unterbietungen im Welthandel(《倾销,世界贸易中的低价竞销》), Munich, 1921.

PIGOU, A. C.

"Professor Dietzel on Dumping and Retaliation"(《狄茨尔教授论倾销和报复》),*Econmic Journal*,XV (1905),436—443.

Protective and Preferential Import Duties(《进口保护关税与优惠关税》),London,1906.

"Pure Theory and the Fiscal Controversy"(《纯理论与财政论战》),*Economic Journal*,XIV (1904),29—33.

PLAUTT,THEODORE

"Die Bedeutung des Dumping für die Gegenwärtige Englische Handelspoltik"(《倾销在当前英国贸易政策中的意义》),*Weltwirtschaftliches Archiv*,XVI (1921),389—412.

PORRITT,EDWARD

Sixty Years of Protection in Canada(《加拿大保护贸易制度 60 年》),London,1908.

The Fiscal and Diplomatic Freedom of the British Overseas Dominions(《英国海外领地的财政与外交自由》),Oxford,1922.

The Revolt in Canada against the New Feudalism(《加拿大对新封建主义的反抗》),London,1911.

RAFFALOVICH,ARTHUR

Les Coalitions de Producteurs et le Protectionnisme(《生产者联盟与贸易保护主义》),Paris,1889.

RIST,CHARLES

"L'Exportation Américaine,et les Lois sur les Trusts"(《美国的出口和托拉斯法》),*Revue d'Économie Politique*,XXXIII (1919),78—82.

SAYOUS,ANDRÉ

La Crise Allemande de 1900—1902(《德国 1900—1902 年危机》),Paris,1903.

SCHILDER,SIGMUND

"Der deutsch-schweizerische Mehlkonflikt"(《德国—瑞士的面粉争端》),*Das Handelsmuseum*,XXIV (1909),29—32.

SCHOLEFIELD,G. H.

New Zealand in Evolution(《发展中的新西兰》),London,1908.

SHAW,LESLIE M.

Current Issues(《当前的问题》),New York,1908.

SHEPHEARD,W. P. B.

"The Most Favoured Nation Article"(《最惠国待遇条款》),*Journal of Comparative Legislation*,N. S.,III (1901),231—237.

SHORTT,ADAM

"The Anti-Dumping Feature of the Canadian Tariff" (《加拿大关税的反倾销特色》),*Quarterly Journal of Economics*,XX (1906),250—258.

SMART,WILLIAM

The Return to Protection (《重归保护贸易制度》),London,1904.

STANWOOD,EDWARD

American Tariff Controversies in the Nineteenth Century(《十九世纪美国的关税论战》),Boston,1903.

TAUSSIG,F. W.

Free Trade,the tariff and Reciprocity(《自由贸易、关税和互惠》),New York,1920.

Some Aspects of the Tariff Question(《关税问题的若干方面》),Cambridge,1915.

THIBAULT,FABIEN

"Conflits entre la Convention Sucrière de Bruxelles et les Traités de Commerce"(《布鲁塞尔糖协定与诸贸易协定之间的冲突》),*Revue d' Écomomie Politique*,XXIII (1909),497—515.

TOSDAL,H. R.

"The Kartell Movement in the German Potash Industry "(《德国钾碱工业中卡特尔运动》),*Quarterly Journal* of Economics,XXVIII (1913),140—190.

UNITED STATES:

Alien Property Custodian:

Report(《报告》),1919.

Department of Commerce:

Trust Laws and Unfair Competition(《托拉斯法与不公平竞争》),1916.

Special Agents' Series(《特别代理商系列报告》),No. 86 (1914),"Cotton Goods in Japan"(《日本的棉制品》).

Federal Trade Commission:

Report on Cooperation in American Export Trade(《关于美国出口贸易中的协作的报告》),1916.

Industrial Commission:

Report(《报告》),1901,I,XIII,XVII,XVIII.

Merchant Marine Commission:

Report and Hearings(《报告与听证会》),1905 (58th Cong.,3d. Sess.,Sen. Rept. 2755).

State Department:

Selling Foreign Manufactures in United States at Prices Lower than the Domestic Prices(《外国制成品低于其国内价格在美国销售》),1909 (61st Cong.,1st Sess.,Sen. Doc. 16).

Tariff Commission:

Colonial Tariff Policies(《殖民地的关税政策》),1922.

Information concerning Dumping and Unfair Foreign Competition in the United States (《关于倾销和外国在美国不公平竞争情况的报告》),1919.

Reciprocity and Commercial Treaties(《互惠与通商条约》),1919.

Sixth Annual Report (《第六号年度报告》),1922.

Hearing before the [*House*] *Committee on Investigation of United States Steel Corporation* (《[众院]美国钢铁公司调查委员会听证会》),1912.

Tariff Schedules, *Hearings before the Committee on Ways and Means* (《关税税率表,赋税委员会听证会》), *House of Representatives*, 1913, VI.

Anti-dumping Legislation, *Hearings befort the Committee on Ways*

and Means(《反倾销立法,赋税委员会听证会》),*House of Representatives*,on H.R.9983 and H.R.10071,October 22,1919.

Emergency Tariff and Antidumping,*Hearing before the Committee on Finance*(《紧急关税和反倾销,财政委员会听证会》),*United States Senate*,on H.R.2435,April 18—22,1921.

Hearings on General Tariff Revision,*before the Committee on Ways and Means*(《赋税委员会,关于全面修订关税的听证会》),*House of Representatives*,1921.

Report of the Commissioner of Corporations on the Petroleum Industry(《公司委员会特派员关于石油工业的报告》),1907,Part II,pp. 316—425.

Testimony in U.S.A. vs. U.S. Steel Corporation and Others(《联邦政府对美国钢铁公司及其他公司的诉词》),*District Court of the United States for the District of New Jersey*,1913.

VAN ISEGEHM,L.

"Le'Dumping'et les Mesures Prises ou Préconisées pour en Combattre les Effets"(《"倾销"及为抵消其影响所采取或呼吁采取的措施》),*Revue Économique Internationale*,1921,No.327—340.

VISSER,M. L. E.

"La Clause de 'La Nation La Plus Favorisée'dans les Traités de Commerce"(《通商条约中的"最惠国"条款》),*Revue de Droit International et de Législation Comparée*,2d Ser.,IV(1902),66—87;159—177;270—280.

WALKER FRANCIS

Monopolistic Combinations in the German Coal Industry(《德国采煤业中的垄断联合体》),*Publications of the American Economic Association*,3d. Ser.,V (1904),No.3.

"Policies of Germany,England,Canada and the United States towards Combinations"(《德国、英国、加拿大及美国对待垄断联合体的政策》),*Annals of the American Academy of Political and Social Science*,XLII

(1912),183—201.

"The German Steel Syndicate"(《德国钢铁业辛迪加》), *Quarterly Journal of Economics*, XX (1906),353—398.

索　　引

（名词后的页码为英文版页码，即中译本的边码）

关于倾销的备忘录*

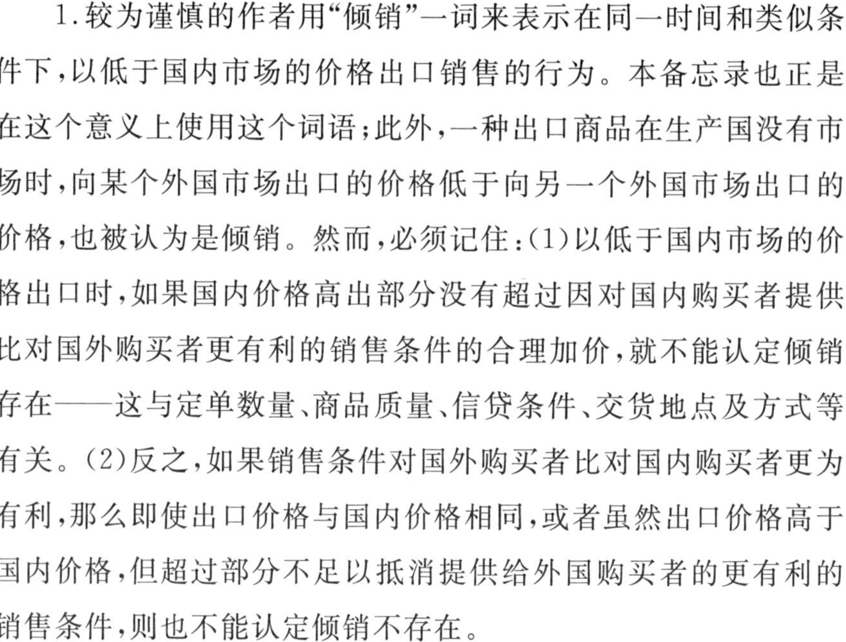

1.较为谨慎的作者用“倾销”一词来表示在同一时间和类似条件下，以低于国内市场的价格出口销售的行为。本备忘录也正是在这个意义上使用这个词语；此外，一种出口商品在生产国没有市场时，向某个外国市场出口的价格低于向另一个外国市场出口的价格，也被认为是倾销。然而，必须记住：(1)以低于国内市场的价格出口时，如果国内价格高出部分没有超过因对国内购买者提供比对国外购买者更有利的销售条件的合理加价，就不能认定倾销存在——这与定单数量、商品质量、信贷条件、交货地点及方式等有关。(2)反之，如果销售条件对国外购买者比对国内购买者更为有利，那么即使出口价格与国内价格相同，或者虽然出口价格高于国内价格，但超过部分不足以抵消提供给外国购买者的更有利的销售条件，则也不能认定倾销不存在。

2.当某出口行业各康采恩之间存在激烈价格竞争时，有计划的倾销极不可能发生。除非官方提供出口补贴，或者为倾销行业生产原料或半成品的辛迪加提供非官方出口补贴，否则倾销只能是偶发现象或反常现象。在激烈的价格竞争中，面向所有买方的

* 国际联盟，日内瓦，1926年。

出厂离岸价格必定会趋同。如果两个买方集团之间暂时存在价格差异，则卖方就要在较高价位上为取得尽可能大的销售份额而竞争，却不愿在较低价位上销售，这就会使价格差异减小，并使所有的买方价格相同。只有在下述情况下，倾销才可能作为一种有计划的行为出现：

(a)该出口行业已经托拉斯化或辛迪加化；或者，

(b)该行业尽管尚未形成一个统一的生产或出口组织，但已由一两个大型康采恩主宰，每个康采恩控制着足够大的总产出份额，足以保证自己在低于国内通行的价格上获取大得多的出口定单份额；或者，

(c)不同厂商的产品尚未标准化，各个厂商因而可以通过商标、品牌、式样、包装类型等来使自己的产品个性化，并以此规避价格竞争的强大压力；或者，

(d)出口补贴是由该行业以外的某个机构如州政府提供，或是由向该行业供应原料作进一步加工的另一个行业提供。

3.以倾销价出口并不一定包括以低于出口商生产成本的价格出口。因为只有在倾销行业内存在某种程度的垄断组织的情况下倾销才有可能普遍发生，所以即使出口价格低于国内价格，也仍可能比生产成本高得多。即使以倾销价出口产品，即使低于出口厂商总产出的平均生产成本，对出口商来说也不一定亏本。产出增加，单位成本会降低，这是普遍的趋势，对于大规模制造业尤其如此。因而，出口倾销导致产量扩大所带来的总产出单位成本降低或许足以抵消任何单位成本高于出口价格的部分损失，并且有余。如果不与倾销者的国内价格相比，倾销价未必是低价。它可能远

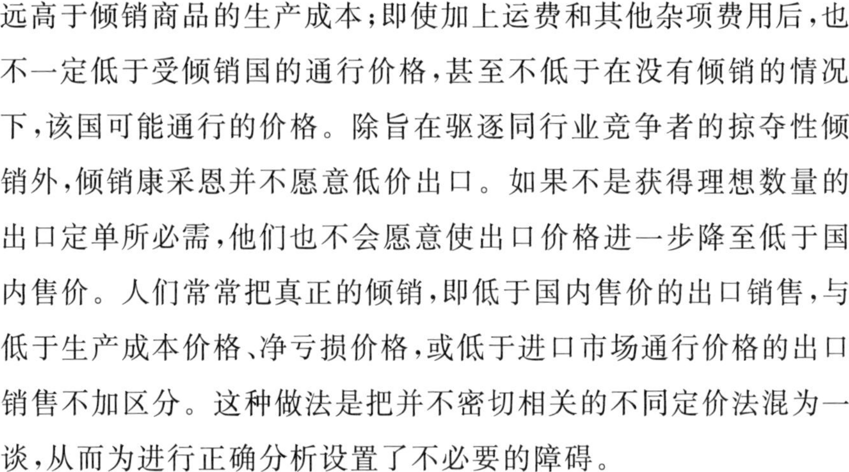

远高于倾销商品的生产成本;即使加上运费和其他杂项费用后,也不一定低于受倾销国的通行价格,甚至不低于在没有倾销的情况下,该国可能通行的价格。除旨在驱逐同行业竞争者的掠夺性倾销外,倾销康采恩并不愿意低价出口。如果不是获得理想数量的出口定单所必需,他们也不会愿意使出口价格进一步降至低于国内售价。人们常常把真正的倾销,即低于国内售价的出口销售,与低于生产成本价格、净亏损价格,或低于进口市场通行价格的出口销售不加区分。这种做法是把并不密切相关的不同定价法混为一谈,从而为进行正确分析设置了不必要的障碍。

4.出口国的保护性进口关税为倾销提供了便利,但是与其说是因为进口关税使低价出口有利可图,还不如说是因为进口关税使国内市场售价有可能高于世界水平。保护性关税最能起的作用是保证以较高价格在国内销售的可能性,而不是以较低价格在国外销售的赢利性。如果出口国的保护性关税还适用于出口后又复进口的本国商品,那么这样的进口障碍可以阻止倾销商品回流并以低于国内通行的价格返销,也能为对外倾销提供便利。在下述情况下,不仅实行自由贸易的国家能够对外倾销,而且实行保护贸易的国家国内市场上未受关税保护的特定产品也能对外倾销,甚至有计划地、大规模地对外倾销:

(a)该商品的生产成本较低,国内售价虽然可能高于生产成本,也高于出口价格,但不高于打入国内市场的外国竞争性产品的最低价格;**以及**,

(b)(1)该商品是大宗商品,或者它以倾销价出售的外国市场相距遥远,以致该商品重新进口返销国内市场时,双倍的运输成本占价格比重很高；在情况(1)未发生时，如果：

(2)倾销商品的外国买方保证不使该商品返销出口国。

倘若进口国的普通进口关税是保护性的，视具体情况，它会促进或抑制倾销。如果没有关税，外国厂商不必进行倾销就可以在这些国家获得理想的销量；但是，如果关税使外国厂商必须降价才能出口销售，那么进口关税就会使原本不会发生的倾销发生。另一方面，如果没有关税外国厂商也要向这些国家倾销，则关税就可能使外国厂商必须大幅度降价，使之低于其国内价格才能出口，从而不得不放弃出口，于是原本会发生的倾销也就不会发生了。尽管进口国的进口关税在不同情况下会促进或阻碍倾销，但是不论在哪种情况，进口关税都不会直接导致外国商品以低于无关税时的交货价格向该国出口。尽管进口关税可能会降低外国出口商的离岸价格，但至少不会直接降低进口国消费者所能获得的应税外国商品计入运费和关税后的价格。

5.在没有出口补贴的情况下，除非某行业内部竞争并不剧烈，有计划的倾销是不太会发生的。因此，最易成为倾销商品的有：(a)生产规模庞大且受一个或极少数康采恩，或生产者辛迪加或卡特尔主宰生产的行业的产品；或(b)有品牌、注册商标、专利或具有特色的产品。原料、食品及其他由大量小规模、无组织厂商生产的产品，除非官方提供出口补贴，不然即使曾有倾销也是很少见的。尽管难以找到有关倾销盛行的全面性证据，但是现行反倾销法的实施记录、偶尔公布于众的出口价目表、贸易期刊中的零散数据、领事报告、官方调查委员会及其他相关信息来源的报告使我相信，既往国际贸易中的倾销从未像现在这样盛行过。参与国际贸易的制成品和半成品中,有很大一部分在以倾销价格销售。在那些通过高进口关税来保护国内市场抵制外国竞争最为有效、其行业组织托拉斯化或卡特尔化程度最高的工业国家,倾销的做法也最为盛行。美国、加拿大、澳大利亚和南非联邦是最易被倾销商品的重要市场,它们有效实施反倾销法规阻止倾销商品的进口并取得巨大成功,若非如此,倾销会比现在还要泛滥。

6.出口商可能由于多种原因倾销,但以下五类原因足以用来解释各种倾销的目的:

(a)生产商有现成的多余存货,不大幅度降价就无法在国内市场或其他标准市场出售,而大幅度降价又会"宠坏市场",影响以后的生产。于是,生产商往往会选择在相距遥远的非标准市场上以可以出售的任意价格处理存货。这类倾销是偶发性的,对出口国或进口国都不会有显著的经济影响。但是,倘若倾销市场是其他竞争康采恩产品的重要销售地,则倾销就可能使它们处境尴尬。在这类倾销行将终止但尚未自动结束前,必须对其有敏锐的察觉和迅速的反应,其偶发性构成了现行反倾销法在实施有效控制时很难逾越的一个障碍。

(b)生产商为了发展或保持国外市场,可以实施短暂的倾销,以低价打入新市场或扩大商品的知名度。这样,在确实较短的时期内,即使全部产品在国内市场上出售更有利,厂商仍会愿意向外国买方降价。在这种情况下,倾销通常会有计划地持续数月甚至数年,但他只是期望届时倾销商品的市场价格达到与其国内价格相同的水平。因此,这类倾销不会无限期地持续下去。

(c)实施倾销也可能是为了利用增加的销售量使生产规模得

到扩大，从而使总产出（包括以最高价格在国内市场销售的那一部分）的平均单位成本下降。对存在显著规模效益的行业而言，特别当国内需求无弹性时（价格下降引起的购买量增加不大），即使出口价格低于平均生产成本，持续的倾销也可能带来利润，因为未削价出售的那部分产出的较低成本可以抵销出口销售的表面损失，甚至有余。这类倾销可能会无限期地持续下去。

(d)实施倾销也可能因为国内价格是受关税保护的垄断价格；同时，尽管出口销售所能获得的最高价格低于国内通行价格，却仍可独立地带来利润。这类倾销也可能会无限期地持续下去。

(e)实施倾销还可能是为了将竞争对手驱逐出某一国外市场（掠夺性倾销），这会带来暂时的损失；或者，是防卫性的倾销，即以无利价格在某个出口市场上销售产品，目的是防止自己被某个竞争者的掠夺性倾销驱逐出该出口市场。这类倾销不太可能持续较长时期，因为一旦达到目的，或者不付出破产性的代价就无法继续，此时倾销就会终止。

7.从出口国的角度来看，似乎并无充分的经济理由对倾销进行未经充分论证的谴责。从康采恩自愿实施倾销这一事实可以推定倾销对它们有利可图。无疑，某些商人选择的倾销时机并不明智，这与他们犯了其他错误并付出沉重的金钱代价别无二致。但是，对倾销者无法获利的倾销可以置之不理，它会自我调整过来。人们往往认定，倾销使国内买方付出较高价格。但是，除了偶然倾销已经生产出来的多余存货这种不重要的情况以外，如果不论倾销发生与否，厂商都以实现最大净收益为目标向国内买方要价的话，那么因倾销导致国内价格较高的情况就不致太严重。就那些存在规模经济的产品而言,为提高产量而实施的倾销不太可能引起国内价格大幅度变动,从而使国内销售净利润达到最大。如果实施倾销的确能使国内价格变动并使净利润最大,则价格下降或上升的可能性是一样的。对于随产出增加而单位成本上升的行业来说,实施倾销将会使国内价格上升。但基于已阐述过的原因,除非有行业以外的机构提供出口补贴作为诱因,否则这样的行业不大会进行倾销。

尽管有时候国内高价可以归咎于倾销,但是否经常如此却值得怀疑。一般情况是,垄断控制和关税保护造成的国内高价使得倾销成为实现出口所必需,而并非低价出口引起国内价格攀高。如果倾销提高了厂商经营的总体赢利性,他甚至会在一定程度上屈从于在国内以较低价格销售的压力,而从纯粹的经营角度看,他是不愿做这种让步的。当然,毫无疑问,厂商有可能在垄断的国内市场上把价格定得高于其自身经济利益所容许的正当水平,这时会有人建议他降低国内价格而不是仅靠低价出口来扩大生产规模。就是在这种情况下,虽然国内价格可能过高,却不会致使出口价格过低。通过把国内价格降至出口价格水平来消除倾销往往有充分的经济理由;但通过提高出口价格至国内价格水平来消除倾销,却缺乏充分的理由。

8.不过,刚刚讨论的问题,有一个重要的例外。在原料或半制成品以倾销价出口时,处于下游的国内行业可能会因倾销而受到严重的损害。虽然该行业的厂商以国内原价购买原料,但在国外市场上却不得不与以倾销价购买原料进行生产的外国对手竞争。不过,对以倾销价出口原料或半成品的厂商而言,他们一般也会向购买其原料生产出口产品的国内厂商报出最低价格。在这种做法不通用时，就有必要立法，禁止以比国内从事进一步加工出口的买方的最低要价更低的价格向国外买方出口原料和半制成品。除非国外市场的一般通行价格低于国内市场的现行价格，否则倾销很少发生，因此，如果在向国外倾销原料时也向国内有关买方作出大致相同的价格让步，则倾销就会对国内买方有利而非有弊了。

9.从进口国的角度看，国内不同集团之间利益分歧更大，问题更为复杂。对进口国而言，倾销商品进口与任何其他商品进口相比有着不同的意义，仅在下述情况程度很有限时，倾销进口才可视同为一般进口：(1)同倾销未发生时国内市场通行的价格相比，一般进口品很便宜；(2)其廉价是由反常且短暂的原因引起的。

保护贸易主义者和自由贸易主义者对进口商品的廉价往往持有不同的看法。对自由贸易主义者来说，进口商品的廉价是有利的，值得追求和鼓励。对保护贸易主义者来说，进口商品的廉价至少对于他希望鼓励的国内商品生产是不利的，消除或抵消其损害正是设立普通关税的主要目的所在。但是，如果这种廉价是暂时且反常的，那么保护贸易主义者和自由贸易主义者从逻辑上和一般政策的充分一致性上会采取同样的态度。

10.在奉行保护主义的国家，可以说，普通关税是用来抵消外国厂商对现有或潜在国内厂商的生产成本乃至价格上的一般或常规优势的。设立足够高的进口关税，不仅可以补偿国内厂商在生产上相对于外国厂商的比较劣势，而且也可以针对外国商品的反常廉价提供额外保护，但这会使国内厂商在外国商品只能以正常或一般价格购买到的情况下，剥削了国内消费者。因此，外国厂商相对国内厂商的一般优势将被普通关税大大抵消。外国商品不正常的低价可以通过在普通进口关税上加入特殊保护性措施来加以抵消,不过只有在不正常的廉价泛滥时才能使用这种方法。

11. 自由贸易理论的本质是要维护进口商品的廉价对进口国有利这一立场。然而,那些著名的自由贸易经济学家支持自由贸易的依据完全建立在长期假设基础上,并认为诸多力量会发挥作用,而若要它们真能发挥作用,则需要可观的时间达到充分的效果。自由贸易的论据,像通常表述的那样,并不直接或明确应用于短期波动。自由贸易论在经济上的主要论据在于,自由贸易能使一国的生产能力被分配到相对最有效率的行业和产业,而对国内正在生产或能够生产的商品征收进口关税和禁止进口,则会导致生产能力从较为高效的经济活动转向较为低效的经济活动。幸好我们现在的主题不必讨论自由贸易观点的有效性,因为如果我们自己的论证正确,那么对保护贸易—自由贸易争论总体上的不同看法,并不一定在逻辑上导致对进口商品反常而短暂的廉价也产生不同的态度。自由贸易论反对对贸易的“自然”过程进行干预,主张接受反映长期相对生产优势的相对价格,但这种长期考虑在短期内很可能并不适用。尽管自由贸易者能够得到这样的好处,即相对于国内生产成本而言的廉价商品进口持续时间较长,足以补偿国内现有或潜在类似商品的厂商受到的损失,但是国内消费者从外国商品反常而短暂的廉价进口所得到的利益却不一定甚至不可能超过类似商品的现有国内厂商所受到的损失。由于暂时廉价的外国商品涌入,国内厂商可能受到的损失显而易见:伴随已投资金严重损失,工人大量失业,国内工业将陷入混乱甚至崩溃。由

于消费者的获益被认定是短暂的，而且可能在国内工业的资本和劳动面对反常的外国竞争进行自我调整完成之前就早已停止，因此，损失或许远远超过得益。

12.下述看法可能会受到反对：除非一个工业能够表明有能力不仅承受普通外国竞争，而且能承受在国内及国外一般经济条件，如价格水平、工资率、原材料成本、运输费用、税率等的不同所偶尔引发的更为激烈的外国竞争，不然它就无权参与利用国家的生产性资源。根据自由贸易论，这种看法必须有保留地接受，也只能是有保留地接受。这一争论是围绕竞争性外国商品廉价的“反常性”程度所展开的。就现有的证据而言，如果国内工业面对外国竞争所遇到的困难并非反复发生或持久发生，那么下述说法也并不完全符合自由贸易学说的本义：某项工业若它一旦渡过超乎寻常的短期激烈竞争后便能在长期内成功地经受住外国竞争，则可以容许它受到损害甚至摧残。自由贸易主义者承认暂时保护幼稚工业的合理性，前提是该幼稚工业在得到为期不太长的保护后能够在独立和自给的基础上建立起来。自由贸易主义者无疑也会同意，对已能长期保持自身赢利并且在基本的相对生产效率方面状况良好的现有工业应予以保护，从而使其免受突如其来又异常剧烈的外国竞争所造成的破坏。一些自由贸易主义者坚持认为，竞争并非静态而是强度不时变化的，而且某一工业只是因为它能够抵挡住最低甚或平均强度的外国竞争才没有提出使用生产要素的要求权；在他们看来，只有在虽无确凿证据但至少可以推断外国竞争确系反常的情况下，才能允许以竞争反常为理由采取保护措施来制止这种竞争，而且对保护的程度和持续时间也应加以限制。另一

方面，也是根据自由贸易论的观点，对于某个工业针对外国反常竞争冲击所提出的特别保护要求，应当扣除该工业已经享受的用于抵抗外国竞争的普通关税的保护。

13. 至此，本文的讨论一直围绕“反常而暂时”的竞争而不是专门针对倾销的，这两方面之间的密切关系留待下文揭示。现在就必须承认的是，以倾销价进口外国商品并不能证明外国竞争强度反常。在出口价格低于出口国国内价格，却高于平均生产成本的情况下，持续倾销可能会发生。甚至出口价格低于倾销者的平均生产成本时，只要倾销可能引起的产出增加能使总产量单位成本的降低足以抵偿倾销出口的表面损失并且有余，持续倾销也可能会发生。倾销价虽然低于出口国国内价格，但它可能不会，如果加上运输成本和普通进口关税就更可能不会低于进口国厂商的盈利销售价格乃至可以扩张生产能力的价格。外国厂商进行倾销的事实甚至可以表明，他们在生产上正暂时处于劣势，若不采取降价出口销售的办法，这种劣势将阻止他们进行正常竞争。因此，这也表明进口国国内厂商现时拥有比较优势而非比较劣势。然而，一般说来，有明显的理由使人与其相信外国倾销商品的生产点离岸价格与生产国当地买方所支付的价格相同，不如相信外国倾销商品更能显示外国竞争反常而暂时加剧。我对所能搜集到的倾销发生情况的若干年详细资料进行了综合研究，我相信，以倾销价大量进口外国商品确立了一个尚无反例的一般性假设，即外国商品的销售价格比支配其生产的长期基本条件所允许的价格便宜，而且生产类似商品的国内厂商迫于外国竞争者的倾销活动，不得不面对一场非同寻常的剧烈竞争。这场竞争不会无限期地持续下去，但

在它延续期间却会使国内厂商受到严重的损害。

14.不过，根据前述理由，倾销的盛行意味着存在反常而短暂的竞争并不是一个很强的假设。有人会提出质疑：倾销的盛行是否最能表明这种竞争的存在，如果没有倾销，是否就不会有这种竞争？没有理由怀疑，同以倾销价出口相比，以低于出口国平均生产成本的价格出口更能准确地表明存在着反常而短暂的竞争，当价格与平均单位成本差距很大的时候尤其如此。这样的标准可以把不属于倾销的剧烈竞争事例包括在内，同时也把不属于暂时加剧竞争的倾销事例排除在外。为了进行理论分析，我们完全可以设计出比仅以倾销盛行为标准的更好的判别方法。比如说，假定A＝出口国的国内价格，B＝较低的出口价格，C＝对所有买方的价格统一为A时的产出水平上的平均生产成本，D＝以B为出口定单价格时的产出水平上的平均生产成本，E为国内销售量，F代表出口价格为B时的出口销售量，再假定以国内价格A作为出口定单价格时将无法出口，那么，判断倾销能不能反映反常而短暂的竞争，就取决于EA-EC是大于还是小于EA＋FB-(E＋F)D的值。这里假定国内价格和国内销售量不受所接受的出口定单价格及定单数量的影响。如果可能的话，更为复杂的计算可以得到更为精确的判别方法。然而，在实践中，全凭获取精确的外国成本数据来制定关税法规并不可行。实际中所能做的就是通过立法来阻止商品以低于生产成本达到某一程度的价格进口，从而完善反倾销法规；后者至少在紧急关头可以用来防止明显存在但并不伴随有倾销或不能确定伴随有倾销的不正常的外国竞争。但若强调仅凭倾销的盛行不足以推断存在反常的外国竞争，那么针对价格低于平

均生产成本的外国进口所制定的法规,就可能会被用来代替而不是完善反倾销法规本身。因为国内工业在实施反倾销惩罚措施之前必须向有关当局证明它正受到外国倾销带来的不正常的压力,所以反倾销法规在用来针对非反常竞争的进口时会受到限制。

15.还有这样的情况,即尽管外国商品的出口价格不低于出口国国内买方所支付的价格,也不低于其平均生产成本,但外国商品的进口对于国内生产类似商品的厂商而言,仍属反常而短暂的竞争。引起这种情况的原因可能是由于外国厂商所支付的工资暂时低于正常水平,或者他们以非正常的低价获得原料因而其生产成本也不正常地低。要想得出针对这类情况的哪怕是近似的计算公式,似乎也是不可能的。为了保护国内市场免受这种反常竞争,必须依靠普通关税法规,或者依靠较为灵活而定义宽泛的应急关税规定,这种规定授权海关对因反常而暂时竞争给国内工业带来威胁的进口商品征收特别关税。

16.反常而短暂的竞争也可能由不太恰当地称之为“外汇倾销”的现象所引起,顾名思义,这是指用外币表示的出口国货币汇价下降的速度快于出口国商品价格的上涨,使得出口商品价格对于外国买方,按其本国货币计算,出现非正常下降。值得注意的是,这一现象产生于**正在贬值**而非**已经贬值**的货币,一旦币值稳定,该现象就会消失。在币值剧烈动荡的时期,这是出现反常而短暂竞争的主要原因。对外汇倾销的程度进行准确的测算并实行精确的保护,是不太可能的;但是,对外汇倾销所采取的任何措施,理应仅针对来自货币正逐渐贬值的国家的进口,而不应像现有的事例那样几乎所有措施都针对来自货币只是相对于历史及虚假的铸币平价而贬值的国家的进口。最为适用的计算公式应是对来自货币正在贬值的国家的进口征收相当于规定比率的额外从价税，该比率为(B－A)/A或(B－A)/B。其中A代表从出口当日往前计的那个季度(或月份)中，以进口国货币表示的出口国货币的平均汇价；B则代表接着再往前计的时期的数值。这样，如果比率为50%，从出口当日起往前计的那个季度出口国货币汇价平均为80，再往前的时期平均为60，那么应征收的特别外汇倾销税就等于1/2×(80－60)/80＝1/8＝12.5%的从价税。然而，由于近年在稳定币值方面普遍取得的进展，外汇倾销问题的重要性正在变小。

17.反常而短暂的竞争也可由不直接与价格有关的外国出口厂商的行为所导致，例如，盗用品牌及商标、欺诈、威逼等。然而，这些行为一般适用于“不公平竞争”的法规。在有关倾销的文献中，大量篇幅用来讨论倾销是否为一种不公平竞争。一些反倾销法规只是针对“不公平”或“掠夺性”的倾销。各国对于公平竞争的判别标准也各不相同。为将某一竞争对手驱逐出本行业而在国内降价销售，或者不论出于何种目的都能导致同样结果的降价销售，在美国会列为不公平竞争而被禁止，而类似的做法却似乎为欧洲国家的反不正当竞争法所容许。然而，是否能把一般性的倾销或特定种类的倾销归入不公平竞争，并不是个重要的问题。倾销的真正重要之处在于其经济效应，而这种效应一般并不取决于倾销的动机。尽管倾销也许出于无意或并无恶意，但其危害却可能很大。反之，尽管也许倾销者居心险恶，有掠夺意图，但受倾销国却可能不遭损害。不管怎么说，倾销动机是难以追究的，也难以追查到抱有邪恶动机的外国出口商本人。任何试图区分掠夺性倾销与一般性倾销、试图使掠夺性倾销的责任者受到刑事处分,或试图对倾销的受损害者进行民事赔偿的想法,在实践中必定行不通。在把倾销当作一种刑事犯罪,或在征收高于普通进口关税的特别附加税之外再以其他方式惩治倾销的法律中,我尚未能找到一个已经实施的处罚判例。这种法律的无效性或许是因为掠夺性倾销十分罕见;在掠夺性倾销的动机存在时,对该动机进行追查,以及需要追查外国违法者时找到他,往往都很困难。这也许是对法律无效性的一个更好的解释。

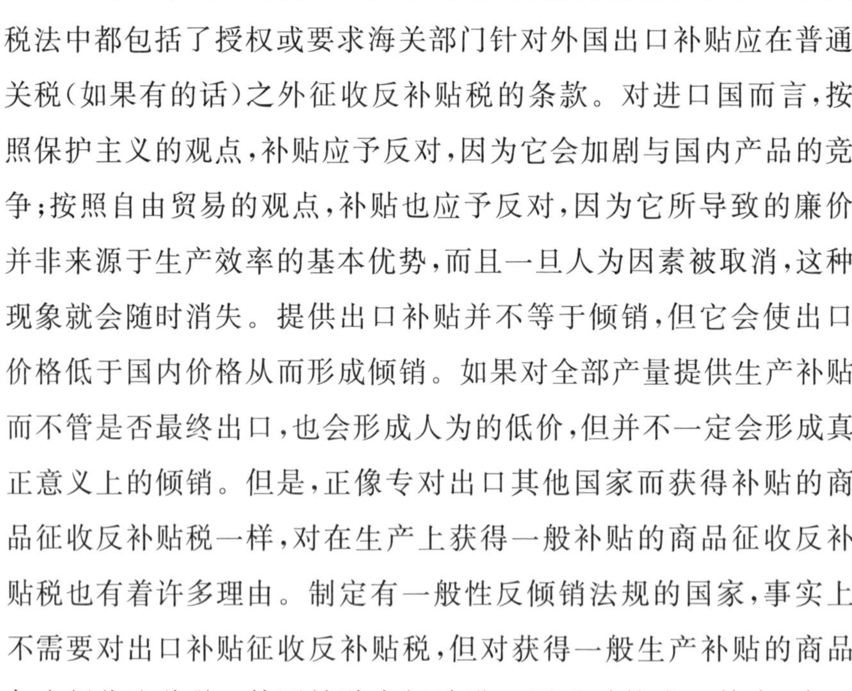

18.很多国家,包括大多数制定有专门反倾销法的国家,在关税法中都包括了授权或要求海关部门针对外国出口补贴应在普通关税(如果有的话)之外征收反补贴税的条款。对进口国而言,按照保护主义的观点,补贴应予反对,因为它会加剧与国内产品的竞争;按照自由贸易的观点,补贴也应予反对,因为它所导致的廉价并非来源于生产效率的基本优势,而且一旦人为因素被取消,这种现象就会随时消失。提供出口补贴并不等于倾销,但它会使出口价格低于国内价格从而形成倾销。如果对全部产量提供生产补贴而不管是否最终出口,也会形成人为的低价,但并不一定会形成真正意义上的倾销。但是,正像专对出口其他国家而获得补贴的商品征收反补贴税一样,对在生产上获得一般补贴的商品征收反补贴税也有着许多理由。制定有一般性反倾销法规的国家,事实上不需要对出口补贴征收反补贴税,但对获得一般生产补贴的商品却应征收这种税。外国补贴会招致进口国反对的唯一特点,在于它会使受补贴商品处于人为的并可能是暂时的低价。但仅对出口提供补贴时，由补贴造成的价格下降将完全通过国内价格高于出口价格的程度，即倾销本身的存在，而表现出来(甚至被夸大)。因此出口补贴足以被正常的反倾销税抵消，而不必采取进一步的抵消措施。因为查明出口补贴有时要比查明外国国内价格和出口价格之间的差异及其程度更容易些，所以作为权宜之计，可在反倾销法中加入一个条款，把提供出口补贴，不论是由国家还是由某一卡特尔或辛迪加提供，都视为外国国内价格高于出口价格，从而发生与补贴额相等幅度的倾销的初步证据。然而，在论证上述支持采取补贴抵消措施的主张时，应当指出，官方补贴往往会长期持续，推论补贴所导致的廉价只会存在很短时期的理由并不充分。从自由贸易的角度看，这一论证至关重要，但从保护贸易的角度看，它却是无足轻重的。

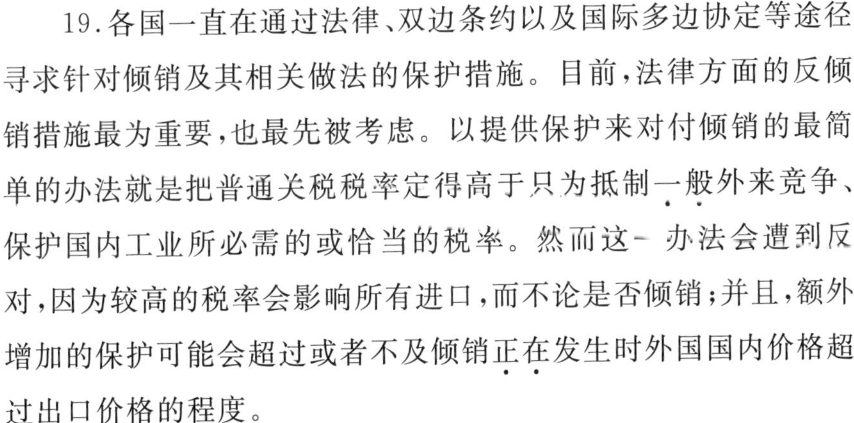

19.各国一直在通过法律、双边条约以及国际多边协定等途径寻求针对倾销及其相关做法的保护措施。目前，法律方面的反倾销措施最为重要，也最先被考虑。以提供保护来对付倾销的最简单的办法就是把普通关税税率定得高于只为抵制一般外来竞争、保护国内工业所必需的或恰当的税率。然而这一办法会遭到反对，因为较高的税率会影响所有进口，而不论是否倾销；并且，额外增加的保护可能会超过或者不及倾销正在发生时外国国内价格超过出口价格的程度。

20.最符合逻辑的反倾销条款是向进口倾销品征收特别关税，其数额等于外国国内价格超过出口价格的差额。在对外国国内价格与出口价格进行比较以查明倾销是否存在时，任何在出口与国内销售之间诸如定单规模、信贷条件、货物质量、包装类型、交货地

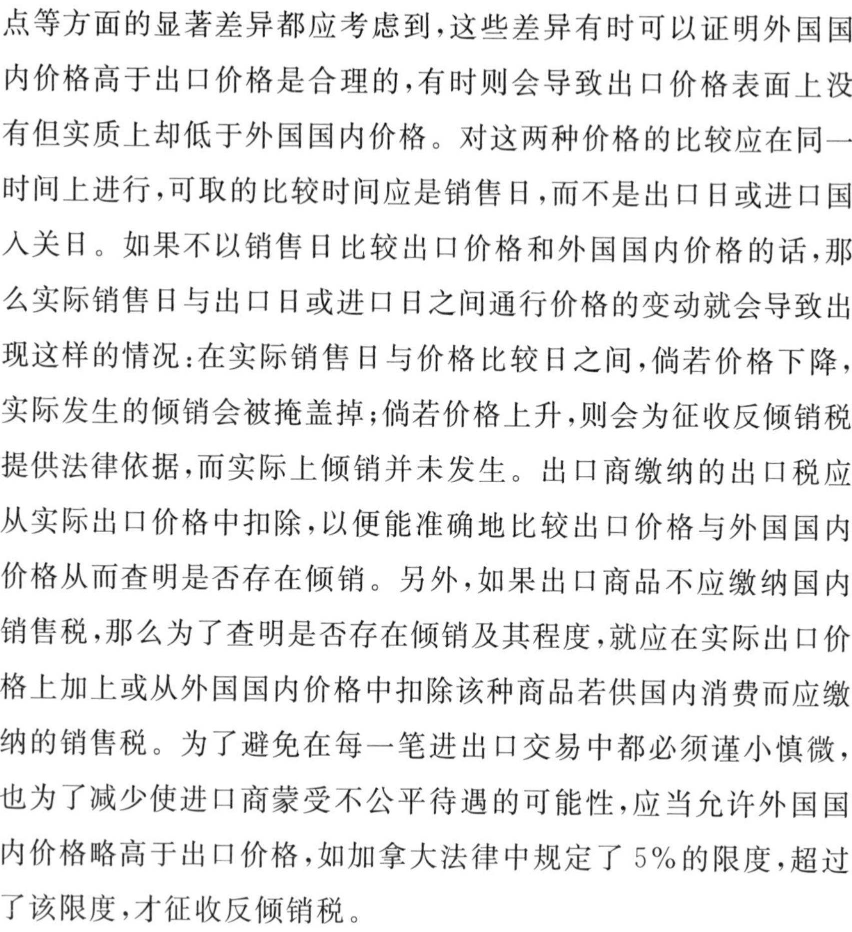

点等方面的显著差异都应考虑到,这些差异有时可以证明外国国内价格高于出口价格是合理的,有时则会导致出口价格表面上没有但实质上却低于外国国内价格。对这两种价格的比较应在同一时间上进行,可取的比较时间应是销售日,而不是出口日或进口国入关日。如果不以销售日比较出口价格和外国国内价格的话,那么实际销售日与出口日或进口日之间通行价格的变动就会导致出现这样的情况:在实际销售日与价格比较日之间,倘若价格下降,实际发生的倾销会被掩盖掉;倘若价格上升,则会为征收反倾销税提供法律依据,而实际上倾销并未发生。出口商缴纳的出口税应从实际出口价格中扣除,以便能准确地比较出口价格与外国国内价格从而查明是否存在倾销。另外,如果出口商品不应缴纳国内销售税,那么为了查明是否存在倾销及其程度,就应在实际出口价格上加上或从外国国内价格中扣除该种商品若供国内消费而应缴纳的销售税。为了避免在每一笔进出口交易中都必须谨小慎微,也为了减少使进口商蒙受不公平待遇的可能性,应当允许外国国内价格略高于出口价格,如加拿大法律中规定了5%的限度,超过了该限度,才征收反倾销税。

21.一般而言,反倾销法规应指定由负责执行普通关税法的部或局来实施,因为反倾销法、普通海关与关税法在有关人员所必须具备的知识种类和经验、执行机关地点以及执行法规的数据依据等方面都基本相同。而且,在任何情况下都不应强制行政官员征收反倾销税,而应由他们酌情处理,这是较为可取的做法。对普通关税并不涉及很多种类商品或并不广泛采用从价税的国家来说,更为紧迫的是制定的反倾销立法应具有酌情处理的特点。反倾销税的管理需要有能够准确而及时地查明外国国内价格与出口价格的机制。在从价关税制度下，这类常规管理普通进口关税时必不可少的信息总是现成的。如果征收从量关税或由官员或多或少主观决定征收从价关税的国家，在实施强制性反倾销法规时还得一次次地查明每一批货物的出口国国内市场通行价格和出口价格，则它们就会因此增加行政负担，其繁重程度比所要解决的问题还要大得多。不管怎么说，无论法律条文如何具有强制性，反倾销法规在执行时还是会有随意性，这是因为严格的执行会有行政负担，结果自然会导致有关官员倾向于仅在极端情况下，或是迫于其他一些政府部门或某些外部势力的压力才予以严格执行。

22.为了进一步减少行政上的问题，并防止在不必或不应征收反倾销关税时进行征税，即使在具有随意性的反倾销法规中，也应就何种情况下适用反倾销税作出具体的限定，而在强制性反倾销法规中，这一点更为紧要。除非有证据表明倾销本身应对某一国内工业发展受挫折负主要责任，否则倾销税不应针对进口国尚未进行大规模生产的进口商品。是否征税应依倾销的延续导致国内工业受到严重损害的可能性而定。对任何工业所提供的保护都应受到一定限制，从这一观点来看，不论是针对一般的还是反常的外国竞争，或许应当像加拿大法律那样，对反倾销税作出具体的数额限制，或者还像加拿大法律那样，不把在普通关税下就必须征收超过某一具体最高关税限额的进口商品列为反倾销税对象。法规中也应有条款允许在下述情况下不征收反倾销税，即倾销看似盛行但外国国内价格高于出口价格的差额来自其国内和出口销售条件的不同，或者由于国内销售要缴纳销售税而出口销售却可免于纳税。由于反倾销税可能会由那些并不知道以倾销价进口了商品的无辜的进口商来承担,所以,只有在官方发布了下述消息之后,才可对从特定国家进口的特定商品征收反倾销税:(1)此类进口商品的倾销已被发现或有嫌疑;(2)此类商品在明确的期限后继续倾销应受到相应的惩罚。在所有应征收反倾销税的情况下,在考虑到销售条件及销售方式的差异之后,反倾销税都应与出口销售时外国国内价格高于出口价格的差额相等,或至少不超过该差额。

23.几乎没有什么理由可以相信在特定国家之间能够达成协定,防止各自的出口商从事倾销,实现对倾销的国际管制。官方出口补贴所导致的倾销自然不在此列。多数人认为,从出口国的角度看,实施倾销往往不仅给倾销者本身,而且也给整个国家带来经济上的利益,我也相信这是对的。倘若如此,如果由于垄断或基本垄断的国内市场,特别是有保护性关税或者在运输成本方面有利的位置所带来的"自然保护"的庇护,某一国内低成本工业能够在国内实行高于国外市场通行的价格,那么,对以倾销价出口的压制就会对本来利润丰厚的出口贸易造成损害,或者会阻止国内市场价格优势的发挥。指望各国政府能够针对其出口行业的影响主动采取对策是异想天开。此外,在出口贸易中严格禁止以低于国内通行价格的价格出口也是一项非常艰难的行政工作,而且放松这种严厉管制的诱惑也总是存在着。除非这种应当受到控制的恶行已确实非常严重,不然为了健全国际条约义务而敦促各国确实按照条文履行义务看来不会受到欢迎,几乎没有哪个国家完全愿意并完全有能力严格履行条约义务。

此外,多数国家(即使是进口国家)并不彻底反对以倾销价进

口的外国商品，也不会完全欢迎由所有其他国家达成制止以低于出口国国内价格出口的协定。所有现行的反倾销法规都明确规定，对特定种类的商品以及不是进口国大规模生产的商品，免征进口反倾销税。由于倾销在所有国家的制成品出口中即使不连续发生也会时有发生，同时由于没有哪个国家会完全反对外国以倾销价向本国进口商销售商品，因此，要找出对倾销进行国际管制的理由并不容易。

24.针对倾销而采取跨国行动的先例并不能使人充分相信，除制定独立的国内法规外，还有其他管制倾销的办法。这些先例都局限在官方补贴方面的协定，包括：(1)双边通商条约中保证不提供官方出口补贴；(2)《布鲁塞尔糖协定》。

对双边条约中的出口补贴条款无须多加说明，战前许多通商条约中就制定有这些条款。这些条款所针对的问题比一般性倾销容易控制，因为终止提供官方出口补贴在任何政府的权力范围内。另外，从出口国来看，在其他国家的压力下，废止官方出口补贴所遇到的反对会比制止私人康采恩一般倾销遇到的反对要少。由私人资助的倾销，正如有关人士估计的那样，倾销出口的数量和出口价格水平都会受到倾销行业盈利能力的限制。另一方面，官方出口补贴金额的决定带有随意性，也相对不太灵活。官方补贴在下述情况下一定会刺激倾销，即出口行业在权衡了出口量和出口价格与国内价格之间差额以后认为，即使没有外来补贴弥补出口贸易损失也仍然能够盈利。此外，财政方面的考虑也常常使政府欢迎任何终止补贴以免耗竭国库的理由，而且反补贴税的普遍实施也往往使得作为刺激出口手段的官方补贴趋于无效，并只会使得用于补贴的那笔钱从出口国国库转移到进口国国库。不管怎样，贸易条约补贴条款下应承担的义务在很多时候似乎都被规避了，有时还是公开规避;当然大多数情况是通过超额退还或免征销售税的办法来隐蔽地提供补贴。

25.《布鲁塞尔糖协定》应该受到更充分的关注,尤其是许多倡导由国际机构处理国际经济问题的人士发现,该协定是在这方面进一步取得进展的理想模式。《布鲁塞尔糖协定》是一项重要的试验,它是一项多边制度安排,几乎所有显著受到食糖补贴影响的国家,不管是食糖进口国还是出口国,都参与了这项安排。该协定雄心勃勃,不仅禁止成员国对食糖提供补贴,规定对接受补贴的食糖进口征收反补贴税或完全禁止进口,而且还试图抑制没有官方补贴时食糖倾销出口的种种诱因。它限制了对外国食糖征收的普通进口税率,使得成员国在一定程度上放弃了它们宝贵的关税自主权。然而,签署食糖协定时,外部条件对其运作十分有利。很多提供补贴的政府都急于终止正在越来越多地侵蚀国库的补贴。由于食糖生产国竞相提供补贴,并且一些最重要的食糖消费国近来对受补贴的食糖采取了抵消性措施,因而补贴作为刺激出口的手段正在失去效力。最重要的是,作为食糖首要出口市场的英国也威胁要采取抵消性措施,并要在一切旨在抑制补贴制度的行动中提供合作,这部分地出于对该国食糖精加工业利益的考虑,但主要是为了其糖料作物种植殖民地的利益。因此,尽管外部条件对国际管制体制的顺利建成非常有利,但为了使某些重要的糖料作物种植国遵守协定,还是有必要向它们作出一些与协定总方针不一致的妥协;同时,该协定也避免对美国这一强大的非成员国出口的糖

类产品征收反补贴税，尽管从表面看，严格执行协定需要这样做。此外，该协定达成仅几年就开始解体，并且在战争爆发前就已经实质上丧失了对局势的控制。民族主义的兴起、保护主义情绪的高涨以及烦人的对食糖关税自主权的外来限制，都成为该协定继续生效的障碍；该协定曾废止的补贴制度不出几年就弊端重现，但该协定却无法克服这些障碍。

26.由于倾销问题基本上可以由国内立法来处理，由于受倾销国并不总是对倾销采取反对态度，也由于进口国可以完全自主地决定何时有必要对倾销的持续发生采取限制措施，所以，比起建立有效且总体上令人满意的国际管制机构时所遇到的巨大困难，不建立这种机构的遗憾也大不了多少。不过，一个专门收集关于倾销流行、性质以及反倾销法规运作方式等方面信息的国际机构可以起到很大作用，特别是如果这一机构能够促进国家间在交换国内价格和出口价格、外贸销售方式、生产成本以及其他有关的且有助于反倾销法规成功实施的信息等方面的合作，则它的作用就更大。

27.但是，倾销问题上有一个方面必定是国内立法本身所无法涉及的，而且即使确实能够加以管制，也只能由某个国际机构来执行。这就是由一国(A 国)出口商在另一国(B 国)所进行的倾销，尤其是掠夺性倾销，它会对第三国(C 国)且以 B 国为出口市场的竞争厂商造成损害。如果 B 国国内不生产 A 国出口商倾销的那类商品，B 国就不会感到非常有必要制止这种倾销。另一方面，A 国政府对本国出口商在 B 国从事的倾销正在给第三国厂商造成的困境通常会无动于衷；与此同时，C 国对第三国(A 国)厂商所进行的掠夺性倾销又往往束手无策,无法保护本国的出口商。然而,目前尚无有效解决这一问题的明确办法。在实践中,不论是看倾销的动机还是后果,要将掠夺性和非掠夺性的倾销区分开来十分困难。而且,即使A国被说服加入某项国际协议,但要A国保证针对本国出口商持久而积极地执行该协议的某一条款,与C国一起制止他们的倾销,也恐难做到。

然而,很清楚,该问题唯有通过国际行动才能解决。有一个办法是,把国际联盟《保护工业产权》中要求各成员国向其他成员国国民承诺对不正当竞争采取有效保护措施的条款的适用范围加以拓展,使之既适用于掠夺性倾销,也适用于其他成员国的国民,而不论他们在什么地方。如能订立条款,使受害方有机会在某个国际法庭上申述因这类行为所受到的损害,并请求赔偿,这一办法就可进一步得到强化。

倾　　销*

倾销作为贸易政策文献中的一个术语，始用于英国 1903—1904 年的关税争论，虽然此前它已被经常用于指一国成为另一国倾销地的情形。从该词的原意以及现在使用英语和许多其他语言的谨慎的作者的用法来看，该词的含义已十分确定，是指以低于对国内买主的价格出口销售。它不适用于假倾销，即国内价格表面上高于出口价格，却可以用质量、定单规模、支付方式、销售日期以及特定税收负担等销售条款的差别来解释。相反，真正的倾销可以是隐蔽的；出口价格表面上不低于国内价格，但包括了后者所不包含的一些项目，例如额外的包装和交货费用、更有利的支付方式等项优惠。在对销售条款方面的差别作出合理抵减后，只要出口的出厂离岸价低于国内销售价，倾销便发生了。因此，正如美国法律所定义的，倾销类似于国内贸易中当地削价的对外贸易行为。

倾销似乎是一种历史悠久的行为。一位伊丽莎白时期的作者曾指责外国人在英国亏本出售纸张，以摧毁国内新兴的造纸工业。17 世纪，有人指责荷兰人在波罗的海地区以破坏性的低价销货，目的在于迫使法国人退出这项贸易。革命前建立的美国第一家细

* 重印自《社会科学大百科全书》。

陶瓷厂破产了,据称,这是英国掠夺性倾销之故。亚当·斯密提到生产者联合起来建立私人出口补贴,从而减少国内市场供给。拿破仑战争后,在美国和法国,有许多人抱怨英国生产商以极低价格出口来故意阻碍这些国家国内工业的发展。

大规模生产的兴起,使用耗资巨大的厂房设备,并由此产生垄断控制,再加上针对外国竞争的关税保护,使国内市场价格高于世界市场水平成为可能,于是有计划的倾销在1890年前后开始成为一个重要并且引人注目的贸易现象。例如美国的托拉斯,战前占美国钢铁出口95%而且很大程度上以倾销价出口的美国钢铁公司,国际联合收割机公司以及标准石油公司等形成了一个著名的倾销康采恩群体。另一个群体是德国卡特尔。它们通过对成员康采恩指定最高内销额度,并根据成员产量或在国内销售的份额征集资金用于提供出口补贴等办法,促成了倾销的发生。德国卡特尔也被指责进行了掠夺性倾销,意在压垮竞争对手,但这方面得到完全证实的事例并不多。其他国家,例如法国、比利时、加拿大以及程度较低的大不列颠等国的大规模制造业康采恩也或多或少进行了有计划的倾销。随着苏联开始实行五年计划,已经有反对该国所谓倾销活动的动向,但是,在俄罗斯没有资本主义世界那种常规的成本与价格体系,倾销的概念似乎很难适用于俄国人的行为。总地说来,倾销在战前已流行开来,战后则已十分常见。

间歇的或偶发的倾销可以由各种原因引发。当出口商把货物运往国外寄售或拍卖时,如果货物在扣除运费和其他运输成本后的价格低于国内市场通行价格,那么可能会发生无意倾销。一个出口商为了处理偶然积压的存货又不想"宠坏"国内市场,为了保持与一个暂时萧条的市场的联系或商誉，为了将产品推介到国外，为了消除外国市场的竞争，或者为了报复外国竞争者在其国内市场上的倾销等等，他就可能进行倾销。

如果既要保持国内高价又要充分利用现有生产设施，则倾销可能会持续很长时期。如果有意把一个工厂的规模建得大于国内市场需求，则倾销可能会无限期地持续下去。政府出口补贴，特别是在提供给一个竞争性工业而不是作为额外利润转给生产商或出口商时，也会导致倾销，并将持续到废弃补贴为止。事实上，在没有出口补贴的竞争条件下，有计划的长期倾销是难以想象的，因为竞争厂商会自动留在价格较高的国内市场，而让别人去做出口贸易，结果会使国内价格和出口价格趋同，或者使出口陷于停滞。

对国内市场的垄断控制或许是倾销能够有计划地正常存在的最重要的前提条件。根据歧视性垄断价格的原则，或者收取运输所能承受价格的原则，把总产量定在总产出的边际成本、国内销售的边际总收益和出口销售的边际总收益相等这一点上，垄断者就能获益。只有当两个市场的需求弹性在均衡点相同时，两个市场的价格才会一致，而这种巧合不太可能出现。由于出口市场上会有其他的竞争卖主，外国需求可能会比国内需求更有弹性，因此外国的最高收益价格会比国内的低。甚至国内最高收益价格很可能比最高可获出口价格还高。对于单一定价这一特殊策略，最优价格可能不会允许有任何出口销售，在这种情况下，前面已经指出，倾销的结果会使产量增加，如果边际成本上升，则会使国内价格较高，如果边际成本下降，则会使国内价格较低。但是，存在一个未能解决的重要问题，当某些出口贸易在最优单一价格上可以达成时,倾销对国内价格会有什么影响;在这些情况下,倾销似乎总会提高国内最大收益价格,并使国内消费者的成本比垄断者的收入增加得更快。

关税因在国内市场保护国内垄断者免受外国竞争而便利了倾销。不过,就大宗产品而言,有计划的倾销的规模会受到运往或运自外国市场的运输成本限制,即使自由贸易国的工业也是如此。例如,英国一些工业在未受任何关税保护的情况下,参与了倾销。偶尔,倾销品的买主会保证不将货物在原产国再出售。不过,倘若没有关税,有规则的倾销的程度无疑会比实际低得多。

由于农业通常是在许多个体农场主的小规模生产基础上组织起来的,所以除非受到政府出口补贴的刺激,农产品的倾销很少发生。然而,正是农产品最常获得补贴,有时有的农业部门也能自己有效地组织起来建立出口补贴或最低出口限额以刺激出口并因此形成较高的国内价格。以倾销价格在国外处理剩余产品,曾是麦克内利——霍根(McNary-Haugen)以及其他农业救助方案的一个显著特点,这类方案在战后美国是一个有争议的问题。

倾销国的公众意见往往敌视倾销,理由在于它会给国内消费者带来较高的价格,不过前面已经说明,这可能并不对;而且,倾销向外国竞争对手提供的原材料价格比给国内生产者的价格更低。实际上,荷兰造船业的兴旺很大程度上得益于德国按倾销价出售的钢铁。针对这种批评,战前的德国卡特尔把低价销售扩展到购买原料进行出口加工的国内工业,价格同对外国买主所出的价格一样低;在美国和其他国家,也偶尔有这种做法。不时有人建议,对以倾销价出口的商品应免征再进口关税。美国参议院在 1921

年讨论了一项关税法修正案，规定对以低于国内价格出口的工业取消关税保护，结果仅以 10 票之差未获通过。

对进口国而言，进口商品价格低廉是一种得益，除非这种低价为期太短，以致对国内工业的损害大于消费者的获益。进口国有正当的理由针对倾销采取保护性措施，只因为倾销通常间歇地或短时期内发生，从来不能指望它无限期地持续下去。即使进口国不存在竞争工业，它可能也会由于暂时性倾销使倾销者在进口国市场确立垄断控制而受到损害。

反倾销立法是在对造成损害的美、德倾销的抗议声中出现的。1904 年，加拿大颁布了第一部反倾销法，特别规定对以倾销价进口的商品征收附加关税。南非联邦于 1914 年，美国、大不列颠、澳大利亚、新西兰和纽芬兰于 1921 年也或多或少地模仿加拿大采取了类似的立法措施。只有加拿大在 1904 年颁布并于 1907 年和 1921 年修正的法律，以及美国和纽芬兰 1921 年的法律在形式上具有明确的强制性，其他国家则根据海关或其他权力机构的意见来实施。澳大利亚 1906 年至 1910 年的立法和美国一些法规把掠夺性倾销另外作为不公平竞争的一个方面来处理。世界大战以来，很多国家，包括加拿大、新西兰、日本、德国和罗马尼亚，都通过了法律，由行政法令授权，只要某个本国工业受到外国不正常或过度竞争的威胁，就提高关税。这些颁行的法律虽然没有专门提到倾销，但可以用作反倾销措施。就系统实施反倾销法的加拿大、南非、澳大利亚和美国而言，海关官员与商业利益之间似乎保持有总体上的一致。这一法律在制止严重且规则性的倾销方面是成功的。在其他大多数国家，有关立法似乎完全或很大程度上无法操

作,只能在出现紧急情况时,充作保留措施。未能实施现有法律的一个原因是,这些国家在其正常关税中主要使用从量关税,缺乏充分的行政手段来确定进口品价值,而这对于有效利用反倾销法却是必不可少的。

19 世纪 60 年代以来,许多国家试图在商业协定中加入一些条款,要求协约国保证不提供出口补贴,进行自我保护,抵制因政府补贴导致的倾销。然而,这些保证经常得不到履行。1902 年,多边《布鲁塞尔糖协定》在取消食糖补贴,把食糖进口关税限制在规定水平方面是相当成功的。这一关税水平并不高到会刺激私人倾销。但是,世界大战爆发,这个协定无法实行了。美国在 1890 年首开先河,许多国家颁布了对接受官方出口补贴的进口品征收抵销关税的法律。1922 年,美国这一法律也适用于生产补贴和非官方出口补贴。然而,这些条款大部分在形式上是自行定度的,实际上无法操作。

反倾销和补贴抵消税同最惠国待遇义务的相容性一直受到严重质疑,尤其在这些关税适用于来自特定国家的所有货物而不是特定货物时更是如此。1931 年这一问题已受到国际联盟经济委员会的调查。

战后时期,外汇倾销一词用来指某些通货迅速贬值的欧洲国家的出口,尽管其出口价格并不一定低于国内价格。这些出口销售价格如果用稳定的通货表示就特别低,但因为贬值货币的汇率往往比国内购买力下降得更快,所以仍然有利可图。许多国家颁布了法律,授权可对来自通货贬值国家的进口商品征收附加关税,但只有很少的国家确实这样做了,而且主要或仅仅针对来自德国的进口商品。这类关税的数额通常取决于汇价与外国铸币平价之间的差额。这是个不合逻辑的标准,因为外汇倾销的发生不仅是由于存在贬值通货,还由于这些通货在汇市上贬值的速度要比其国内购买力下降得更快。更合理的做法,应当是根据外国通货在单位时间内汇率贬值的速度来征收外汇倾销关税。即使是这种做法,过了一段时间后也会不再适用;因为随着一种货币持续贬值到某一点,该货币国内购买力下降速度会接近甚至超过用外国稳定货币表示的汇价的下跌速度。随着欧洲国家货币总体上愈益稳定,外汇倾销已不是一个实际问题。

雅各布·瓦伊纳

参见以下词条:国际贸易;价格歧视;不公平竞争;垄断;卡特尔;托拉斯;保护;关税率;关税;补贴;农业救助;商业协定;外汇。

参考:雅格布·瓦伊纳(Viner, Jacob):《倾销:国际贸易中的一个问题》(芝加哥,1923 年),第 331—337 页,附有众多参考文献;《关于倾销的备忘录》,国际联盟,II,经济与金融,1926 年,II,63,C.E.C.P.36(日内瓦,1926 年)。巴隆(E. Barone):《辛迪加(卡特尔与托拉斯)》,《形而上学与伦理学杂志》,第 28 卷(1921 年),第 279—309 页。英特马(T. O. Yntema):《倾销对垄断价格的影响》,《政治经济学杂志》,第 36 卷(1928 年),第 686—698 页。恩斯特·特伦德朗伯格(Trendelenburg, Ernst):《关于各国为防止倾销所作立法的备忘录》,国际联盟,II,经济与金融,1926 年,II,66,C.E.I.7(日内瓦,1927 年)。阿诺尔德·普朗特(Plant,

Arnold):《南非关税的反倾销法规》,《经济学杂志》,第 11 卷,(1931 年),第 63—102 页。瓦尔特·马尔巴奇(Muhlbach, Walter):《应对贬值货币问题的关税方法》,《政治经济学杂志》,第 33 卷(1925 年),第 293—317 页。保罗·巴尔(Baer, Paul):《社会倾销》(哈尔伯施塔特,1928 年)。

译 后 记

1995年春，当我打算就倾销问题撰写博士学位论文，并向美国著名国际经济学家R.Baldwin教授征询建议时，他叮嘱必须先行阅读J.Viner的这部著作。果然，作者建立在广阔视野和充分资料基础上的分析，尤其作者关于倾销经济利益的分析极为鞭辟入里，令人折服。在有关文献的阅读中，我还发现这是倾销研究中被引用率最高，因而也是最具权威的著作。

鉴于对该书价值的认识，也鉴于我国近年来对外贸易中遇到的现实问题，我深感此书应该有一个汉译本。

感谢商务印书馆给予这个机会！

由于要求尽可能直译，而原文许多句子句式相当复杂，时常遇到汉语表述上的困难，因此本书的翻译历时两年有余。

这个译本也是集体智慧的一个结晶。我的同事和研究生作为这个译本的最早读者提出了许多修改建议，他们是陈愉瑜、孙小英、翁兆杰、陈静、黄舜、李钢、单文君、孙玥、施明娟、孙金霞、刘兰芬；我的同窗李秉勤博士、盛斌博士，尤其我的博士导师熊性美教授帮助解决了多处疑难，熊先生还对译稿做了校阅。谨此，深表谢忱。当然，译作中尚且存在的不足甚至译误，应由我负责。

这个译本的出版得到了商务印书馆陈小文先生的全力支持；

朱泱先生不仅做了大量编辑工作,也对译本提出了许多修改建议,在此一并致以衷心感谢!

沈瑶

2001 年 11 月于浙江大学求是园

再版后记

屈指数来，这个汉译本子问世已经10年。

再版之时能被收入《汉译世界学术名著丛书》确是荣幸！因为，《汉译世界学术名著丛书》是商务印书馆的品牌出版系列，为世界人文社会科学学术成果的“西学中进”做出了卓著贡献！

再版之际，衷心感谢陈小文先生——当年及此时的支持！衷心感谢再版责任编辑刘涛女士——她的责任心令人感动！

衷心感谢为这个本子付出过心血和贡献的师友！

沈瑶

于上海大学泮池之畔

图书在版编目(CIP)数据

倾销:国际贸易中的一个问题/(美)雅各布·瓦伊纳著;沈瑶译.—北京:商务印书馆,2017
(汉译世界学术名著丛书:120年纪念版:珍藏本)
ISBN 978-7-100-14138-3

Ⅰ.①倾… Ⅱ.①雅… ②沈… Ⅲ.①倾销—国际贸易—研究 Ⅳ.①F740.4

中国版本图书馆CIP数据核字(2017)第139035号

汉译世界学术名著丛书
(120年纪念版·珍藏本)
倾销
——国际贸易中的一个问题
〔美〕雅各布·瓦伊纳 著
沈 瑶 译
熊性美 校

商 务 印 书 馆 出 版
(北京王府井大街36号 邮政编码100710)
商 务 印 书 馆 发 行
南京爱德印刷有限公司印刷
ISBN 978-7-100-14138-3

2017年12月第1版 开本710×1000 1/16
2017年12月第1次印刷 印张22½
定价:105.00元